清华语言学

Tsinghua Linguistics

清华大学人文学院语言学研究中心

— 第三辑 —

张赪 ⊙ 主编

中西書局

图书在版编目(CIP)数据

清华语言学. 第三辑/张赪主编. —上海: 中西书局,2022

ISBN 978-7-5475-1991-2

Ⅰ. ①清… Ⅱ. ①张… Ⅲ. ①语言学—丛刊 Ⅳ. ①H0-55

中国版本图书馆 CIP 数据核字(2022)第 148432 号

清华语言学(第三辑)

QINGHUA YUYANXUE (DISANJI)

张 赪 主编

责任编辑	刘 博
装帧设计	王轶颀
责任印制	朱人杰
出版发行	上海世纪出版集团 中西書局(www.zxpress.com.cn)
地 址	上海市闵行区号景路 159 弄 B 座(邮政编码: 201101)
印 刷	上海肖华印务有限公司
开 本	700×1000 毫米 1/16
印 张	19
字 数	295 000
版 次	2022 年 10 月第 1 版 2022 年 10 月第 1 次印刷
书 号	ISBN 978-7-5475-1991-2/H·129
定 价	80.00 元

目　　录

古代文献解读中的“当代语感干扰”问题*

汪维辉

摘要：人们在解读古代文献时存在一种普遍现象，叫“以今例古”（又称“以今律古”），就是用后代的语言文字习惯去误解先前时代的语言文字，即使是专业研究者也难以尽免。“以今例古”导致研究失误，人们往往习焉不察，很有必要深入探讨。文章剖析“以今例古”现象，分类列举实例，认为“以今例古”的主要原因有二：客观原因是语言文字和思想观念等随时随地在发生变化，主观原因是“当代语感干扰”。只有摆脱“当代语感”的干扰，才能不断逼近古代语言文字和古人思想感情的真相。摆脱之道，一是要有清醒的认识，二是要努力培养古代的语感，三是要学习和研究。

关键词：古代文献，以今例古/以今律古，当代语感干扰，汉语史，汉字史

人们在解读古代文献时存在一种普遍现象，叫“以今例古”（又称“以今律古”），就是用后代的语言文字习惯去误解先前时代的语言文字，即使是专业研究者也难以尽免。这里的“今”和“古”跟“古今字”里的一样，都是相对而言，“今”相当于较晚的时代，“古”则指相对较早的时代。“以今例古”导致研究失误，深层原因是“当代语感干扰”，人们往往习焉不察，很有必要深入探讨。[1] 本文剖析“以今例古”现象，列举实例，分析原因，提出对策，以求教于同道。

---

* 本文是国家社科基金重大项目“东汉至唐朝出土文献汉语用字研究”（编号21&ZD295）、“汉语词汇通史”（编号14ZDB093）、“基于大型语料库的汉语弱组构性历时演变与语言演变规律研究”（编号18ZDA292）、“大语言视域中汉语修辞与词汇、语法互动研究”（编号20&ZD298）和教育部重点研究基地重大项目“汉语基本词汇历史演变研究”（编号16JJD740015）的阶段性成果。承蒙颜世铉先生惠示相关资料，周志锋教授、张安生教授、邵则遂教授及友生戴佳文、陈思捷也提供过意见或帮助。谨此统致谢忱。文中尚存问题概由作者负责。

1. “以今例古”举例

凡是需要阅读古代文献的领域,都存在“以今例古”的问题,涉及词汇、语法、语音、文字、观念等各个方面。例子俯拾即是,下面分类列举一部分以资讨论。分类只是大致的,各类之间或有交叉,有的例子可归此亦可归彼。

1.1 词汇

有些词古今意义不同,最容易“以今例古”,因此这方面的例子也最多。以下酌举数例。

1.1.1 太阳

“太阳”是什么时候开始指称“日”的? 王力(1958/1980: 486)所引的第一条例子是《世说新语·宠礼》:“王公曰:‘使太阳与万物同晖,臣下何以瞻仰?’”潘允中(1989/2018: 45)则引《释名·释彩帛》:“赤,赫也,太阳之色也。”认为:“可见日的同义词‘太阳’,在汉魏以前已经通行了。”友生真大成教授指出:此例“太阳”恐怕不是指“日”,而是“太阳、太阴、少阳、少阴”四象之一。《说文·赤部》:“赤,南方色也。”四象中“太阳”正对应南方。《诗·大雅·瞻卬》“妇无公事,休其蚕织”下孔疏:“其纮,天子以朱、诸侯以青者,以朱,南方,太阳之色,故天子用之;青,东方,少阳之色,故诸侯用之,所以下天子。”“太阳”“少阳”对应“南方”“东方”、“朱(朱雀)”“青(青龙)”。维辉按:真说甚是。古书中的许多“太阳”跟今天指称“日”的其实不同,很容易发生“以今例古”的错误。(汪维辉2014)正如王力(1958/1980: 486)所说:“‘太阳’二字连在一起是汉代的事,那时‘太阳’的‘阳’是‘阴阳二气’的‘阳’。‘太阳’在最初并不专指‘日’,而是指极盛的阳气,或这种极盛的阳气的代表物。”

1.1.2 走

“走”古代表示 run,今天表示 walk,由于两者只有速度的差别,所以很容易“以今例古”。正因如此,学界对“走”字何时产生“行走”义的看法就有相当大的分歧,据杨荣贤(2010)研究,有产生于上古、魏晋南北朝、唐代、宋代、明代诸说,几乎涉及汉语史上的各个时段。事实当然不可能如此。杨荣贤(2010)对此有详细而深入的分析,这里只转引她对上古说的讨论。任学良(1987)所举的例子有：

(1) 君若从君而走患，则不如违君以避难。(《国语·鲁语下》)

(2) 请吾子之就家也：某将走见。(《仪礼·士相见礼》)

(3) 寡君寝疾……并走群望，有加而无瘳。(《左传·昭公七年》)

(4) 一命而偻，再命而伛，三命而俯，循墙而走，亦莫余敢侮。(《左传·昭公七年》)

罗正坚(1993)则举了下例：

(5) 齐中大夫有夷射者，御饮于王，醉甚而出……门者刖跪请曰："足下无意赐之余沥乎？"夷射叱曰："去！刑余之人，何事乃敢乞饮长者！"刖跪走退。(《韩非子·内储说下》)

此外，《汉语大字典》"走"字条亦以《礼记·玉藻》"走而不趋"例作为"步行，脚交互向前迈动"义项的书证之一。

杨荣贤(2010)认为：例(1)、例(2)是"前往、趋往"义，例(3)、例(4)、例(5)和《礼记·玉藻》"走而不趋"都是"快走"义，都不是今天的"走"。这个意见是对的，"走"在上古还没有产生"行走"义。比如例(4)，"循墙而走"是说沿着墙根快步地跑，而不敢大摇大摆地走。这是正考父自撰的鼎铭，表达了他地位越高越是谦恭的态度。关于这段鼎铭的意思，下文"莫余敢侮"条还会再讨论。今人之所以会认为上述例子中的"走"相当于 walk，是受到了"当代语感"的误导。

1.1.3 快马/快牛/快犬

"快"是什么时候产生"快速"义的？这是汉语史学界讨论很多的一个问题。人们常常举的例子是"快马/快牛/快犬"，认为其中的"快"就是"快速"义，但是墙斯(2021)指出，此类"快"不能这么理解：

"快"在魏晋南北朝常作定语修饰牲畜名"马""牛""犬"等，间或作谓语描述牲畜名。以往多认为这类"快"表示快速义。

(1) 孚自选温信者三人，不语所之，皆敕使具脯粮，不得持兵仗，各给快马。(《三国志·魏书·贾逵传》注引《魏略·列传》)

(2) 彭城王有快牛，至爱惜之。(《世说·汰侈》)

(3) 吴民华隆，养一快犬，号"的尾"。(《搜神记》卷四)

(4) 然在都养一狗,甚快,名曰“乌龙”。(《搜神后记》卷九)

(5) (牛)尿射前脚者快,直下者不快。(《齐民要术》卷六“养牛马驴骡第五十六”)

指示中心语名词的某种属性特征是定语成分的语义功能之一。马作为古代交通工具,速度快慢可视为其比较稳定的功用属性,因而容易将“快马”理解为“快速的马”。然古汉语中形容马品质优良、擅长驰走还可用“良(马)、善(马)、俊(马)、利(马)、健(马)”等词修饰,这些词表示好、健壮等义,不表示快速义。可见,形容词X描述“马”与X是否表示快速义之间没有必然的联系。也就是说,仅依据“快”可以描述牲畜名,还不能断定“快”确表快速义。

“牛”“犬”的功用属性通常不包含行走速度,语境中需要强调牛、犬的行走速度,“快牛/牛快”“快犬/犬快”才可能理解为“跑得快的牛”或“跑得快的狗”。但从例(2)—(5)来看,“快牛”“快犬”并非指速度快慢。例(5)下文为:“乱睫者抵人。后脚曲及直,并是好相,直尤胜。进不甚直,退不甚曲,为下。行欲得似羊行。”这里是在划分牛的优劣,即哪种牛属于“好相”,哪种牛“尤胜”,哪种牛“为下”。例(3)、(4)也不是在谈论狗的奔跑速度,而是称赞狗对主人忠诚、救主人于危难中的事迹。

前辈学者早已指出“快”在中古汉语时期产生佳、好义。(张相 1953/1977: 577、董志翘 2003、王云路 2010: 16 等)在此基础上,付建荣(2018)进一步明确指出魏晋南北朝文献中的“快马”“快牛”“快犬”之“快”均非快速义,而应释作佳、好义,“快马”“快牛”“快犬”即好马、好牛、好犬。付说可从。

墙说是。“快马”“快牛”“快犬”与“快雪”“快雨”“快风”之“快”是同样的意思,都不是指速度快。汪维辉(2000/2017)对此类“快”的理解亦有误,应予纠正。今人之所以会发生误解,原因还是“以今例古”:看到这些“快”字就下意识地把它当作今天最常用的意思去解读了。

1.1.4 默默

王泗原《古语文例释》“158. 默默非沉默不言”条力证“古语文,表沉默不言之意惟云默(嘿,墨),不用叠字默默[2]”,节引如下:[3]

《楚辞·卜居》:“世溷浊而不清。蝉翼为重,千钧为轻。黄钟毁弃,瓦釜雷鸣。谗人高张,贤士无名。吁嗟默默兮,谁知吾之廉贞?”《文选》五臣注:“嘿嘿,不言貌。”郭沫若以默默为“沉默”。均非是。郭云:“单就这几句话看来,它和屈原思想便大有径庭。屈原……何曾是受了诽谤而沉默了下来呢? ……他何曾‘默默’了?”(《黄钟与瓦釜》)尤不明《卜居》之意。

以默默为默,为默然,乃后起之义。秦宓曰:“仆文不能尽言,言不能尽意,何文藻之有扬乎?昔孔子三见哀公,言成七卷,事盖有不可嘿嘿也。”(《三国志·蜀·秦宓传》)不可嘿嘿,谓当言。此后起之义,不得援以解《卜居》之默默。

结论:(一)古语文叠字默默之用法有二:一以形容世之溷浊不清,如《卜居》“世溷浊而不清”一段,《吊屈原赋》“时不祥”一段,《新序》“五墨墨”一段所云之情状。一以形容不得意,心情拂逆,郁滤。墨墨并无沉默不言之意。《卜居》之默默乃第一用法,绝非谓屈原沉默。

(二)古语文表沉默不言惟云默,示默之状曰默然。而不用叠字默默。

凡叠字,由叠音生义,与双声字叠韵字之由双声叠韵生义,其理同。叠字,双声字,叠韵字,皆不得以原单字说解之。

王说举证详确,结论可信。原文颇长,此不具引。《文选》五臣注的“嘿嘿,不言貌”是唐代人以“当代语感”误解上古典籍的例子,今人沿袭其误。

1.1.5 唱

张永言师(1975/2015)辨析一件唐代“唱衣历”中“唱”字的含义,给我们以很大的启发。下面引述该文大意。

北京图书馆藏敦煌写本“成字96号”《目连救母变文》的背面有一件资料,摘录如下:

法律德荣<u>唱</u>紫罗鞋雨(当作“两”),得布伍伯捌拾尺,支本分一百五十尺,支索(?)延定真一百五十尺,支索(?)政会一百五十尺,支图福盈一百五十尺,赊二十尺。……僧政愿清<u>唱</u>绯绵绫被,得布壹阡伍伯贰拾尺,旧儭壹仟尺,支图海明一百五十尺,……金刚<u>唱</u>扇,得布伍拾伍尺,……法律道英<u>唱</u>白绫袜,得布叁伯尺,又<u>唱</u>黄尽(当作“画”)坡(当作“被”或“帔”),得布伍佰尺,支图道明一百五十尺,支本分一百五十尺,……

1931年向达在《敦煌丛抄》中首次披露这件资料,以为是“僧人书在外唱小曲所得账目,所唱小曲名目有‘紫罗鞋雨’‘绯绵绫被’‘扇’‘绫袜’之属。……凡此寺院僧人演唱小曲唱文,其痕迹犹有可见者也”。此后任二北、冯宇、叶嘉莹均沿袭其说,“几十年来不同学术领域的一些学者都把这件敦煌资料看作一篇‘唱曲账’,并由此出发作出种种推断。……事实上,上述诸家对这件资料所作的解释都是不正确的,而其关键则在于误解了其中的‘唱’字。这个‘唱’并非一般‘歌唱’、‘唱曲’的‘唱’,而是佛寺特殊用语‘估唱’、‘唱衣’的‘唱’;‘紫罗鞋两’等并非和尚歌唱的曲子,而是他们唱卖的实物。这一点早在1950年美籍学者杨联升就已经指出,可惜任、冯、叶诸家全未留意”。所以,这件资料“并不是什么‘唱曲账’,而是所谓的‘唱衣历’;它跟唐代僧人‘唱曲’、‘作曲’、‘清唱’、‘演唱’,以及兼职当艺人,得实物工资等等通统毫无关系”。

张先生的看法得到学界的广泛认同,他对致误之由的分析也切中肯綮。

古代的避讳会造成一些特殊的词汇现象,不明就里,也很容易“以今例古”,比如下面这个例子。

1.1.6 严妆

《孔雀东南飞》:“鸡鸣外欲曙,新妇起严妆。”其中的“严妆”一词,当代的一些权威辞书如《辞源》[4](修订本)、《辞海》(1989年版)和文选注释如朱东润主编《中国历代文学作品选》、郭锡良等编《古代汉语》以及高中《语文》(人民教育出版社,1988)等,都把它看作状谓结构,解释成“整齐妆束”“端整装束”“整妆,好好妆扮”“郑重地梳妆打扮”“打扮得整整齐齐。以下几句描述她小心打扮”等,看似很切合文意,实际上却是误解,这样望文生义地去注释和理解这个“严”字的人不在少数。这里的“严”有特殊含义,《辞源》(修订本)“严”字条:“⑧穿戴装束。汉明帝名刘庄。装避讳作严。……装具也叫严具。”这是对的。其实不独“装”字,“妆”也要避讳。“装”“妆”因为与“庄”同音,在汉明帝时期都要改成“严”,比如把“妆具”说成“严具”,“办装”说成“办严”,“装饰”说成“严饰”,等等。这样的避讳在当时是必须严格遵守的,直到东汉亡国都是如此。久而久之,习惯成自然,人们就渐渐地把“严”字当作“妆”“装”的同义词了。到了魏晋时代,虽然不必再避“庄”字讳,但当时人还常常把该用“妆”“装”的地方写作“严”,例子不胜枚举。正因为在当时人的心目中“严”和“妆”“装”是同义的,所以可以构成“严妆(装)”这样的同义复合词,意思就是装束或梳妆打扮,还可以倒过来说成“妆(装)严”,这清楚地表明它们是联合结构而非偏正结构。所以说,《孔雀东南飞》中的“严妆”只能解释成“梳妆打扮”,而不能把“严”理解为修饰性成分。今人的误释都是缘于不了解“严”字的这一特殊含义而“以今例古”。

实际上早在唐代,颜师古注《汉书》时就已经发生了误解。《汉书·五行志上》:“刘歆以为先是严饰宗庙。”师古注:“将迎夫人,故为盛饰。”以“盛饰”释“严饰”,说明师古并没有弄清“严”字的确切含义,只是按字面做的解释。所谓“严饰”,就是“装饰”,并不包含庄、盛一类的意思,如同“严妆”就是梳妆一样。(汪维辉 1990a)

1.2 语法

古今语法存在一定差异,有些古代的语法现象很容易用后代的语法观念去理解,导致误读。常见的有误解词性、误解结构等。

1.2.1 币

《史记·屈原列传》:“(张仪)如楚,又因厚币用事者臣靳尚,而设诡辩于怀王之宠姬郑袖。怀王竟听郑袖,复释去张仪。”画线句高中《语文》(人民教育出版社,1988)注:“又凭借丰厚的礼物贿赂楚国当权的臣子靳尚。”注释中的“凭借丰厚的礼物”对应原文的“因厚币”,那么这句话就没有了谓语,“贿赂”二字又从何而来呢? 注者大概只知道“币”有名词“礼物”义,而不知道它在古代还可以用作动词(古汉语名词活用作动词是很常见的),义为“送礼物;贿赂”。比如《庄子·说剑》:“闻夫子明圣,谨奉千金以币从者。”《韩非子·存韩》:“重币用事之臣。”《史记·赵世家》:“今发百万之军而攻,逾年历岁未得一城。今以城市邑十七币吾国,此大利也。”中学《语文》课本的文言文注释中,此类“以今例古”的问题甚多。[5] 又,“又因厚币用事者臣靳尚而设诡辩于怀王之宠姬郑袖”实际上是一个句子而不是两个,“设诡辩”是全句的谓语,“因厚币用事者臣靳尚”是介词短语充当状语,整个句子的意思是:因厚币用事者臣靳尚(通过重重地贿赂当权的臣子靳尚)而设诡辩于怀王之宠姬郑袖。(汪维辉 1990c)

1.2.2 树杞/树桑/树檀

有人认为这是“大名冠小名”,如《诗经·郑风·将仲子》:“将仲子兮,无踰我里,无折我树杞。”余冠英(1979:80)《诗经选》:“‘树杞’就是杞树,就是柜柳。”这是误解。《正义》:“无损折我所树之杞木。”看作定中结构,正确。上古时代确实存在“大名冠小名”的语法现象,[6] 但是《诗经》中的“树杞/树桑/树檀”却不是,因为《诗经》时代“树”还没有名词“树木”的意思,都是动词,当“种植”或

“竖立”讲，如《小雅·巧言》：“荏染柔木，君子树之。”“树”当“树木”讲要到《左传》中才见到。这是把动词“树”误解成了今天的名词“树”。

1.2.3 地

《世说新语·方正44》：“桓大司马诣刘尹，卧不起。桓弯弹弹刘枕，丸迸碎床褥间。刘作色而起曰：‘使君，如馨地宁可斗战求胜！’桓甚有恨容。”其中“如馨地”的“地”字，汉语史学界通常把它看作语助词“地”[7] 的最早例证。最先提出这一看法的是吕叔湘先生(1943)的《论底、地之辨及底字的由来》：“地字的来历不明，最早的例子见于《世说新语·方正篇》：‘使君如馨地，宁可斗战求胜?’但只有这么一个孤例，下去就要到唐人诗中才有私地，忽地等例。”由于吕先生的崇高声望，大家对这个说法基本上都深信不疑，这个例子被反复引用。[8] 甚至有人对吕说做了进一步发展，比如殷正林(1984)《〈世说新语〉中所反映的魏晋时期的新词和新义》说：“地，作语尾，产生于魏晋，《方正》：‘使君，如馨地，宁可斗战求胜?’……‘如馨地’在句中的语法作用可能有两种，一是作定语(中心语省略)，指桓温弹丸的本领，‘地’就相当于现代汉语中定语语尾‘的’；一是作状语，‘地’就相当于现代汉语中状语的语尾‘地’。虽然从此例不易确定‘地’究竟属于哪种语尾，但是在这里是语尾则不容置疑，吕叔湘先生认为这是一个孤例，……我们在晋代的《搜神记》中(98)发现一个例子：‘祐知其鬼神，曰：“不幸疾笃，死在旦夕，遭卿，以性命相托。”答曰：“……吾今见领兵三千，须卿，得度簿相付。如此地难得，不宜辞之。”’‘地’在句中作状语的语尾。这样，就不能再认为《方正》一例是‘孤例’了。”其实殷文所补充的这个例子完全是错误的，其中的“地”绝非语尾，而是实词，指官位、地位。原意是说，我把“领兵三千”的阴间官位让给你，像这样的位子是很难得的，你不应该推辞。魏晋人重门地，“地”的这一用法在当时是习见常用的，《世说新语》中就不乏其例。张永言师(1992)主编的《世说新语辞典》“地”字条立有“境地。……也指职位”一个义项，就引了《搜神记》的这个例子，理解不误。考六朝“如馨”“尔馨”“宁馨”有两种用法，一是直接做谓语，如“正自尔馨”(《世说新语·品藻26》)，一是作定语修饰名词，如“田舍儿强学人作尔馨语!”(文学33)“王文开那生如馨儿!”(《世说新语·容止29》注引《语林》)而以后一种用法为多。“如馨地”结构与“如馨儿”“尔馨语”相同，“地”也是名词，这里指地方，全句意谓：“这样的地方难道是可以凭借斗战来求胜的！”“地”并不是什么语尾。这句话应该标点作：“使君，如馨地宁可斗战求胜！”“桓大司马”即桓温，为东晋一代名将，“刘尹”指刘惔(字真长)，是当时有名的清谈高手。桓去拜访刘，刘却“卧不起”，桓自然不免生气，就用弹丸弹其枕以示威胁和侮辱，刘也不甘示弱，用一句“如馨地宁可斗战求胜”来回敬，暗含讥讽和轻蔑：你不过是只知道靠斗战求胜的一介武夫而已，但这里可不是你的用武之地！言下之意是我这里乃是清谈的场所；若论谈玄析理那一套，你可不是我的对手。正因为刘惔的这一句回敬颇为尖刻，所以桓温听后“甚有恨容”。(汪维辉 1996)这是把实词误认作虚词的例子。可见即使是吕先生这样的大家，偶尔也会被“当代语感”所左右。

1.2.4 莫余敢侮

《左传·昭公七年》：“及正考父佐戴、武、宣，三命兹益共，故其鼎铭云：‘一命而偻，再命而伛，三命而俯，循墙而走，亦莫余敢侮。’”贾逵注：“循墙而走，不敢安行也。”杜预注：“其恭如是，人亦不敢侮慢之。”黄扶孟(黄生)说：“循墙而走，指小儿之学步者。虽学步小儿，余亦不敢侮之，所谓三命滋益恭也。旧注非。”(见《义府》卷上)沈钦韩说：“言无有余所敢侮之人。此自铭，不当言人之无侮于己也。”(见《左传补注》，《清经解续编》卷五九三)

贾、杜说是，黄、沈二人均误解句式，将作宾语的“余”当作了主语，使文意完全相反了。“莫余敢侮”是上古汉语中的所谓“宾语前置”句式，“莫”是否定性无定代词，相当于“没有人，没有谁”，“余敢侮”即“敢侮余”，否定句中代词充当宾语，前置于动词和助动词之前。按照今天的语序，就是“没有谁敢欺侮我”。《庄子·杂篇·列御寇》：“正考父一命而伛，再命而偻，三命而俯，循墙而走，孰敢不轨！[9] 如而夫者，一命而吕巨，再命而于车上儛，三命而名诸父。孰协唐许！”可为旁证。这种宾语前置句式在清代口语中早已不存在，黄、沈二人从所谓的义理出发，认为杜注不合情理，实际上是他们自己不懂上古汉语的语法。(汪维辉 2018a)

1.2.5 谈何容易

王泗原《古语文例释》“52. 徼幸，谈何容易，意非如今人所谓”条说：

东方朔《非有先生论》:“吴王曰:‘可以谈矣,寡人将竦意而览焉。’先生曰:‘於戏!可乎哉?可乎哉?谈何容易?夫谈……非有明王圣主,孰能听之?’”……容易非一词,非今语之容易。古语文与难相对者易,绝不云容易。容乃容许之容,易乃轻易之易。谈何容易者,谈之事何容轻易,犹云谈何可易也。谈,主语,易之受动者。易,动词,轻易,轻忽。容,助动词,用法如可。何,疑问副词。此疑问式。若用否定式,则为谈不容易,犹云谈不可易也。《汉书·杨敞传》:“丘常谓恽曰:‘闻君侯讼韩冯翊,当得活乎?’恽曰:‘事何容易?’”谓事何容轻易,即何可轻视也。何容易与前例同。

王说是。“谈何容易”这句话从古到今发生了重新分析:谈/何容/易→谈/何/容易——“谈”怎么容许轻易→说什么容易。句法关系变了。关键是后人把“容易”识解成了一个词,因此发生了“以今例古”的误读,这个误读大概始于唐代,因之而产生了一个双音词“容易”,参看下文“容易”条。

1.2.6 闻所未闻

这句成语本来是一个句子,第一个“闻”是谓语,“所未闻”是它的宾语。《现代汉语词典》第7版(以下简称《现汉》)释义为“听到从来没有听到过的,形容事物非常稀罕”,这是符合原义的,可是却不符合今人实际使用的意义,因为今天的人们通常是把它当作一个形容词来用的,相当于“从来没有听到过”,跟原来的意思和用法都不一样了。试观《汉语大词典》(以下简称《汉大》)“闻所不闻”条(释义基本同《现汉》)所引的几条书证就不难看出古今用法的差别:

亦作“闻所未闻”。唐元稹《授王播中书侍郎平章事兼盐铁使制》:“得所未得,闻所未闻,昭然发矇,几至前席。”《红楼梦》第一一八回:“那袭人此时真是闻所未闻,见所未见。”叶圣陶《倪焕之》二:“从英文读本里得知闻所未闻的故事,从国文课里读到经义策论以外的古人的诗篇:在焕之都觉得十二分醉心。”

前两例用作原义不误,可是第三例就不同了:“得知闻所未闻的故事”,“闻所未闻”做“故事”的定语,整个定中短语充当“得知”的宾语,“闻所未闻”只能是“从来没有听到过”,而不可能是“听到从来没有听到过的”。这种例子俯拾即是,比如毛泽东《〈农村调查〉序言》:“他们都给了我很多闻所未闻的知识。”除了做定语修饰中心成分,还有一种常见的用法是“闻”的对象作为受事主语在前面出现,如毛泽东《湖南农民运动考察报告》:“许多奇事,则见所未见,闻所未闻。”

这种误用始于何时还有待考证，[10] 清人的有些例子已经露出端倪，如李汝珍《镜花缘》第六十回：“今日见了紫菱姐姐飞来飞去，业已奇极；谁知还有海外这些异事，真是闻所未闻。”这个例子里的“闻所未闻”理解成“听到了从来没有听到过的”和“从来也没有听到过”都是讲得通的。在现当代汉语里，误用已经成了一种集体无意识，很少有人再用作原义的，因为按照当代人的语感，“见所未见，闻所未闻”就是“见也没见过，听也没听过”的意思，这跟文言虚词“所”和“所V”结构已经不为今人所准确了解有关。[11] 可是当代辞书的释义几乎都跟《现汉》一样，合于古而不适于今，其中原因值得玩味。

1.2.7 每下愈况—每况愈下

成语“每况愈下”来自《庄子·知北游》的“每下愈况”，这是大家所熟知的；可是为什么会从“每下愈况”讹变成“每况愈下”呢？这个问题虽然学界已有很多讨论，但是并没有完全说清楚。据戴佳文（2021）研究，两者并非直接转变的关系，而是经历了两次误解误用，关键是对“况”字的误解。《庄子》原文的“况”字应该是“滋、甚”的意思，“每下愈况”的意思是每往下去，程度越深。《现汉》即取此说，是正确的。不过“况”的这个意思在先秦就是一个用例很少的冷僻义，至晚中古时期就已经在口语中消亡了。到了宋代，读书人误以为“况”表“比照”义，[12] 但是在“每下愈况”里又讲不通，于是化用《庄子》时就把“每下愈况”改成了“每况愈下”。这是宋人用“当代语感”误解误改古语的例子。不幸的是，这个错误的讹变形式后来居然通行开来，而且一直流传到今天，而正确的原形反而不为一般人所知了。这就是“约定俗成”的力量。

1.3 语音

语言中的词是音义结合体，用文字记录下来，同一个字形，读不同的音，往往就对应不同的词，这种多音多义字也很容易“以今例古”，用后代熟悉的音去误读前代文献。

1.3.1 甚

“卑之无甚高论”这句成语，今天常常用来表示自谦，是“见解一般，没有什么高明之处”的意思。这个今义来自宋人对《汉书》（抄自《史记》）的误解，其中的关键是误读了“甚”这个词的音义。《史记·张释之列传》：“释之既朝毕，因前言便宜事。文帝曰:‘卑之,毋甚高论,令今可施行也。’”这个“甚”是程度副词,“很;太;过于”的意思,音 shèn(我们称之为“$甚_1$”),文帝的意思是“放低你的论调,不要过于高谈阔论”。宋人把“甚”误读成了疑问代词 shén,意思是“何,什么”(就是“甚么”的合音,我们称之为“$甚_2$”),并且把原来的两个句子连读成了一句,结果导致这句话里的每个字都被重新解读,于是就产生了今义。误解误用之所以发生在宋代,主要原因是“$甚_2$”在宋代的普遍行用(也跟宋人喜读《汉书》的时代风气有关),当时人看到这个“甚”字,下意识地就把它识解成了“$甚_2$”,这是古人“以今例古”误解同形字的例子。《汉大》等辞书对这个“甚”字都没有解释清楚。(汪维辉,李雪敏 2022)

1.3.2 抓

“抓”有“寻找”义,是记录{找}这个词的早期用字,《汉大》“⑤谓匆忙寻找”义下注音为 zhuā,这是错误的,应该音 zhǎo。[13] 这是受了{抓 zhuā}的误导,也就是说,在今人的潜意识里,“抓”字对应的就是{抓 zhuā}这个词,而不是{找 zhǎo}。而实际上这个“抓”就是“找”,无所谓“匆忙”不“匆忙”。[14](汪维辉 2020)

1.3.3 倚[15]

“倚”有“倚靠”义,音於绮切(今读 yǐ),这是自古以来的主流用法,也是今人所熟悉的,我们记作“$倚_1$”。除了这个音义外,“倚”字还有“立”义,音 jì,记作“$倚_2$”。《汉语大字典》和《汉大》“倚”字条都收了“立”义,这是对的;但是都放在 yǐ 音下,而不列 jì 音,则是错误的。

“$倚_1$”和“$倚_2$”对应的是音义都不同的两个词。《周易·说卦》:“昔者圣人之作《易》也,幽赞于神明而生蓍,参天两地而<u>倚</u>数。”王肃、虞翻、孔颖达均云:“倚,立也。”高亨注:“言《易经》以奇数为天之数,以偶数为地之数,而立其卦爻之数也。”不过这个“倚”字汉儒有不同的理解,《经典释文》云:“於绮反。马云:依也。王肃其绮反,云:立也。虞同。[16] 蜀才作‘奇’,通。”说明马融以为当读於绮反(yǐ),解作“依”;而王肃和虞翻则认为当读作其绮反(jì),训为“立”。据此可知,当“站立”讲的“$倚_2$”当音“其绮反”,与《广韵·纸韵》“徛,立也。渠绮切”的“徛”字音义完全相同,又可写作“奇”,三个字所记的是同一个词。《经典释文》中“倚”注音为“其绮反”或同音的反切的颇多。

当“立”讲、音 jì 的“倚”，是个很古老的词，先秦已见，除上引《周易·说卦》外，又如《荀子·性恶》：“今当试去君上之执（势），无礼义之化，去法正之治，无刑罚之禁，倚而观天下民人之相与也。”王念孙云：“倚者，立也。”《楚辞·九辩》：“澹容与而独倚兮，蟋蟀鸣此西堂。”王念孙云：“谓独立也。”一直到唐代，文献中时常可以见到用例，如逯钦立辑校《先秦汉魏晋南北朝诗·汉诗·古诗二首》之二：“甘瓜抱苦蒂，美棘生荆棘。利傍有倚刀，贪人还自贼。”“倚刀”犹今言“立刀”，指“利”字右边的“刂”旁。《礼记·曲礼上》“妇人不立乘”唐孔颖达《正义》：“‘妇人不立乘’者，立，倚也。妇人质弱不倚乘，异男子也。男子倚乘，妇人坐乘，所以异也。”孔颖达以“倚”释“立”，且以“倚乘”与“坐乘”相对，其义至为显豁，可见唐人口语是管“立”叫“倚”的。宋代以后，例子就少见了，因为这个词不再写作“倚”，而是写成了“徛”。

对今人来说，“倚$_2$”是很陌生的，所以误读其音、误解其义是普遍现象。比如《汉大》“倚马”条：“靠在马身上。南朝宋刘义庆《世说新语·文学》：‘桓宣武北征，袁虎时从，被责免官。会须露布文，唤袁倚马前令作。手不辍笔，俄得七纸，绝可观。’后人多据此典以‘倚马’形容才思敏捷。”其实“倚（jì）马前”就是站在马前，马非树、柱之类，是不能倚靠的，此其一；其二，《世说新语》中“倚”共出现 8 次，除用作“倚靠；斜靠着”义 2 次、“假托；借着”义和“依附”义各 1 次外，其余 4 例均用作“站立”义，除本例外，另三例是：山公大儿著短帢，车中倚。（方正 15）刘尹至王长史许清言，时苟子年十三，倚床边听。（品藻 48）郗家法：子弟不坐。因倚语移时，遂及财货事。（俭啬 9）[17] 所以“倚马前”应该是站在马前，而非“靠在马身上”。《现汉》“倚”字条音 yǐ，也未列 jì 音，义项①是：“靠着：～马千言|～着门框朝外看。”“倚马千言”条：“晋代桓温领兵北征，命令袁虎速拟公文，袁虎靠着战马，一会儿就写了七张纸，而且写得很好（见于《世说新语·文学》）。形容文思敏捷，写文章快。”对“倚马”的解释同样错误。这也难怪，因为在现代汉语的字词关系里，“倚$_2$”不再写作“倚”，而是写成了“徛”，《现汉》：“徛 jì〈方〉站立。”《广雅·释诂四》：“倚、竖、建、封、殖、莳、置、隑企、起，立也。”曹宪《博雅音》注“倚”字为“於绮切”，显误。可见这种误读也是由来已久的。

以上三个例子实际上都是“同形字”的问题,就是一个字形记录了两个读音不同的词,这种同形字在历史上是很多的,也很容易“以今例古”。

有些字古音与今音存在阴阳对转关系,今人往往“以今例古”,用今音去拟测古音,这种例子也很常见,下面仅举一例。

1.3.4 能

“能”的上古音属阴声之部,非阳声蒸部。顾炎武(1982: 300-302)《音学五书·唐韵正》“能”条论之极详:

> 能,(《广韵》)“奴登切”。古音奴来、奴代二反。《诗·宾之初筵》二章:“其湛曰乐,各奏尔能。宾载手仇,室人入又。酌彼康爵,以奏尔时。”“又”音肄。……[18] 按:陆氏《释文》,《诗》“各奏尔能”下云:“徐奴代反,又奴来反。”“柔远能迩”下云:“郑奴代反。”……是古但有奴来、奴代二音……晋时此音未改,江左以降,始以方音读为奴登反,而又不可尽没古人奴来、奴代之音,故兼收之咍、代、登三韵……按:能字音奴登反始自宋齐之世……今按:经传之文,下至魏晋,皆作奴来反,并无奴登反者。……唐时古音尚存,……

顾炎武征引之繁富、论断之确凿,令人叹服。可见“能”字从阴声韵[nə]对转为阳声韵[nəŋ]是南北朝以后的事,在上古时期它不读阳声蒸部。高本汉、李方桂、王力等都归入之部,是正确的,[19] 可是也有人归入蒸部,[20] 这恐怕是受“当代语感干扰”而又未读顾炎武之书的结果。

孙玉文(2007)指出:“由于词的音义结合具有时代性和空间性,因此从音义结合的角度解读古代诗歌要避免以今律古。”“所以,看到一个字,我们不能以为古代的音义结合跟今天的音义结合的情况是一样的。这个道理很容易明白,但是做起来就不那么容易了。有时候,人们在解读唐诗的时候容易忽视这一点,容易犯以今律古的错误。因此对唐诗语句的理解就不能做到‘求真’了。”比如孙玉文(2000,2007)所讨论的下面两个例子(以下引文有删改)。

1.3.5 思

李商隐《锦瑟》诗:“锦瑟无端五十弦,一弦一柱思华年。庄生晓梦迷蝴蝶,望帝春心托杜鹃。沧海月明珠有泪,蓝田日暖玉生烟。此情可待成追忆,只是当时已惘然。”此诗格律谨严,首联的平仄是:仄仄平平仄仄平,㊥平仄仄仄平平。(加圈表示可平可仄)也就是说,“思”字只能读去声,否则就成了“三平调”,这是古风特有的句式，在近体诗中是大忌。

现代汉语普通话“思”只读平声，不读去声，所以人们很容易把这个“思”误读成平声，理解为“思念，追忆”，一些诗词注释本也出现过这一误会。孙玉文查阅了二十来种收有《锦瑟》诗的注释本，对“思”字的处理有三种方式。一，不注释。大约是认为“思”字古今用法相同，读平声，意为“思念，追忆”。二，只释义，不注音。对音、义的理解同“一”。三，注成去声。如安徽师大中文系古代文学教研组(1978)选注《李商隐诗选》：“思：在此应变读去声，思念、追忆的意思。”注成去声是正确的，但是把它理解为“思念，追忆”则不对，因为“思”作“思念，追忆”讲读平声，不读去声。注释者之所以这样理解，恐怕是对“思”读去声的词义到底是什么缺乏了解，不免以今律古。

在古代，“思”的平声一读是常见读音。义为思考，考虑；引申指怀念，想念。由这个“思”分别发展出三个意思，都读去声。一，义为考虑问题既周密深入而又敏捷，形容词。二，义为对外界所作的考虑或考虑的结果，思想，想法，念头，意思等，名词。三，义为因感于外界而内心哀愁，愁怨，动词。又可以“怨”“思”连用。《锦瑟》中“一弦一柱思华年”的“思”，显然应该取第三种意义。“思华年”，即：为“华年”的流逝而悲愁，或为“华年”的流逝而愁怨。“华年”在这里是作“思(sì)”的宾语。其实，前人早已把这个“思(sì)”训为“哀愁，愁怨”，只是人们没有留意罢了。金人元好问《论诗绝句》中说：“望帝春心托杜鹃，佳人锦瑟怨华年。诗家总爱西昆好，独恨无人作郑笺。”他把“思华年”换成“怨华年”，是把原文的“思”理解为“愁思，怨思”。[21]

1.3.6 胜

韩愈《早春呈水部张十八员外二首》之一：“天街小雨润如酥，草色遥看近却无。最是一年春好处，绝胜烟柳满皇都。”其中的“胜”字有平声和去声两种读法，在这首诗中它到底是读平声还是读去声？如果是读平声，它应该怎么讲？

这里的“胜”字只能是平声，不能是去声，因为它跟出句的“是”平仄相对，如果读去声，就“失对”了。袁子让《字学元元》卷七《古人押用之例》中说：“后唐宋人祖此，皆有押用，或平押仄，或仄押平……‘胜’读如升，如‘见人忘却道胜常’，‘绝胜烟柳满皇都’是也。”已经明确指出这个“胜”读平声，不读去声。今天的唐诗注释本,对这个“胜”字绝大多数都不注音,只有个别注释者注明要读平声。为什么不注音呢?推测起来,原因不外两种:一是知道“胜”在上下文中本来读平声,也知道“胜”不能作“超过,胜过”讲,只是为了照顾今天的读者习惯,把本该读平声的“胜”读成了去声;二是不知道“胜”在上下文中要读平声,误把“胜”理解为“超过,胜过”了。只要注意一下唐诗的注释者对“绝胜烟柳满皇都”所作的串讲,就知道许多注释者不知道诗中的“胜”要读平声,误把它理解为“超过,胜过”了。

那么,这个读平声的“胜”字应该怎么解释呢?有人把“胜”理解为“胜过”,把这一句理解为完全胜过那京城满是浓郁的烟柳的时节的景象。不妥,因为“胜”作“胜过”讲读去声,不读平声。“绝胜烟柳满皇都”应该理解为完全能比得上那烟柳浓郁满皇都的景象。“胜”的基本意思是“力能承受,能承担”,在上下文中可以理解为相称、相当。如《论衡·案书》:“厚薄不相胜,华实不相副,则怒而降祸。”也许有人会辩解说:把“绝胜烟柳满皇都”理解为“完全胜过了那京城满是烟柳浓郁的景象”,比起理解为“完全比得上那京城满是烟柳时的景象”,更能凸显韩愈对初春时节中长安的景色的赞美。而且前面说“最是一年春好处”,把后面的“胜”理解为“超过,胜过”,与前面一句正好合拍。这是托辞。我们应该把文学作品中词句的语义和词句所反映的文学形象分辨开,文学形象的正确分析建立在对文学作品词句的正确理解之上。词句的语义具有客观性。“诗无达诂”不能作为胡乱解释词句的语义的挡箭牌。从语言上讲,韩愈诗中“胜”读平声,作“配得上,比得上”讲;不读去声,不作“超过,胜过”讲,这是必须分辨清楚的。“最是一年春好处,绝胜烟柳满皇都”的“处”可理解为时候,两句的意思是:有人赞美“烟柳满皇都”时的那种景色,我认为,初春时拥有此景的这个时候,是一年当中最好的时候,此时的景色完全可以比得上烟柳满皇都时的那种景色。把“胜”理解为“配得上,比得上”,与前面的“最是一年春好处”不能说不合拍。我们今天可以说,“我以为某时景色最美,一点也不比你说的那个时候逊色”,照样文从字顺。说某东西“最好”,不等于说它是“唯一”的“好”。诚然,“胜”按照“超过,胜过”讲也能讲通。但是讲得通不一定讲得对。“胜”按照它读平声时的字义“配得上,比得上”讲既能完全讲通,又能符合韩愈的原意,因此是正解。

1.4 文字

汉语的字词关系十分复杂,概略言之,主要有“一字对多词”(同形字)和“一词对多字”(异体字)两大类,具体情形往往极其错综纷繁,很容易产生“以今例古”的错误:人们看到一个熟悉的字形,会不自觉地把它按照当代的字词关系去理解,而古代实际上并不是这样的。对于历史上各个时期文献的解读,都存在这个问题。下面举几个不同时代的例子。

1.4.1 觅

词汇史研究已经证明,“寻觅”的{觅}这个词是东汉才见诸文献的。(汪维辉 2010/2017)史文磊(2017)指出:

西周金文中有3处字形,不少辞书和著述都释读为“寻找”义的“觅”,分别见于班簋、曶鼎、鬲攸从[22]鼎[23]。

(1) 班非敢(觅)(班簋)

释作“觅”的有:郭沫若(1972:9)、黄盛璋(1981:77)、容庚(1985:620)、马承源(1988:108-110)、秦永龙(1992:48-50)、刘桓(2001)、《汉语大字典》、《王力古汉语字典》、《金文大字典》[24]、《金文引得》(殷商西周卷)。郭沫若(1972:9)说:“字在此有觊觎或希冀之意”,秦永龙(1992:48-50)进而说:“觅,本义为寻觅。字从爪从见会意(以手加于眼目之上示有所寻觅状)。此引申为求取、希冀”,整句的意思是“班不敢有所奢求”。侯志义(2000:208)说是假借,写作“觅”,用作“迷”,义为昏迷。

(2) 曶(觅)匡卅秭(曶鼎)

释作“觅”的有:《金文大字典》、《殷周金文集成释文》、《金文引得》(殷商西周卷)(2001:254)。马承源(1988:172)说这是“觅”,假借为“免”义。

(3) 女(觅)我田牧(鬲攸从鼎)

释作“觅”的有:《金文大字典》、《殷周金文集成释文》。刘桓(2001)释此字说:“觅,宋本《玉篇》训为‘索也’。是觅有索取之义。班簋铭:‘班非敢觅’,觅则为求索义。‘我田牧’,当以‘我田’为一个词,指鬲比所有之田。则‘女觅我田牧’,即当训为‘汝索取我鬲比之田,为你任牧官职所辖之地。’”

上引诸论都说这3例铭文就是后世的“觅”字,一是视为“觅”的引申义,即本义引申,二是视为“觅”的假借义,即本字假借。这样分析要有个前提,即存在“觅”这个词的本义本字。如此则意味着当“寻找”讲的“觅”的源头可以追溯到西周甚至更早。然而调查发现,“觅”字从战国到秦汉一直未见,《说文》也未记载,直到《玉篇》才见[25],传世先秦文献中也根本找不到“觅”。在没有确定本义和本字的情况下,就直接说引申和假借,这很难令人信服。

其实,早有学者提出不同看法,只是前引文献并未给予足够重视。李学勤(1986:185)说:班非敢貢(笔者按,此班簋例),“貢”旧释“觅”,但字不从“见”,“觅”这一字形也不见于《说文》;此字下半似“卩”,疑释为“抑”,也见于曶鼎;《淮南子·本经》注:“没也”;句意为不敢没毛公的功绩,致不彰显。释为“抑”的观点并非李学勤先生首创,郭沫若(1932:18)早期也曾将该字释为“印(抑)”,可惜他后来改了看法。鬲攸从鼎例,郭沫若(1932:82)很早就将此字释为“印(抑)”,李学勤(1985)认为此字和班簋例同,疑系“抑”字别体,训为贬,引申为减免。洪家义(1988:257)有类似说法。容庚(1985:275-276)释曶鼎例为“寽”。鬲攸从鼎例,杨树达(2004:12)说:“鬲攸从鼎,铭文云:‘……:女△为我田牧,弗能许鬲从。……’按鬲从以攸卫牧告于王,鬲从讼攸卫牧之罪于王也。‘女△我田牧,弗能许鬲从’。女下一字不明,此鬲从对王诘问攸卫牧之辞。”杨先生在释文中加了个△,下面补了个“为”字。郭沫若(1932:133)也曾释作“为”。马承源(1988:296)释作“受”。裘锡圭(1998)认为,(3)鬲攸从鼎中的当为“𠬪”字,即《说文·𠬪部》:𠬪,物落上下相付也。从爪从又。凡𠬪之属皆从𠬪。读若诗“摽有梅”。此说较之前的释读更合理。但裘先生说该字的中部所从形体是“勺”的省变,既象征所付之物,又表示“𠬪”的字音,这个猜测有过于主观之嫌,不一定站得住。总之,这3个字记录的到底是什么词,还有进一步深入研究的必要。不过本文暂不涉及这个问题,我们旨在强调,将这3例释为“觅”是不符合事实的。

史说是。这是古文字释读中的“以今例古”,是拿今天熟悉的“觅”字去比附西周金文中的这三个字形。[26]

1.4.2 醜(丑)

“以今例古”有时会闹出笑话,比如王纶(1956)把《尔雅·释鸟》的“凫雁醜,其足蹼”的“凫雁醜”误解为“凫和雁都很醜(不漂亮)”,其实这个“醜”是“类;同类”的意思,[27] 跟醜陋的“醜”是同音词,而且字形也相同(繁体都写作“醜”,简化字把它跟地支名的“丑”合并了)。[28] 但是这个意思现代汉语里早已不存在了,难怪有人会按照今天的字词对应关系把它理解成“醜陋”。

有意思的是,造作伪书的人,会因为“以今例古”而露出马脚。张永言师

(1991/2006/2015)《从词汇史看〈列子〉的撰写时代》是从词汇史角度考证伪书的典范之作,举证详确,结论可靠。其中就举出了《列子》作伪者用错词语的若干例子,比如(只引结论,论证从略):

幻,《周穆王》:“有生之气、有形之状,尽幻也。……吾与汝亦幻也。”“幻”这个词先秦已有,但不是《列子》这里所用的意义。这个“幻”指“虚幻,幻象”,当是由于晚汉魏晋时期佛经译人多用“幻”对译梵文 māyā 因而生发出来的新义。

说,《杨朱》:“孟孙阳因顾与其徒说他事。”这个“说”相当于上古汉语的“言”,是晚汉以降通行的新用法。

侵,《周穆王》:“其下趣役者侵晨昏而弗息。”“侵”当“逼近,临近”讲,后面接“晨”、“晓”、“夜”、“夕”一类时间词,这是魏晋时期的新用法。

来,《黄帝》:“吾闻沤鸟皆从汝游,汝取来吾玩之。”这个“来”是表示趋向的“后助动词”。“来”的这种用法萌芽于汉代,大抵只与少数几个不及物动词连用。及物动词后面接“来”的用例晚汉已有,而更多见于晋代以后。

下,《汤问》:“来丹……遇黑卵之子于门,击之三下。”动量词“下”为上古汉语所无,晚汉以降始见行用,应是由动词“下”发展而来。

这些都是反映作伪者时代信息的确凿证据,因为语言是很难作伪的,作伪者根本不可能完全摆脱“当代语感”的影响而把古代语言伪造得天衣无缝。

下面再举两个例子。

1.4.3 找

《京本通俗小说》究竟是不是一部伪书?学术界激烈争论了 80 多年,意见仍不一致。汪维辉(2019)从语言学角度为伪书说提供了新证据,其中有一条讨论“找”字。

《京本通俗小说》卷十《碾玉观音》:“青白行缠扎着裤子口。”这篇小说实际上是抄自《警世通言》第八卷《崔待诏生死冤家》,《警世通言》现存的两个版本兼善堂本和三桂堂本“扎”字均作“找”。究竟作“扎”是还是作“找”是?乍一看,我们会觉得“扎着裤子口”文从字顺,应该是对的,而“找着裤子口”看起来讲不通。经过一番考索,我们发现作“找”是对的,《京本》因为不明“找”的古义而把它改成了今天通行的同义词“扎”。下面撮述大意。

“找”有“扎;束;缚;绑”义,字又写作“爪”“抓”,通行于宋元明时期,见于江淮官话和吴语区的作品,《汉语大字典》《汉大》“找”“爪”条均失收。同样的语境,写作“找”的目前仅见《通言》本例,但是写成“抓”“爪”的则有其例,如:

(1) 下面青白间道行缠抓着裤子口,獐皮袜,带毛牛膀靴。(《水浒传》第十一回)

(2) 头戴范阳遮尘毡笠,拳来大小撒发红缨,斜纹缎子布衫,查开五指梅红线绦,青白行缠抓住袜口,软绢袜衬多耳麻鞋。(《水浒传》第六十一回)

(3) 正坐之间,只听得车子碌碌剌剌地响,见一个客人,头带范阳毡笠,身上着领打路布衫,手巾缚腰,行缠爪着袴子,脚穿八搭麻鞋。(《三遂平妖传》第二十四回)

这些打扮都是指用“行缠”(相当于后世的绑腿)把膝盖以下的裤管及袜子扎住,以便于行走。行缠多为一道青的、一道白的相间着(即所谓“青白间道行缠”)缠在小腿上(通常一直缠到脚底),所以说“青白行缠找着裤子口”。明代以前,表示用行缠扎住裤子或袜子这个动作,可以用“爪/抓/找”(音 zhǎo),如上引诸例;也可以用“扎”(音 zā),但不多。推测在表示“扎束(裤子/袜子)”义上,“爪/抓/找”和“扎”有可能是一对方言同义词——北方说“扎”,跟今天的通语一致;南方说“爪/抓/找”,清代以后大概就逐渐消失了。[29] 下面这个例子既有“抓”,又有“扎”,显然是不同的两个词,用法有别:

(4) 且取一个大篾箩,把索子抓了,接长索头,扎起一个架子,把索抓在上面。(《西游记》第五四回)

“爪”“抓”“找”除单用外,还可以“爪札”“抓扎”“找扎”连用,不过对象不是“裤子/袜子”,如:

(5) 巷陌爪札[30],欢门挂灯,南至龙山,北至北新桥,四十里灯光不绝。(《西湖老人繁胜录》)

(6) 王庆当夜越出陕州城,抓扎起衣服,从城壕浅处,去过对岸。(《水浒传》第一〇三回)

(7) [任珪]起来抓扎身体急捷,将刀插在腰间,摸到厨下,轻轻开了门,靠在后墙。(《古今小说》卷三十八)

（8）忙将长衣脱去，束一束腰带，找扎起来，紧紧立在对面照墙之下。（《画图缘》第四回）

（9）咳！我为寻父母，不要说过此溪，就是龙宫海藏也说不得了！不免把衣服找扎起来。（《缀白裘》第六集第一卷）[31]

可见“爪/抓/找”跟“扎”是同义词而不是同一个词的不同写法，两者读音不同，意义大同中也有小异，可能曾经是一对方言同义词。表示“扎；束；缚；绑”义的“爪”“抓”“找”都应该音 zhǎo。“抓”字《广韵》有侧交切、侧绞切、侧教切三个读音，今音 zhǎo 就来自侧绞切，“抓住”的“抓”（zhuā）的音义则另有来源，跟《广韵》的三个反切都对不上，是同形字。[32]

由上所论可见，《通言》两本均用“找”，符合明代或更早时期南方的用词习惯，《京本》改作“扎”，是不明“找”的古义而臆改，意思虽然不差，但已非原貌。这是该书系伪作的一个明显证据。

1.4.4　四肢倒地

《京本通俗小说》同一篇中还有一条异文：“［秀秀］道罢起身，双手揪住崔宁，叫得一声，四肢倒地。”《警世通言》兼善堂本和三桂堂本均作“匹然倒地”，只不过三桂堂本“然”字写作古字“肰”，《京本》就误认或臆改作了“四肢”两字，殊不知“四肢倒地”是说不通的，也找不出第二例。《汉大》“匹然”条释作“犹突然，猛然”，引了两例：《京本通俗小说·西山一窟鬼》：“教授看见，大叫一声，匹然倒地。”[33]《警世通言·崔待诏生死冤家》：“［秀秀］道罢起身，双手揪住崔宁，叫得一声，匹然倒地。”（此即本例）此外在冯梦龙所编撰的作品中还见到三例：唬得迎儿大叫一声，匹然倒地。（《警世通言·三现身包龙图断冤》）你道好巧！去那女孩儿太阳上打着，大叫一声，匹然倒地。（《醒世恒言·闹樊楼多情周胜仙》）那妈妈大叫一声，匹然倒地。（《三遂平妖传》第一回）[34] 实际上“匹然倒地”是近代汉语白话作品中的一句常语，小说之外也见于元杂剧，“匹然”又写作“僻然”“辟然”“劈然”“撇然”等，都是同词异写，前一字在吴语中都读入声，读音相同，可参看《汉大》相关各条。[35] 写作“匹然”的似乎仅见于冯梦龙作品，不过他偶尔也写作“劈然”，如：劈然倒地，命归泉世。（《警世通言·计押番金鳗产祸》）《京本》的作伪者不懂“匹肰”一词，就想当然地把它改成了“四肢”，这是此书系伪作的铁证,而且可以证明这一篇是抄自刊刻时代较晚的劣本三桂堂本,而不是来自刊刻较早的佳本兼善堂本(作伪者缪荃孙当时没有看到此本)。

对于不认识的冷僻字,人们也常常犯“以今例古”的错误。比如宋代王明清的《揮麈(zhǔ)録》,今天有的出版社错印成《揮塵録》,今人钱南扬的《汉上宧(yí)文存》错印成《汉上宦文存》。因为今天的人大都不认识这两个字,就根据自己的“语感”把它们误认成形近的“塵”和“宦”了。这种例子也是常见的。[36]

1.5 观念

不同时代的人在观念上常常存在差异,有的差异还很大,所以用后代习见的观念去理解古代的作品,也会发生“以今例古”的错误。[37]

1.5.1 不素餐/不素食/不素飧

王泗原《古语文例释》“4. 诗之不素餐”条说:

> 《诗·魏·伐檀》:“彼君子兮,不素餐兮。……不素食兮。……不素飧兮。”今人辄谓此乃反语,云:
>
> 而那些“君子”不耕不猎,却是稻谷满仓,猎物满庭。……这里的硕鼠指的就是《伐檀》里的“素餐”的“君子”。(文学研究所编《中国文学史》三章四节)
>
> 那些大人先生们啊,可不白吃饭啊!这是讽刺不劳而获的剥削阶级的反话。(选本)
>
> 余不具引。
>
> 按:此今人思想,非诗意。了解古人之意,必凭其语言。诗句云:“不稼不穑,胡取禾三百廛(亿,囷)兮?不狩不猎,胡瞻尔庭有县狟(特,鹑)兮?”用诘问语,用代词“尔”,诘之严,责之厉,语气甚重,三章并同。而下句“彼君子兮,不素餐(食,飧)兮”,用“彼”字,且称之曰“君子”,语气截然不同,此其与上文对比甚明。小序云:“《伐檀》,刺贪也。在位贪鄙,无功而受禄,君子不得进仕尔。”作诗者之意或未必一如小序所云,而以彼君子不素餐与此不稼穑而取禾,不狩猎而县狟(特,鹑)对比,则无可疑。公孙丑援此“不素餐兮”问孟子君子何以不耕而食,孟子以君子之作用答之,以为不素餐莫大于是(《孟子·尽心上》)。公孙丑之问如此,孟子之答亦如此。此战国时人之通释也。凭语言了解诗意,但能有此结论。安得以为反语耶?且三百篇中,何篇有如此之反语耶?

王氏所论至确,可以纠正今人普遍存在的误解。

1.5.2 死且不朽

《左传·成公三年》：

> [知罃]对曰："以君之灵，累臣得归骨于晋。寡君之以为戮，死且不朽。若从君之惠而免之，以赐君之外臣首，首其请于寡君，而以戮于宗，亦死且不朽。若不获命，而使嗣宗职，次及于事，而帅偏师，以修封疆，虽遇执事，其弗敢违，其竭力致死，无有二心，以尽臣礼，所以报也。"

王力主编（1999）《古代汉语》（修订本）第一册《楚归晋知罃》注："死且不朽：等于说死了将很光荣。"这个注解是不能成立的。知罃在晋楚邲之战中打了败仗，被楚国俘获，现在两国媾和，作为交换条件，将被放归晋国，他自己假设，归国之后要么被自己的国君杀掉，要么被自己的父亲在宗庙里杀掉（当然这都是外交辞令，实际上不可能被处死），这有什么"光荣"可言？古代败军之将罪应处死，《左传》中多有记载，如宣公十二年载晋楚邲之战中晋军大败，"秋，晋师归。桓子请死，晋侯许之。"孔颖达疏："《[礼记·]檀弓》：'谋人之军师，败则死之；谋人之邦邑，危则亡之。'今桓子将军，师败，故请死。"知罃在邲之战中被俘虽然不是他自身的过错，但是因为被俘放归而受戮，绝不可能是自以为"光荣"的事。《左传》中"死且不朽"一共见于四处，出现的语境差不多，都是打了败仗当了俘虏或者犯了大过错而自己估计要被国君（或宗族）治罪处死的人说的话，把它解释成"死了将很光荣"，在另外三处（僖公三十三年、成公十六年和昭公三十一年）也讲不通，实际上这是用今人的观念和习惯用法去误解古书。根据《左传》和其他上古典籍中的用例不难推知，"死且不朽"是上古汉语的一句成语，确切含义是"死而无憾"，《史记·樗里子甘茂列传》："秦武王三年，谓甘茂曰：'寡人欲容车通三川，以窥周室，而寡人死不朽矣。'"（《史记》所据当为《战国策·秦策二》："秦武王谓甘茂曰：'寡人欲车通三川，以窥周室，而寡人死不朽乎？'"）同样的话，在《史记·秦本纪》里作："武王谓茂曰：'寡人欲容车通三川，窥周室，死不恨矣。'""死不朽"与"死不恨"同义，是其确证。之所以会有这样的含义，可能是因为当时的人们把"死且不朽"看作一种崇高的人生境界，因此人们常用这句话来自我安慰，表示死而无憾了。（汪维辉 1990b）

陈寅恪（1931/2001）指出：

凡著中国古代哲学史者，其对于古人之学说，应具了解之同情，方可下笔。盖古人著书立说，皆有所为而发。故其所处之环境，所受之背景，非完全明了，则其学说不易评论，而古代哲学家去今数千年，其时代之真相，极难确知。……所谓真了解者，必神游冥想，与立说之古人，处于同一境界，而对于其持论所以不得不如是之苦心孤诣，表一种之同情，始能批评其学说之是非得失，而无隔阂肤廓之论。否则数千年前之陈言旧说，与今日之情势迥异，何一不可以可笑可怪目之乎？但此种同情之态度，最易流于穿凿附会之恶习。因今日所得见之古代材料，或散佚而仅存，或晦涩而难解，非经过解释及排比之程序，绝无哲学史之可言。然若加以联贯综合之搜集及统系条理之整理，则著者有意无意之间，往往依其自身所遭际之时代，所居处之环境，所薰染之学说，以推测解释古人之意志。由此之故，今日之谈中国古代哲学者，大抵即谈其今日自身之哲学者也。所著之中国哲学史者，即其今日自身之哲学史者也。其言论愈有条理统系，则去古人学说之真相愈远。此弊至今日之谈墨学而极矣。……此近日中国号称整理国故之普通状况，诚可为长叹息者也。[38]

陈先生所论可谓切中时弊，今天读来仍然令人警醒。其实不独哲学史，凡是需要涉及古代文献的学问都会发生“以今例古”的问题，在汉语史和汉字史研究领域当然最为普遍，此外像辞书编纂、古籍整理、文献辨伪以及各种“史”的研究，如中国古代史、文学史、军事史、思想史、经济史、法制史等，都难以避免。上文所举的例子中，有些就涉及文学史、中国史和文献辨伪等。下面再就辞书编纂和古籍整理举些例子。

辞书编纂中“以今例古”的现象很常见，兹举一例。《汉大》“容易”条：

①做起来不费事。《汉书·杨恽传》：“郎中丘常谓恽曰：‘闻君侯讼韩冯翊，当得活乎？’恽曰：‘事何容易！胫胫者未必全也。’”北齐颜之推《颜氏家训·勉学》：“校定书籍，亦何容易，自扬雄、刘向方称此职耳。观天下书未遍，不得妄下雌黄。”唐元稹《酬李相公并启》：“况贵贱之隔，不啻于车笠之相悬，而相公投贶珍重，又岂唯一揖之容易哉？”《朱子语类》卷六五：“节节推去，固容易见。”……

引《汉书》和《颜氏家训》为例都是错的，“何容易”就是“怎么容许轻易”，其中的“容易”都不是今天的双音词“容易”，编者显然是受了现代汉语“容易”一词的误导。参看上文“谈何容易”条。又，白维国(2015)主编《近代汉语词典》表示“轻易”的“容易”，首例引唐卢肇《逸史》卷三：“责国医曰：‘公何容易！死生之穴，乃在分毫。人血脉相通如江河，针灸在思其要津。’”这个例子也是错引的，“何容易”还是“怎么容许轻易”，《近代汉语词典》或许是受了《汉大》的误导。

在古籍整理中以后代的语言文字习惯去误改古代典籍中的字词等，也属于同样的性质。下面略举数例。

蒋礼鸿(1997)《敦煌变文字义通释》“透”条说：

> 伍子胥变文：“遥见抱石透河亡。”(页7)《变文集》校改“透”作“投”。徐震堮校：“按‘透’字不烦改，唐人原有此语，《南史》梁元徐妃传：‘乃透井死。’”案：《玉篇》《广韵》都说：“透，跳也。”“透河”就是跳河。宋时徐铉附益在《说文》后头的《说文新附》，“透”字才收进了“过也”的解说，(《集韵》去声五十候韵：“透、趯，他候切，《说文》：跳也，过也。或从走。”按：《说文》无透字，《集韵》所说，未知所据。)《变文集》校者只记得现在通行的“透”字后一义，忘却“透”有跳的意义，就臆改作“投”了。……太子成道经：“鱼透碧波堪赏玩。”(页289)这个“透”字，虽然也可以解释为在水里穿来穿去，但解作跳跃，更加生动。……现在浙江东阳口语中没有“跳”，只有“透”。义乌也说“透”，意即跳。

同书“挨改挨”条说：

> 韩擒虎话本：“为戴平天冠不稳，与挨脑盖骨去来。”(页196)又：“香汤沐浴，改挨衣装。”(页197)《变文集》校“挨”作“换”，“改挨”作“改换”，于文义都很允洽而实未确。这两个字都是“搛”字之误，“搛”义为换。《广韵》去声十二霁韵：“搛，胡计切，搛换。”《集韵》去声十二霁韵：“搛，搩，胡计切，杭越之间谓换曰搛。或从系。”可证“搛”义为换而与“换”字音不同。

蒋先生所论甚确，这两个例子都是今人以自己熟悉的当代用词去误改陌生的古代同义词。“透—跳”和“搛—换”实际上都是所谓的“古今词”(据《集韵》所记，“搛”很可能是一个古代的方言词)，即表示同一个意思，古今用词不同。

话本小说等古代俗文学作品，有不少字的用字习惯与今天不同，整理时如何进行校勘是一个值得注意的问题。收入江苏古籍出版社《话本小说大系》的《清平山堂话本》(石昌渝点校)，点校者多以“当为某字之误”或“当作某字”之类的校语来处理,比如《洛阳三怪记》:“说由未了,婆婆入来了。”校:“由——当为‘犹’字之误。”《快嘴李翠莲记》:“姆姆休得要惹禍,这样为人做不过。”校:“禍——当作‘祸’字。”同类的例子还有:番—翻,娥—蛾,仓—舱,交—教,炒—吵,般—搬,倍—陪,根—跟,燥—躁,已—以,荒—慌,庄—妆,饷—晌,门—们,砣—驼,直—值,必—毕,筯—筋,等等。这些字绝大部分属于同音通假字,有的是自古就通用的,有些则习见于敦煌变文以及后来的民间作品中,也有少数是民间曾通行的异体字。总之,这些字都是古代某个时期通行的写法,它们跟“误字”是有区别的。我们不能以今例古,说这些字就是某字某字之误,因为这不符合事实,在当时人看来,这些并不是误字,人们就是这么写的;也不能拿今天的标准说某字当作某字,因为今天我们所认为的“正字”,在当时人看来,可能恰恰是不能接受的“误字”,如“炒闹”的“炒”,《清平山堂话本》原书一律写作“炒”,从不写作“吵”,不仅此书,其他许多小说如《两拍》等也是如此,如果把它改作“吵”,当时人看了可能会感到莫名其妙,以为你写错了。对于这样的用字事实,我们应该承认它、尊重它,因为语言文字本来就是约定俗成的,正误只有一个相对的标准,而且这种标准是因时代而异的。对于这些字,我们可以采用“今作某”或“即今某字”“通某”“某字异体”等办法来处理,这样既符合事实,也易于为读者所接受。这样的问题在古代俗文学作品整理中带有一定的共同性。(汪维辉 1993)

2. 原因分析:当代语感干扰

“以今例古”这一现象如此普遍地存在,并且通常是在人们无意识中发生的,它的背后有没有共同的原因呢?

以上例子表明,“以今例古”大都发生在当时仍在使用的字形、字音、词义和句式上,表面看人们对它们是熟悉的,而实际上并不真正了解。我们认为导致“以今例古”的深层次原因就是“当代语感干扰”。所谓“当代语感”,是指当代人从小习得的对母语(包括方言和通语)的感性认识。这里的“当代”是泛指的,并非专指当今,而是指发生“以今例古”的人所在的那个“当代”。这里的“语感”是广义的,既包括语言层面的语音、词汇、语法,也包括文字层面的字形和字词关系,还有观念等。“当代语感干扰”可以说是导致误读古代文献的根本原因,由于在无意识中受到“当代语感”的控制,人们会优先按照当代的习惯去识解古书中的字词句。而之所以会被“当代语感”误导,则是因为缺乏专业知识。

汪维辉、戴佳文(2021)在辨析了唐宋文献中的“睡觉”究竟是不是“睡觉$_2$”(=睡)之后总结道:[39]

> 之前学者们讨论过的那些唐宋时期的“睡觉$_2$”用例,其实都是伪例,或者是属读有误,或者是释义有误。之所以发生误读误解,是因为现代汉语母语者对“睡觉$_2$”这个词太熟悉了,以致一看到古书里的“睡觉”,就会潜意识地倾向于解读为今天的“睡觉”。[40] 这种以今例古的错误在汉语史研究中司空见惯,应当引起我们的充分注意。我们从小习得、长期积累从而固化在头脑里的“现代汉语语感”(包括语音、词汇、语法和文字各个方面)是根深柢固且无意识的,在研究文献里的古代语言(包括编纂词典)时,只有有意识地克服这种现代语感的“负迁移”,设身处地地穿越到彼时彼地的语境中去体认,才能得其本真。

3. 如何克服“当代语感干扰”

由上所论可知,在涉及古代文献的研究中摆脱“当代语感干扰”很重要。如何克服“当代语感干扰”呢? 我觉得主要靠三条: 第一是要有清醒的认识,随时想着这个问题,一些看似没有问题的地方要保持警觉,谨慎对待;第二是要努力培养古代的语感,揣摩古人是如何说话的;第三是需要学习和研究。

先说第一点。

这实际上是一个思维方式问题。当我们读古书的时候,应该努力“穿越”到古代,最大程度还原古代的“活语言”,就是陈寅恪先生所说的对古人“应具了解之同情”,而不是简单地按照今天的习惯去理解。

清代乾嘉学者对“以今例古”已有较为清醒的认识,曹海东(2020: 330-342)第五章第六节《以今例古》对此有比较系统的论述,把“以今例古”分为三大类。(一) 对古代文献中语词之义的训释: (1) 一般性语词的训释存在以今例古之弊;(2) 名物类语词的训释存在以今例古之弊;(3) 典制类语词的训释存在以今例古之弊。(二) 对古代文献属辞之法的理解。(三) 对文献语言训诂事项的认知。下面摘引该书中的一些原始资料以飨读者。

吴江陈启源著《毛诗稽古编》三十卷,极为该博,有曰:“古今之字,音形多异,义训亦殊,执今世字训解古人书,譬犹操蛮粤乡音译中州华语,必不合也。”义训之殊,如古以“媚”为深爱,而后世以为邪;古以“佞”为能言,而后世以为谄;古以“伪”为人为,而后世以为诈伪。(袁栋《书隐丛说》卷十七“毛诗稽古编”条)

古书立文,各有体例,以后世文法求之,则失其意。(苏秉国《周易通义》卷十九《附编第二》“师”条)

其所假借,今韵复多异音,画字体以为说,执今音以测义,斯于古训多所未达,不明其要故也。(王引之《经义述闻》卷二十三《春秋名字解诂叙》)

荀书多古义,杨注未了,往往释以今义,遂致舛误。(王念孙《读书杂志·荀子弟一》“君子养心莫善于诚”条引郝懿行说)

郑《目录》云:“士冠礼,童子职任居士位,年二十而冠。”此郑就士爵言之,非古言也。士者,古人年少未冠娶之通名。……是东汉人不知古言之证。(俞正燮《癸巳类稿》卷七《释士补仪礼篇名义》)

《释鱼》云:“鲤,鳣。鰋,鲇。鳢,鲩。鲨,鮀。”皆一鱼而二名也,故舍人之解皆同。郭注以首六字分为六鱼,盖据其时目验而分之也。然璞去古已远,千余年后名目不能不变,据其时俗之名以折古人,未为得也。(李惇《群经识小》卷八“一鱼二名”条)

古礼不合今人情甚多,如丧祭之肉袒,今人必不肯行,而古人反以是为敬。又如食饭以手,食酱以指,脱屦而燕臣,见君而解袜,此类岂可以今人之情臆断其无此事哉!(江永《礼记训义择言》卷五“服之袭也”按语)

……盖诸家皆以后世属辞之例求古人之文,故辩论纷纷,而卒无一当也。(王念孙《读书杂志·汉书弟五》“参辰南北斗、风伯雨师”条)

“宽柔以教”句,《注》《疏》略而不释,朱子《章句》:“谓含容巽顺以诲人之不及也。”窃按:此章答“问强”,“强”以自处言之,似未及于诲人之义。“宽柔以教”,“以”字盖倒装文法,犹言“以宽柔为教”,言南方之强,皆相习为宽柔也。未可以后人文法例之,谓“以”字在“宽柔”下辄及于诲人耳。(翁方纲《礼记附记》卷七)

清儒的这些论述今天读来仍有启发。

次说第二点。

克服“当代语感”的惯性很不容易,因为它是长期形成、根深柢固的。就像我们要飞向月球、火星,必须摆脱地球的引力,要回到古代活语言的“现场”,也必须有意识地摆脱“当代语感”的惯性。最好的办法是将一批有代表性的古书熟读成诵,沉浸其中,把古代语言文字的各种习惯内化为自己的直接语感。就像《朱子语类》卷十所说:

> 书只贵读,读多自然晓。今即思量得,写在纸上底,也不济事,终非我有,只贵乎读。这个不知如何,自然心与气合,舒畅发越,自是记得牢。纵饶熟看过,心里思量过,也不如读。读来读去,少间晓不得底,自然晓得;已晓得者,越有滋味。若是读不熟,都没这般滋味。而今未说读得注,且只熟读正经,行住坐卧,心常在此,自然晓得。尝思之,读便是学。夫子说“学而不思则罔,思而不学则殆”,学便是读。读了又思,思了又读,自然有意。若读而不思,又不知其意味;思而不读,纵使晓得,终是尯朊不安。一似倩得人来守屋相似,不是自家人,终不属自家使唤。若读得熟,而又思得精,自然心与理一,永远不忘。某旧苦记文字不得,后来只是读。今之记得者,皆读之功也。老苏只取《孟子》、《论语》、韩子与诸圣人之书,安坐而读之者七八年,后来做出许多文字如此好。他资质固不可及,然亦须着如此读。只是他读时,便只要模写他言语,做文章。若移此心与这样资质去讲究义理,那里得来!是知书只贵熟读,别无方法。

王泗原先生自述早年在家中父亲对他进行的训练,“作为常课的有两个:一个是读书。……篇篇要读熟,能背诵背写,一字不差。……教读并不讲解,一篇一段也没讲解过。这个道理我后来明白了,古文是古时的语言,必须从熟悉这种语言来了解这种语言。讲解不是根本的办法”(《古语文例释·自序》,2页),说的也是这个道理。

再说第三点。

语言文字和思想观念等是随时随地在发生变化的,人们缺乏这方面的专业知识,就会导致“以今例古”,这是客观原因。因此对于非专业工作者而言,避免误解的最好办法就是多学习。而对于一些疑难问题,则需要通过专家的持续研究,才能不断逼近古代语言文字和古人思想感情的真相,避免“以今例古”的错误。上文所举的众多例子,如果没有学者们的专门研究,一般人很难知道自己的理解原来是错的。

有些疑难问题专家们的意见也不一致,则需要继续探讨和争鸣,以求得真相。

4. 结语

综上所述,人们在读古书的时候很容易犯“以今例古”的错误,包括语言文字和思想观念等各个方面,一切涉古的学问都存在这个问题。“以今例古”的主要原因有二:客观原因是语言文字和思想观念等随时随地在发生变化,如果对古今差异缺乏了解,就难免产生误解;主观原因是“当代语感干扰”,先入为主,想当然地以自己熟悉的“当代语感”去解读古书。只有摆脱“当代语感”的干扰,才能不断逼近古代语言文字和古人思想感情的真相,后续研究才能建立在坚实的基础之上。摆脱之道,一是要有清醒的认识,二是要努力培养古代的语感,三是要学习和研究。

附注

1. 承颜世铉教授惠告:清代俞樾《〈古书疑义举例〉序》云:“夫周、秦、两汉,至于今远矣。执今人寻行数墨之文法,而以读周、秦、两汉之书,譬犹执山野之夫,而与言甘泉、建章之巨丽也。”这是说用今人所熟悉的文法来读古代之书,会有扞格不通的情形。书中所举之例,有不少即属文献解读中“以今律古”的现象,以下举出两例:(1) 卷一,十三“倒文协韵例”,《庄子·山木篇》:“一上一下,以和为量。”此本作“一下一上,以和为量”,上与量为韵;《秋水篇》:“无东无西,始于元冥,反于大通。”原文本作“无西无东”,东与通为韵。俞樾说:“‘上下’‘东西’,人所恒言,后人口耳习熟,妄改古书,由不知古人倒文协韵之例耳。”(2) 卷七,“不识古字而误改例”,《国语·吴语》“伯父多历年以没元身”,此“元”原作“亓”,此字为“其”之古文,学者不识,改作“元”字。以上前例属词汇方面,后例属文字方面,这都是“以今律古”的情形。(私人交流)维辉按:颜先生所言甚是,关于“以今律古”,前人已多有论述。俞樾所言“后人口耳习熟”,正是本文所谓“当代语感”之意。

2. 亦作嘿嘿、嚜嚜、墨墨。

3.《古语文例释》不用书名号,引号也常常不用。为了方便读者,本文引用时增加了书名号和一些引号。下同。

4.《辞源》第三版已改为“整饰,装束”。

5. 参看汪维辉(1990c,1992)等。

6. 参看俞樾(1983:52-53)、张永言(1985/2015:29-30)。

7. 今读轻声 de。

8. 虽然也有个别学者持不同意见,但大都语焉不详。真正说到点子上的只有柳士镇先生(1992：141-144)的《魏晋南北朝历史语法》。

9. 成玄英疏:“卑退若此,谁敢将不轨之事而侮之也!”

10. 友生戴佳文说：初步考察发现,至迟 1919 年已见表示“从来没有听到过”的典型例证：《益世报(天津版)》1919 年 5 月 1 日第 10 版:“结婚姻,喜事也。顾曹结婚,举国以为大不幸事。此真鸳鸯谱上闻所未闻之奇文。”(私人交流)

11. 张安生教授认为：其中可能还有一定的重新分析机制的作用。首先,该成语的初始用例就是焦点在宾语的强调句,并蕴含该焦点信息非常稀罕的主观评价。那么在运用过程中,“闻所未闻”就有可能发生基于强调焦点的语义偏离,加之“所”的虚化,从而引发“V+O{所未 V}”>“$V_1+M_{\text{所}}+Neg_{\text{未}}+V_2$”(连谓式)的重新分析。其次,“$V_1+M_{\text{所}}+Neg_{\text{未}}+V_2$”(M：标记)大体平行于现代汉语“$V_1+M_{\text{也/都}}+Neg_{\text{没}}+V_2$”(听也没听过、(连)见都没见过)焦点信息同样在受事的强调构式;那么,此类构式对于“闻所未闻”的重新分析也会起到句法语义的类化/感染作用。如果重新分析视角值得考虑,那么,大作所言“闻所未闻”在《镜花缘》中的用法(……海外这些异事,真是闻所未闻)可以作动宾、连谓两解,恰好也可以视为该成语在重新分析过程中所呈现的新旧结构重叠的过渡状态。(私人交流)笔者感谢张教授的指教,觉得她的看法很有道理。

12. 因为这是“况”在宋代(至少是书面语体里)的常用义。实际上这个误解至迟始于晋人郭象和李颐,后来被很多学者所接受。除此之外,“况”还被误解为“意况”“饶益”“喻晓、显明”等,详参戴文。

13. 汪维辉(2006)、李崇兴(2006)、孙玉文(2018)均已指出“寻找”义的“抓”应该音 zhǎo 而不是 zhuā。

14. 另外,“抓”还有“扎;束;缚;绑”义,《汉大》“⑦束;系”义下同样注音为 zhuā,也是错误的,这个意思也应该音 zhǎo。参看下文“找”条。

15. 参看汪维辉、秋谷裕幸(2010)。

16. 此即《集韵·纸韵》“倚,巨绮切。立也”音义之所本。

17. 这 4 例“倚”,方一新(1989：2-49)均释作“站立”,张万起(1993)《世说新语词典》同;张永言(1992)主编《世说新语辞典》“倚”字条则看作“倚靠;斜靠着”义,不确。又,张万起《世说新语词典》把“站立”义的“倚”置于 yǐ 音下,不当;王云路、方一新(1992)注作 jì,正确。

18. 此处引《易》、《礼记》、《楚辞》、《大戴礼》、《说苑》、《(孔子)家语》、《老子》、《管子》、《庄子》、《列子》、《荀子》、《韩非子》、《逸周书》、《淮南子》、《文子》、汉司马相如《封禅颂》、《太玄经》、张衡《东京赋》、王逸《九思》、边让《章华台赋》、《后汉书·黄琬传》、魏文帝《秋胡行》、阮瑀《七哀诗》、阮籍《咏怀诗》、晋潘岳《射雉赋》、潘尼《瑇瑁椀赋》、《赠王元贶诗》、挚虞《尚书令箴》、陆机《挽歌诗》、夏侯湛《东方朔画像赞》、郭璞《〈山海经〉赞》、《抱朴子·博喻篇》、隋张公礼《龙藏寺碑文》等韵文押韵约42例。从略。

19. 王力主编(1999)《古代汉语》作为"不规则变化的字",排在之部最后。(第二册,678页)

20. 如《汉语大字典》"能"条把常用的义项归在"蒸部"下,董同龢《上古音韵表稿》之部和蒸部两收,麦耘(2009: 107)《音韵学概论》讲到阴阳对转时举有"咍—职—蒸"对转的例子,其中一例是:耐** nə -能** nəŋ/nə。自注:"在'能够、经受'的意义上,'耐'和'能'是同族词,二字古通。"

21. 承颜世铉先生惠告:"思"有"哀怨、愁怨"义,郭在贻先生也有讨论,参《古代汉语词义札记(一)》(郭在贻 2002: 169-170)、《唐诗异文释例》(郭在贻 2002: 83)。维辉按:郭先生《古代汉语词义札记(一)》一文在列举了众多"思"字的用例后指出:"类似的例子还可以举出许多,足证思字古有忧、伤、悲、哀之义,但在语言发展过程中,这一意义久已消失(在方言中说不定还会存在着),以致后代的注释家往往为思字的常义(即思念之义)所惑,从而作出错误的训释,这是不能不深辨的。"所论甚确。

22. 裘锡圭(1998: 149)说,"从"这个字应该释为"比"。

23. 这三件文物均造于西周,参见王文耀(1998)附录二《西周金文主要器铭分国表》。

24. 《金文大字典》写作"觅",但混入了"为"字下。

25. 《玉篇》原本残缺,未见"觅"字,"觅"字仅见于宋本《玉篇》。

26. 承颜世铉先生惠告:目前新公布的清华简第十册《四告》出现两个"觅"字,字形作"",文例是:"弗敢憃(纵)觅""……(载)觅"。释作"觅"是原整理者的意见。维辉按:从字形看,此字或可隶定作"觅",不过它的音义是什么,学者们还没有一致的意见。据上下文,记录的应该不是"寻觅"的{觅}这个词。

27. 《广雅·释诂三》:"畴,类也。"段玉裁认为"醜类"的"醜"是"畴/俦"的假借字,《说文解字注·鬼部》:"醜,凡云醜类也者,皆谓醜即畴之假借字。畴者,今俗之俦类字也。"

28. 参看张永言师(1982/2015: 45)。另可参看郭沫若(1957)《释"臮雁醜"》、王纶(1957)《对郭沫若先生"释'臮雁醜'"一文的商榷》。

29. 承邵则遂教授见告:西南官话(江汉平原、恩施)仍称睡觉时扎紧被子,把内裤脚扎进袜筒为"找"(爪)。(私人交流)说明方言中还有保留的。

30. 这个"札"同"扎",《近代汉语词典》注音为 zhá,非是,袁宾、段晓华、徐时仪、曹瀓明编著(1997)《宋语言词典》"爪札"条注音为"zhuǎ zhá",两音皆误。正确的读音是 zhǎo zā。"巷陌爪札"是说巷子里都扎起了彩楼鳌山之类。

31. 以上请参看《汉大》《宋语言词典》《明清吴语词典》和白维国主编《近代汉语词典》相关

各条。

32. 参看汪维辉(2020)。

33. 此例因为三桂堂本《通言》清楚地写作“匹然”,所以《京本》照录不误。

34. 此例见白维国主编《近代汉语词典》引(1491页),感谢周志锋教授告知。

35. 此承周志锋教授惠告,谨谢。周志锋(2014)《训诂探索与应用》对此词有讨论,请参看。

36. 参看裘锡圭(2005)。

37. 承颜世铉先生惠告:郭在贻先生讨论古书注释的问题,也论及这方面“以今律古”的现象,他说:“这是指由于在注释中用现代的概念和观点强加于古人而形成的一种错误。这种错误并不少见,在‘四人帮’搞评法批儒时则更为流行。”参《漫谈古书的注释》(郭在贻 2022:214-215)。

38. 感谢友生戴佳文检示陈文。

39. 这段话发表时因篇幅关系被删去了。

40. 其实每个时代都是如此,比如清唐训方《里语征实》“睡曰睡觉”条所引的三个例子,其实都还是指“睡醒”而非“睡眠”。

参考文献

安徽师范大学中文系古代文学教研组 1978《李商隐诗选》,北京:人民文学出版社。

白维国主编 2015《近代汉语词典》,上海:上海教育出版社。

曹海东 2020《乾嘉学术札记训诂理论研究》,北京:商务印书馆。

陈寅恪 1931/2001《冯友兰中国哲学史上册审查报告》,《学衡》第74期,1931/又载陈寅恪,《金明馆丛稿二编》,北京:生活·读书·新知三联书店,2001。

辞海编辑委员会编 1989《辞海》1989年版,上海:上海辞书出版社。

戴佳文 2021《“每下愈况”是怎么变成“每况愈下”的?》,待刊。

方一新 1989《〈世说新语〉语词研究》,杭州大学博士学位论文。

付建荣 2018《再谈中古汉语中“快”的相关词语》,载俞理明、雷汉卿主编,《汉语史研究集刊》第24辑,成都:四川大学出版社。

顾炎武 1982《音学五书·唐韵正》,北京:中华书局。

广东、广西、湖南、河南辞源修订组 商务印书馆编辑部编 1988《辞源》第三版,北京:商务印书馆。

郭沫若 1957 释“皃雁醜”,《人民日报》1月5日第8版。

郭锡良 唐作藩 何九盈 蒋绍愚 田瑞娟编著 1991《古代汉语》(修订本),下册,天津:天津教育出版社。

郭在贻 2002《古代汉语词义札记(一)》,载郭在贻,《郭在贻文集》第一卷,北京:中华书局:169-170。

郭在贻 2002《唐诗异文释例》,载郭在贻,《郭在贻文集》第三卷,北京:中华书局:83。

汉语大词典编辑委员会,汉语大词典编纂处编 1986—1994《汉语大词典》第二版,上海:汉语大词典出版社,上海辞书出版社。

汉语大字典编辑委员会 1986《汉语大字典》,成都:四川出版集团,四川辞书出版社,崇文书局;武汉:湖北长江出版集团。

蒋礼鸿 1997《敦煌变文字义通释》(增补定本),上海:上海古籍出版社。

李崇兴 2006《说"同形字"》,《语言研究》第4期。

柳士镇 1992《魏晋南北朝历史语法》,南京:南京大学出版社,141-144。

逯钦立辑校 1983《先秦汉魏晋南北朝诗》,北京:中华书局。

罗正坚 1993《读王力先生〈汉语词汇史〉札记》,《中国语文》第3期。

麦 耘 2009《音韵学概论》,南京:江苏教育出版社。

潘允中 1989/2018《汉语词汇史概要》,上海:上海古籍出版社,1989/又载潘允中,《潘允中汉语史论集》,广州:中山大学出版社,2018。

墙 斯 2021《"快"之快速义的早期用例考辨》,待刊。

裘锡圭 1998《释"叏"》,载《容庚先生百年诞辰纪念文集(古文字研究专号)》,广州:广东人民出版社。

裘锡圭 2005《谈谈进行古代语文的学习和研究的一些经验教训——基础要扎实些,考虑要全面些》,《雅言》第40期;又收入《裘锡圭学术文集》第4卷,上海:复旦大学出版社,2012。

人民教育出版社语文二室编 1988 《高中语文》,北京:人民教育出版社。

石昌渝点校 1990《清平山堂话本》,南京:江苏古籍出版社。

史文磊 2017《古文字释读应与词汇史相结合——从"觅"的溯源问题谈起》,载浙江大学汉语史研究中心编,《汉语史学报》第17辑,上海:上海教育出版社。

孙玉文 1998《词语札记十则》,载北京大学中文系《语言学论丛》编委会编,《语言学论丛》第21辑,北京:商务印书馆。

孙玉文 2000《谈李商隐〈锦瑟〉诗中"思华年"的"思"》,《书品》第6期。

孙玉文 2007《从音义结合的角度训释唐诗几个语句中的词义》,载北京师范大学民俗典籍文字研究中心编,《民俗典籍文字研究》第4辑,北京:商务印书馆。

孙玉文 2018《同形字举例》,载华学诚主编《文献语言学》第5辑,北京:中华书局。

汪维辉 1990a《释"严妆"》,《辞书研究》第1期。

汪维辉 1990b《〈左传〉“死且不朽”解诂》,载浙江省语言学会编,《语言论丛》,杭州：杭州大学出版社。

汪维辉 1990c《评新版中学语文课本文言文的注释》,《古汉语研究》第2期。

汪维辉 1992《新版中学课本文言文注释商兑拾补》,《古汉语研究》第3期。

汪维辉 1993《〈清平山堂话本〉校点献疑》,《古籍整理研究学刊》第2期。

汪维辉 1994《释“困”》,载浙江省语言学会编,《’94语言论丛》,杭州：杭州大学出版社。

汪维辉 1996《〈世说新语〉“如馨地”再讨论》,《古汉语研究》第4期。

汪维辉 2000/2017《东汉—隋常用词演变研究》,南京：南京大学出版社,2000/北京：商务印书馆(修订本),2017。

汪维辉 2006/2007《论词的时代性和地域性》,《语言研究》第2期,2006;载汪维辉,《汉语词汇史新探》,上海：上海人民出版社,2007。

汪维辉 2014《说“日”“月”》,载中国语言学会《中国语言学报》编委会编,《中国语言学报》第16期,北京：商务印书馆。

汪维辉 2018a《训诂基本原则例说》,《汉字汉语研究》第1期,中国人民大学书报资料中心《语言文字学》2018年第8期全文复印。

汪维辉 2018b《汉语核心词的历史与现状研究》,北京：商务印书馆。

汪维辉 2019《〈京本通俗小说〉系伪书的语言学证据》,载中国社会科学院语言研究所《历史语言学研究》编辑部编,《历史语言学研究》第13辑,北京：商务印书馆。

汪维辉 2020《“抓”的字词关系补说》,《中国语文》第4期。

汪维辉 戴佳文 2021《再谈“睡觉”的来源和结构》,《汉语学报》第2期。

汪维辉 顾 军 2012《论词的“误解误用义”》,《语言研究》第3期。

汪维辉 李雪敏 2022《“卑之无甚高论”的误解误用——兼论辞书存在的问题》,《中国语文》第2期。

汪维辉 秋谷裕幸 2010《汉语“站立”义词的现状与历史》,《中国语文》第4期。

王 力 1958/1980《汉语史稿》,北京：科学出版社,1958/北京：中华书局,1980。

王 力主编 1999《古代汉语》(校订重排本,第3版),北京：中华书局。

王 纶 1956《闻一多先生〈诗新台鸿字说〉辨正》,《光明日报》12月30日。

王 纶 1957《对郭沫若先生“释‘臮雁醜’”一文的商榷》,《科学与教学》创刊号。

王泗原 1988/2014《古语文例释》,上海：上海古籍出版社,1988/北京：中华书局(修订本),2014。

王文耀 1998 附录二《西周金文主要器铭分国表》,载王文耀,《简明金文词典》,上海：上海辞书出版社。

王云路 方一新 1992《中古汉语语词例释》,长春:吉林教育出版社。
杨荣贤 2010《再谈"走"字"行"义的产生》,载北京大学汉语语言学研究中心编,《语言学论丛》第四十一辑,北京:商务印书馆。
俞 樾 1983《古书疑义举例》,北京:中华书局:52-53。
袁 宾 段晓华 徐时仪 曹澂明编著 1997《宋语言词典》,上海:上海教育出版社。
张万起 1993《世说新语词典》,北京:商务印书馆。
张永言 1975/2015《关于一件唐代的"唱衣历"》,《文物》第5期,1975/又载张永言,《语文学论集》(增订本),上海:复旦大学出版社,2015。
张永言 1982/2015《词汇学简论》,武昌:华中工学院出版社,1982/上海:复旦大学出版社(增订本),2015。
张永言 1985/2015《训诂学简论》,武昌:华中工学院出版社,1985/上海:复旦大学出版社(增订本),2015。
张永言 1991/2006/2015《从词汇史看〈列子〉的撰写时代》,载李铮、蒋忠新主编,《季羡林教授八十华诞纪念论文集》上,南昌:江西人民出版社,1991/修订稿载浙江大学汉语史研究中心编,《汉语史学报》第6辑,上海:上海教育出版社,2006/最终定稿载张永言,《语文学论集》增订本,上海:复旦大学出版社,2015。
张永言师 1985《训诂学简论》增订本,武汉:华中工学院出版社:29-30。
张永言主编 1992《世说新语辞典》,成都:四川人民出版社。
中国社会科学院语言研究所词典编辑室编 2016《现代汉语词典》第7版,北京:商务印书馆。
周志锋 2014《训诂探索与应用》,杭州:浙江大学出版社。
朱东润主编 1979《中国历代文学作品选》上编第一册,上海:上海古籍出版社。

作者单位:浙江大学汉语史研究中心/文学院
联系方式:汪维辉:wangweihui@zju.edu.cn

The problem of "contemporary language sense interference" in interpreting ancient literature

Weihui Wang

Abstract: In interpreting ancient literature, a common phenomenon is known as "using the present to exemplify the ancient" (aka. "using the present to define the ancient"). It refers to the practice of using the language habits of descending generations to misunderstand the language of a previous era, which is inevitable even among professional researchers. Such research mistakes often go unnoticed because people have taken the contemporary usage for granted. Therefore, it is necessary to conduct an in-depth discussion on this issue. This paper analyzes "using the present to exemplify the ancient" by listing concrete examples of various categories, and believes that two main reasons account for this phenomenon: The objective reason is that language and concept are in constant change anytime and anywhere, and the subjective reason is the "contemporary language sense interference". Only by getting rid of such interference can people get increasingly close to a truthful understanding of the ancient language, thoughts and feelings. The way to get rid of it is to have a clear awareness, to cultivate a sense of ancient language, and to study and research.

Keywords: Ancient literature, Using the present to exemplify/define the ancient, Contemporary language sense interference, History of Chinese language, History of Chinese characters

Author's work unit: Center for Studies of History of Chinese Language/
School of Literature, Zhejiang University

Author's e-mail: wangweihui@zju.edu.cn

语法化与构式语法

——基于古汉语"来"演变的论述*

刘承慧

摘要：语法化为汉语语法史研究打开新页，不过把实词演变为功能词当作主轴，对功能高度分化的演变个案如古汉语"来"而言仍有不到之处。刘承慧(2012)、Liu(2012)认为以构式为线索更有利于厘清演变脉络，但当时只考虑"来"在封闭型构式的分化。文章按照 Croft(2001)为构式设定的层级架构，把组合型构式也纳入讨论，依据 Traugott 和 Trousdale(2013)，把"来"分化结果归纳为"构式变化""构式变化进而构式化""构式化"三种类型，指出不经过构式变化阶段即构式化的演变，是只发生在空间到时间隐喻所衍生的构式。此外文章也透过[V-来]在语法层级架构的位置观察下位构式的演变如何影响上位构式的消长。文章研究显示，以构式的层级架构厘析语法化轨迹应是探索汉语语法系统变迁的可行途径。

关键词：语法化，古汉语，来，构式层级架构，构式变化，构式化

1. 绪论

语法化研究关注实词如何逐步演变为虚义功能词，例如考察实词的搭配范围如何扩大，使意义由实转虚；又如词组结构如何重组，使特定成分衍生出新功能。近三十年有关汉语动词虚化为功能词的研究大抵以此为途径，而随着成果不断地累积，亦揭露功能词为本位的语法化研究仍有可补充之处。

---

* 本文为科技部计划(编号 MOST 108-2410-H-007-022)研究成果。本文初稿曾于"汉语语法化的通与变国际学术研讨会暨第十一届海峡两岸汉语语法史研讨会"(2019年9月6日—9月7日，台湾师范大学国文系)宣读。

功能词本位的研究是透过词的类属变化，描写演变的进程，例如动词>副词或者动词>介词>连词，可用以阐述语法演变的大趋势，但是未必能够厘清繁复个案的演变实情。例如“来”为何能够分化出功能极抽象的“事态助词”“语气助词”而不乱？独用动词“来”如何在高度纷繁的演变脉络下，不间断地沿用至今？这些问题难以从功能词本位的研究得到合理的解释。

刘承慧(2012)、Liu(2012)观察“来”从先秦到中古如何以构式为管道而持续分化，指出功能分化是透过构式分流，故而上述几种抽象的功能标记都在各自的构式中演变而不相扰乱，独立表述的“来”也因此长期留存下来。两种研究援引 Goldberg(1995)提出的狭义“构式”界说——构式意义不全然能够以组成分子的意义来预测，[1] 据此将组合意义可由“来”指涉预测的词组排除在构式外，然而中古前后动词“来”也历经从不搭配处所宾语到搭配宾语的变化，应不应从构式角度提出解释？

让我们先考虑可能性。若从广义的构式来说，所谓的“独用成分”或“自由成分”一旦进入某种组合关系，就成为构式的组成分子；只不过它们所在的构式不是高度定型的“封闭型构式”，而是“组合型构式”。组合型构式允许可独用的构式为其组成分子，构式意义即组合意义，例如[主语+谓语]是常见的组合型构式，如以指称行为者的名词搭配动词“来”，即成字面意义的主谓式。也就是独用动词“来”可以进入组合型构式充当它的组成分子，从构式角度阐述其演变是可能的。其次看必要性。如果主张演变的细节必须从构式加以分梳，但却囿于狭义的界说，将观察的范围限缩在封闭型构式，显然有失偏颇。故而推求“来”在组合型构式的发展，也是必要的。

本文依据 Croft(2001)“激进构式语法”(Radical Construction Grammar)，把封闭型构式和组合型构式一齐纳入构式的分类层级架构。图 1 是 Croft(2001:26)绘制的英语小句层级架构图：

图中的 Clause 指“小句”，Sbj 是“主语”的缩略形式，Obj 是“宾语”，IntrVerb 是“不及物动词”，TrVerb 是“及物动词”。

有些构式概括范围很大，有些止于单一形式；构式的概括力与其结构位阶呈正相关，越是在上位，总括的成员越多，如[Sbj+IntrVerb]概括所有不及物动词搭

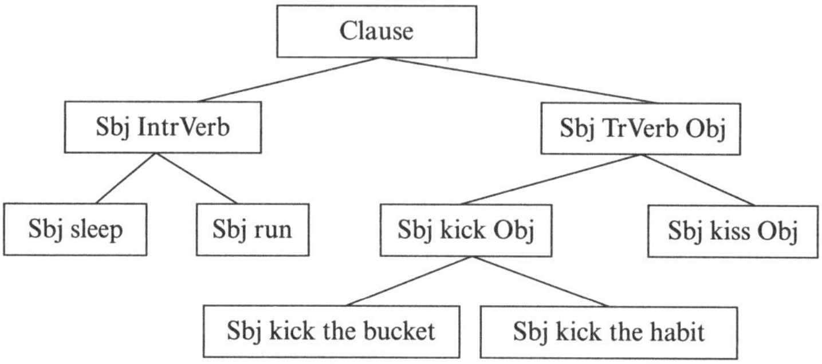

图1 小句层级架构图

配主语的小句,在下位的[Sbj+sleep]仅止于动词 sleep 搭配主语的小句。又如[Sbj+TrVerb+Obj]下位的[Sbj+kick the bucket]是以固定组合 kick the bucket 搭配主语,意指"死去";即便它源自及物动词 kick 搭配宾语 the bucket,但所指已经偏离字面组合意义,就相当于单词。把组合自由度不等的词组纳入同一组织架构,目的是显示构式之间的上下位关系。

自然语言的系统特性不同,组织架构图的内容也有差异。图 1 示意英语小句层级架构,是依据动词的"及物性"(transitivity),把小句区分为及物与不及物两大类,这种分类观并非所有的自然语言一体适用,至少不适用于古汉语。及物性概念在英语中落实为动词搭配直接宾语,直接宾语的有无即反映及物性的对立;古汉语动词搭配宾语并不总是反映及物性,前面提到中古动词"来"搭配处所宾语就跟及物性无关。与其说图 1 的分类架构具有普遍性,不如说图 1 所揭示的构式上下位关系普遍存于自然语言的语法系统。

本文重整古汉语"来"的语料,把封闭型构式和组合型构式全都纳入广义的构式层级框架。对"来"在封闭型构式演变的解说主要是参照刘承慧(2012)、Liu(2012),[2] 而组合型构式的演变除了沿袭刘承慧(2012)对中古独用动词"来"搭配处所宾语的观察外,亦针对目的式和介词组合成的复杂构式提出分析。文中举例大都是转引自两种研究,不另做注记;例证读法也多沿循两种研究,相异之处于附注载明。

本文首先进行语料重整,其次按照 Traugott 和 Trousdale(2013)所谓"构式变化"和"构式化",归纳"来"字构式演变分化的类型。又本文以"双音复合构式"

(以下简称"复合式")总括[V－来],阐述它的下位分支与从其他角度区划的三种上位构式之间的联系,解释下位构式的演变如何牵动上位构式的消长。本文即此证成广义的构式语法之于语法化的诠释效力。

2. 古汉语"来"的继承与演变

先秦动词"来"最初意为"到达发言者所在空间",即"到这里"。"来"用在直陈句,表述某人到达这里;用在祈使句,表示招呼某人到这里。按照句类的区别可先行分出两大类"来"字构式。表示语气的"来"属于祈使类,直陈类则可以区分出"空间"和"时间"两小类,时间小类发展出事态标记"来"。独用动词"来"始终都在组合型的主谓式充当谓语。

2.1 祈使句类的构式

先秦到中古"来"都用于祈使句,如例(1)—例(3)所示:

(1) 或编曲,或鼓琴,相和而歌曰:"嗟!来!桑户乎!嗟!来!桑户乎!而已反其真,而我犹为人猗!"(《庄子·大宗师》)

(2) 丞相以麈尾指坐,呼何共坐曰:"来!来!此是君坐。"(《世说新语·赏誉》)

(3) 上以杖击未央殿槛,呼朔曰:"叱!叱!先生来!来!先生知此篋里何物?"(《齐民要术·五谷、果蓏、菜茹非中国物产者》)

各例中表述功能的"来"都是招呼语,记为[(N－称谓+)来－招呼],其中带小横杠的下标"－招呼""－称谓"注明成分的表义作用,圆括号意指可有可无,N代表名词,"+"代表组合型构式中的成分连接。亦即"来"可以单用为招呼语,或者与称谓名词合成主谓式的招呼语。

此外"来"也用于祈使句末表示劝诱语气,如例(4)—例(6)所示:

(4) 伯夷辟纣,居北海之滨,闻文王作,兴曰:"盍归乎来!吾闻西伯善养老者。"(《孟子·离娄上》)

(5) 居有顷,倚柱弹其剑,歌曰:"长铗归来乎!食无鱼。"(《战国策·齐四》)

(6) 若比丘向女人作隐覆语言,姐妹沐浴来、噉果来、出毒来,作如是等种种谬语。(《摩诃僧祇律》)

例(4)中"盍归乎来"用"来"收句,显示为伯夷的自我劝诱:"盍"相当于"何不","盍归"以反问强调回归的心意,"乎"表示委婉,[3]"来"注记整句的劝诱语气。例(5)中"长铗归来乎"的"来"和"乎"排序与例(4)相反,意味语气合成方式有别。[4] 此例以"长铗归来"与"乎"相组合,冯谖假借劝说长铗回归,表明自己对现况的不满,"来"注记劝诱语气,再用"乎"予以缓和,避免表情过于尖锐。[5] 例(6)中"姐妹沐浴来,噉果来,出毒来"是恶比丘的引诱之辞,并没有搭配其他的语气成分,可见这番引诱是毫无遮掩的。

祈使句中的"来"分属于"招呼""劝诱"两种构式,先秦到中古没有发生显著的变化。[6] 劝诱的"来"字构式记为[SP -来-$_{劝诱}$],SP 代表小句,"-"则代表封闭型构式中的成分连接。

2.2 直陈句类的构式

古汉语"来"在直陈句中不断繁衍,形成多种构式,有些是封闭型,有些是组合型。就语源上说,"来"的指涉攸关空间概念,但是早在先秦已经基于空间到时间的隐喻而延伸注记时间趋向。时间趋向构式属于封闭型,这个分支的演变理路相对而言是易于追溯的。空间指涉的"来"大多都出现在组合型构式。或许是长期与表示起点的介词组搭配之故,取得趋向意味。动词"来"最初指"到达发言者所在空间",约在上古晚期到中古初期转为"趋近发言者所在空间或趋近发言者所认定之参照空间",相应的语法表现是从不带处所宾语转变为有限度地搭配处所宾语。此外复合式[V -来]随着中古双音复合化的趋势兴起,[7] "来"为复合第二成分的分支包括[V -来-$_{致移}$]、[V -来-$_{趋向}$]、[V -来-$_{并列}$]。[V -来]的演变是中古双音复合潮流的体现,从三个分支在近代汉语合流,可以略窥连动复合式与动补复合式的消长关系。

2.2.1 时间趋向构式

先秦动词"来"相当于"到这里",单用时并没有明确的趋向义,若要表述趋向义,则须凭借词组中的成分搭配关系。如例(7)中"自外而来"以表示起点的介词组"自外"与"来"搭配,由构式表示趋向义。这种空间趋向构式基于空间到时间的隐喻投射,衍生出时间趋向构式:

(7) 其夫早自外而来,士适出。(《韩非子·内储说下》)

(8) 由周而来,七百有余岁矣。(《孟子·公孙丑下》)

(9) 自有生民以来,未有孔子也。(《孟子·公孙丑上》)

例(8)—例(9)中的"由周而来""自有生民以来"同属于时间趋向构式,都是从空间趋向构式延伸而成。值得注意的是时间构式中的介词扩大结合面,兼容名词性和动词性宾语;例(8)—例(9)分别以名词"周"和动词组"有生民"充当宾语,潜藏着日后分流的因子。

以下将"自外而来"之类记为[P(S)+NP+C+来],"由周而来"之类的构式记为[P(S)-NP-C-来],"自有生民以来"之类记为[P(S)-VP-C-来]。P为介词,下标(S)代表起点(starting point),C为连词,[8]NP代表名词或名词组,VP代表动词或动词组。空间趋向构式中的"来"意为"到这里",可以根据其来源动词的指涉预测,为开放型构式,成分连结由"+"标示。时间趋向构式中的"来"意为"到现在",无法由来源动词的指涉预测,整体为封闭型构式。封闭型构式内部成分连结以"-"标示。[9]

中古NP分支的介词出现减省,连词"而"渐次被"以"取代,"以来"凝结为固定组合,于是形成例(10)中的"永平以来"之类的时间趋向构式。此一演变路径记为[P(S)-NP-C-来]>[NP-以来]。

(10) 案永平以来,讫于章和,甘露常降,故知众瑞皆是,而凤凰麒麟皆真也。(《论衡·讲瑞篇》)

同样地,VP分支中的成分在中古也出现减省现象:

(11) 我从生来无有大过。(《贤愚经》)

(12) 但念生来未曾妄语。(《贤愚经》)

例(11)中的"从生来"保留介词,不用连词;例(12)中的"生来"则是介词与连词都不用,单用VP和"来",其所反映的演变路径记为[P(S)-VP-C-来]>[P(S)-VP-来]>[VP-来]。成分减省为演变创造了条件,如例(12)中的"生来"在原属时间趋向构式是谓语"未曾妄语"的修饰成分,成分减省致使构式松动,取得被理解为表述成分的可能性,于是也开启演变的空间。

演变发端于省略造成解释上的松动。如例(13)中的“我持粪扫衣来八十年”就容许三种解释:

(13) 尊者薄拘罗作如是说,诸贤,我持粪扫衣来八十年,若因此起贡高者,都无是相。(《中阿含经》)[10]

就时间趋向构式而言,此例的构成方式是主语“我”搭配谓语“持粪扫衣来八十年”,“持粪扫衣来”为时间趋向成分,修饰谓语“八十年”。不过也有可能偏离原构式,把“持粪扫衣来八十年”理解为主谓式,亦即主语“持粪扫衣来”搭配谓语“八十年”。后者可能引发结构重组,取得第三种解释,即“我”与“持粪扫衣来”合读,作为全句主语,搭配谓语“八十年”。

结构重组的结果是“持粪扫衣来”脱离了原本的时间趋向构式,直接和主语发生关系。证据显示这种可能性在中古已然实现,中古文献已经有“来”收尾的主谓式充当独立表述成分,如以下两例所示:

(14) 犬运水困乏,致毙于侧。俄而信纯醒来,见犬已死,遍身毛湿,甚讶其事。(《搜神记》)

(15) 礼毕,初无他言,唯问:“东吴有长柄壶卢,卿得种来不?”(《世说新语·简傲》)

例(14)—例(15)中的“信纯醒来”“卿得种来”都是表述功能的主谓式,由于失去了注记时间趋向的作用,“来”转而注记“既成貌”,为典型的事态标记。[11]

例(13)—例(15)的演变历程可记为[NP+P(S)-VP-C-来]>[NP+VP-来]>[NP-VP-来]>[SP-来]——介词省略后,NP与VP前后相续,创造出解释为主谓组合[NP+VP]的空间。原本在封闭型构式外部的主语NP因为介词省略而参与结构重组。

2.2.2 与空间相关的构式

先秦动词“来”经常单用为谓语,有时候搭配表示起点的介词组。此外亦可用于致使结构,搭配受外力作用影响的受事宾语。中古动词“来”不再搭配受事宾语,但开始搭配处所宾语。上古到中古的常与变即如表1所示:

表1　先秦与中古动词“来”的比较

	[$T_{(A)}$+来]	[$P_{(S)}$+NP+来]	[来+$O_{(P)}$]	[来+$O_{(L)}$]
先秦	+	+	+	−
中古	+	+	−	+

表1中T代表主语,下标(A)代表行为者(agent),O代表宾语,下标(P)代表受到外力影响的受事(patient),下标(L)代表处所(location)。由于是组合型构式,成分连结由“+”标示。

其次,先秦已出现“来”与另一个动词或动词组结合而成的目的构式,属封闭型,记为[来-目的-VP];沿用到中古,开始与注记起点的介词组[$P_{(S)}$+NP]合为新的组合型构式。

此外表示致使移动的构式[V-来-致移]及表示主体移动的构式[V-来-趋向]在中古双音复合化的潮流下形成。两者都属封闭型构式,区别在于是否涉及外力促使某物移动,如名称所示。

最后,除了沿用先秦已有的目的构式[来-目的-VP],中古又衍生出新的目的构式[VP-来-目的],“来”位在VP后。劝诱构式中的“来”也在VP后,但其实注记范围不相同——目的构式的“来”注记范围止于VP,劝诱构式的“来”更确切地说,是位在SP末尾,以小句为注记范围;更重要的是,两者所属句类不同,不存在衍生方面的问题。

根据表1和上文简要的说明,可以大略窥见表示空间趋向的“来”字构式演变之复杂。为充分讨论,另辟第3、4两节细加分梳。

3. 以“来”为表述成分的构式

古汉语“来”都在主谓式、连动式充任表述成分。先秦时期以“来”为表述成分的构式,上下位关系如图2所示:

直线标注上下位关系,直线交会标注组合关系,箭头标注演变关系。[VP+VP]外框以“连动”字样提示构式的类型,以利彰显构式变化。

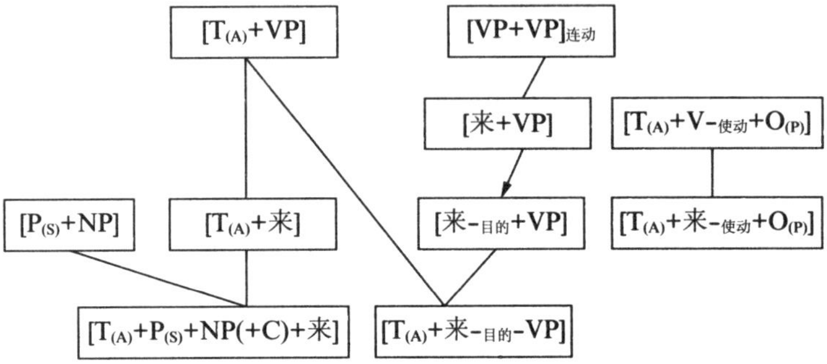

图 2　先秦以“来”为表述成分的构式

先秦“来”用于四种组合型主谓式。[T(A)+来]是基本式,隶属[T(A)+VP]下位。[T(A)+来-使动+O(P)]是使动式,“来”基于“瞬间达成”(achievement)的语义特征而转化为使动词。[12][T(A)+P(S)+NP(+C)+来]由基本式与表示起点的介词组相结合,[13] 介词组修饰谓语“来”。[T(A)+来-目的-VP]中的目的构式[来-目的-VP]应是源自连动式[来+VP],内部成分“来”和 VP 因搭配而衍生出目的义,定型为封闭型构式,亦即[来+VP]>[来-目的+VP]>[来-目的-VP]。

中古前后“来”开始有限度地搭配处所宾语。其次,先秦既有的目的构式与介词组构式结合成更复杂的构式。此外出现 VP 与“来”合成的目的构式。三种新增的构式详见图 3:

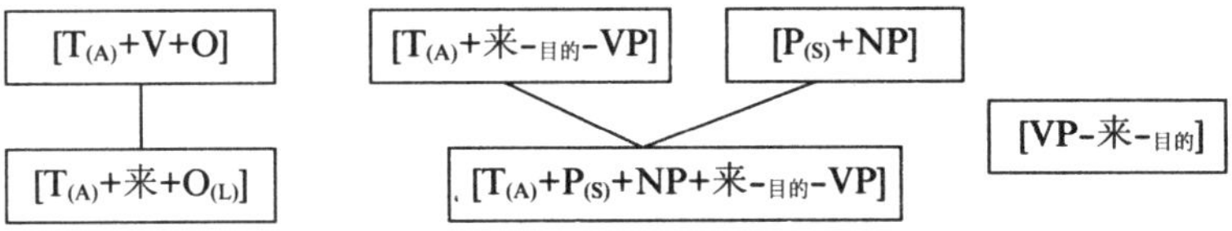

图 3　中古新增“来”字构式

先秦动词“来”可追溯的起点是指涉“到达发言者所在空间”,此时趋向活动义不为规约化的指涉,因此不搭配处所宾语。中古开始以方位词组为宾语,刘承慧(2012)、Liu(2012)解释为“来”语义特征发生变化,演变为趋向动词(directional verb),指涉“趋近发言者所在空间或其所认定之参照空间”。此一变化造就了新的组合型构式[T(A)+来+O(L)]。又目的构式[来-目的-VP]先秦即已成立,只限搭配行为者主语,合成[T(A)+来-目的-VP],中古与表示起点的介词组[P(S)+NP]合成结构更复杂的[T(A)+P(S)+NP+来-目的-VP]。中古新起目的构式[VP-来-目的]字面形式与劝诱构式相同,但分属于直陈句和祈使句,应无演变关系。

3.1 主谓式的沿用与开展

动词"来"先秦已有,到中古持续用为[T(A)+来]及[T(A)+P(S)+NP+来]中的表述成分,就独用性而言没有发生改变;但若就构式而言,中古"来"用于新起组合型构式,实则经历了变动。

先看一组先秦与中古表现相同的例证:

(16) 冬十有二月,祭伯来。(《春秋经·隐公元年》)

(17) 王大为吏部郎,尝作选草,临当奏,王僧弥来,聊出示之。(《世说新语·政事》)

(18) 有朋自远方来,不亦乐乎?(《论语·学而》)

(19) 有人从长安来,元帝问洛下消息,潸然流涕。(《世说新语·夙惠》)

表述成分"来"或单独搭配行为者主语,如例(16)—例(17)所示;或者同时搭配表示空间起点的介词组,如例(18)—例(19)所示。

再看两个阶段表现相异之处:

(20) 故远人不服,则修文德以来之。(《论语·季氏》)

(21) 又顷梦青蝇数十来鼻头上,驱之不去,有何意故?(《世说新语·规箴》刘孝标注引《辂别传》)

(22) 有大蛇从林草中出,径来棺下。(《搜神记》)

先秦"来"若搭配宾语,通常是[T(A)+来+O(P)];例(20)中的"来之"意为"使之(远人)来",其中的"来"系基于先秦使动规则而转化的使动词。中古单音动词的使动用法步上衰微,"来"不再搭配受事宾语。另一方面,搭配处所宾语的[T(A)+来+O(L)]为中古新起的构式;例(21)—例(22)中的"鼻头上""棺下"表示"来"的趋向终点位置,可见"来"的指涉变化。

变化初起阶段最典型的处所宾语是方位词为中心语的指称性成分。上古晚期偶有"来"与方位词同现之例,反映出变动中的不稳定状况:

(23) 田单因宣言曰:"神来下教我。"(《史记·田单列传》)

(24) 即令他夫人饰,从御者数十人,为邢夫人来前。尹夫人前见之,曰:“此非邢夫人身也。”(《史记·外戚世家》)

例(23)—例(24)中“来下”和“来前”的“下”和“前”都是方位词。这种成分是否应视为处所宾语,仍有讨论的空间。

先看例(24)。如果是着眼于中古出现了方位词组宾语,那么“前”可以分析为处所宾语,但即便如此,仍无法排除它作为表述成分的可能性。简言之,“为邢夫人来前”意指“装扮成邢夫人到来然后趋前”,“尹夫人前见之”意指“尹夫人移步向前接见”,“来前”有可能像“前见之”,是表述成分按照事件发生的时间顺序排列而成的连动式。例(23)情况不同。从上到下的活动必然是向下移动然后到达位移活动终点,因此“来下”不容许解释为连动。“下”较接近指称处所的宾语,但不排除“来下”解释为两个动词并列合成单一表述成分的可能性,此时两个成分的语义分工方式是“来”指涉“朝向发言者位置移动”,“下”指涉“向下移动”。

两例的结构模糊,很可能意味着变动造成的不稳定性,而在文献中还有平行佐证。刘承慧(2012: 262)提到《国语·晋语四》有先秦文献罕见的用例“吾来此也”,“此”所指代的“这里”实为先秦动词“来”的语义预设,故而以“此”为宾语实为冗赘。我们假设“来”长期在[T(A)+P(S)+NP+来]的组合环境下,指涉发生变化——趋向义最初为构式义,其中的谓语中心语“来”在此一组合环境下受到感染,趋向义遂转为动词“来”的指涉。“吾来此也”应可解释为指涉开始松动的偶发之例,而后出现的方位词组宾语之例如“来鼻头上”“来棺下”可视为演变初期利用方位词“标显”(mark)处所宾语的形式。

3.2 从连动到目的式

先秦已有“来”为第一成分的连动式之例,如例(25)—例(26)所示:

(25) 冬,天王使凡伯来聘。(《春秋经·隐公七年》)

(26) 秋,武氏子来求赙。(《春秋经·隐公三年》)

(27) 吏云:“昨有一伧父来寄亭中,有尊贵客,权移之。”(《世说新语·雅量》)

(28) 王恭随父在会稽,王大自都来拜墓。(《世说新语·识鉴》)

先秦“来聘”“来求赙”之类应是源自语义分量相当的两个表述成分顺时连贯而成的连动式[来+VP]。因为战国文献中普遍使用,可以合理假设先秦已经固化为目的构式[来-目的-VP]并沿用到中古,如例(27)中的“来寄亭中”所示,同时也开始与表示起点的介词组相结合,如例(28)中的“自都来拜墓”所示。

这里把组合型构式[T(A)+P(S)+NP+来-目的-VP]分析为介词组搭配封闭型目的构式,把“自都来拜墓”分析为“自都”与“来拜墓”的组合。然而介词组搭配动词“来”而成的[T(A)+P(S)+NP+来]从上古到中古都通行,有没有可能是“自都来”先行结合,再与“拜墓”相结合?

我们的看法是组合型构式中如果有局部成分与封闭型构式重叠,应是封闭型构式进入该组合型构式,与其他的成分相结合。“王大自都来拜墓”中的“自都来”与“来拜墓”成分有重叠,而“来拜墓”属于封闭型构式,结合紧密度高于组合型构式,因此合理的推论是“来拜墓”与介词组“自都”相结合,而非“自都来”与“拜墓”相结合。[14]

3.3 中古新起的目的构式

先秦“来”为第一成分的目的构式[来-目的-VP]已规约为封闭型构式,沿用到中古。中古又新生“来”在VP后的目的构式[VP-来-目的],如例(29):

(29) 时长老憍陈如遥望见彼优波低沙及拘离多二人,与彼外道徒众左右围绕,欲来至已,即白佛言:“世尊!今此二人优波低沙波离婆阇迦、拘离多波离婆阇迦等,有大技艺,多闻多知于诸道术,无复疑网,名闻流布,遍至四方。今若来至世尊前者,如我意见,量此二人决欲共佛论议来也。”(《佛本行集经》)

底线标示部分“量此二人决欲共佛论议来也”中的“也”注记发言者指认自己相信“此二人决欲共佛论议来”所述属实的语气,“共佛论议来”是“决欲”的宾语。我们认为其中的“来”应该还保有某程度的表述性,它的目的义是构式所赋予的,因此记为[VP-来-目的]。[15]

4. 以“来”为第二成分的复合式

中古汉语出现双音复合化的潮流,复合构式[V-来]于此时成立。它的下位总括[V-来-致移]、[V-来-趋向]、[V-来-并列]三支,其中的致移式在中古新兴的使成复合式下位,趋向式在连动复合式下位。上古的连动式都是组合型构式,中古沿用,这同时亦基于双音复合的潮流而衍生出封闭型的并列复合式,其层级架构如图4所示:

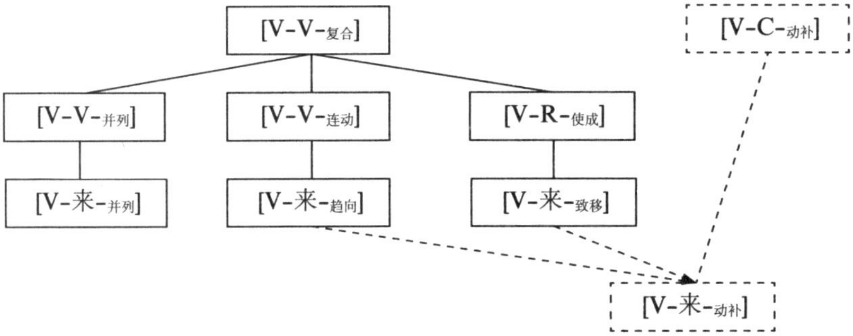

图4 中古复合式(V-来)的分支

图中R代表结果成分(resultative component),C代表补语(complement)。左方的并列式[V-来]表述行为者主语的自体移动。右方使成式为中古新起构式,构式意义是"V的行为活动造成R的结果",致移式在它下位。趋向式包含"行为者主语自体移动""非行为者主语位移活动"两小类。图中同时示意后续演变——动补复合式在近代成立,此后趋向式与致移式合流为动补式下位分支。由于中古尚未发生,以虚线表示。

构式对于内部成分具有语义制约作用,复合式[V-V]是"表述单一事件的多语义面向结构体",属于封闭型构式。中古[V-V]内部的组成分子仍保有来源动词的表述性,[16] 从不同的角度共同指涉单一事件的两个语义面向。

使成式[V-R]为[V-V]的一支,R表示伴随V发生的结果状态,V和R分别就事件的活动面向与结果面向勾勒出单一因果义涵。致移式[V-来]在它的下位,"来"表示移动结果,源自上位构式的使成义。另两支复合式中的"来"并没有脱离趋向义,V与"来"基于各自的构式制约而共同指涉单一事件。趋向式内部成分的时间关系源自连动,而语义的依存关系出于复合。并列式则受到并列关系的制约,内部成分的指涉揉合为单一事件。

4.1 致移式的兴起与演变

致移式[V－来]隶属于中古使成复合式,“致移”名称显示事件结果是位置移动。将致移式归入使成式,主要是基于它与梅祖麟(1991)所谓的“隔开式”互有渊源,即如下例所示:

(30) 佛言呼阐陀来,即呼来已,佛问阐陀,汝实尔不。(《摩诃僧祇律》)

(31) 二鬼共诤。一言,我担死人来。第二者言,我担死人来。前一鬼言,我有证人,此人见我担死人来。时此人念言,我今毕定死,竟应作实语。语后鬼言,此死人者,前鬼担来。(《阿育王传》)

两例中的“呼阐陀来”“担死人来”都是隔开式,其中的“来”表述V所指行为活动的结果。同一上下文有相应的复合式“呼来”“担来”,显示致移复合式与使成隔开式相通。

中古使成复合式通常都不搭配受事宾语,致移复合式亦复如此。例(30)中的致移对象“阐陀”承前省略,无法确知它的语法位置,不过例(31)中的“此死人者,前鬼担来”明白显示致移对象在主语位置。也就是V在复合后失去来源动词对受事论元的制约,受事被当作整个致移复合式的表述对象。[17]

下面两例中的致移复合式同样不带受事宾语:

(32) 汝持此钵,取少净水。如教取来,奉迦旃延。(《贤愚经》)

(33) 王闻其声,便生瞋妬,遣人捕来,勅使杀之。(《贤愚经》)

例(32)叙述尊者迦旃延和财主家的婢女在河边相遇,迦旃延指示她拿着手里的钵去盛取干净的水,她按着指示把水取来供奉——“取来”指涉婢女的活动,此一活动的施行对象“水”不出现在宾语位置。例(33)叙述某位国王跟宫廷里的女子在林间嬉游,正当女子高歌之际,外边传来了另一男子的唱和,国王便生出瞋怒忌妒,派手下把那个人捕来,饬令杀掉他——“捕来”的施行对象也没有出现在宾语位置。

致移事件中受到活动影响而改变位置的物件不充当受事宾语,反映V已经脱离来源动词带宾语的特性。稍后搭配行为者主语的惯例也发生了松动,如例(34):

(34) 问:“冬何得此葵?”云:“从日南买来。”(《齐民要术·五谷、果蓏、菜茹非中国物产者》)

对话中的“此葵”很显然不是当令的果实。问话重点在“冬天怎么得到”,答话扣住提问,指出“(冬日)从日南买来”。此番答话与例(30)—例(33)不同,不再涉及具体的行为者。

值得注意的是中古文献偶有 V 和“来”组合又带宾语之例,如例(35):

(35) 波婆伽梨,起入林中,林中有树,其刺极利,即取两枚,各长尺五,持来兄边,兄眠甚重,一手捉刺,当其眼宕,刺令没刺,收宝而去。(《贤愚经》)

此例叙述某国太子迦良那伽梨和他的弟弟波婆伽梨一起出海寻宝,弟弟在路途上起了杀心,趁着哥哥入眠,到林中拔取两枚五尺长的尖刺,刺瞎他的眼睛,然后带着宝物离去。“持来兄边”中的“持来”字面上与致移复合相同,却搭配处所宾语。那么它应该分析为“持来”和“兄边”组成的述宾式?还是“持”和“来兄边”组成的连动式?

我们倾向分析为后者,理由是符合趋向动词“来”的发展进路。先秦“来”不搭配处所宾语,中古带处所宾语,初起阶段以方位词为中心语,即如例(20)和例(21)中的“来鼻头上”“来棺下”所示。例(35)中的“兄边”以指称处所的名词为中心语,可视为方位词组宾语的扩大延伸。

另一方面,“持来”为致移式的可能性因为搭配处所宾语“兄边”的缘故而被排除。果真“持来”为致移式,它就相当于隔开式“持尖刺来”,此时受到“持来”活动影响而产生移动的物件为两枚尖刺,“来”是尖刺移动后的结果,[18] 而非波婆伽梨的位移活动;也就是致使义源自使成构式意义,其中的“来”已与趋向指涉脱钩。假使主张“持来”是致移式,同时又主张其中的“来”基于趋向指涉而搭配处所宾语,形同认定“来”兼指两种不同类型构式的动态概念,并不符合语法的常规。由于“兄边”是处所宾语,“持来兄边”只能解释为“持”与“来兄边”的连动组合。

4.2 趋向式的兴起与演变

趋向复合式可依主语性质区分出“行为者主语自移”“非行为者主语位移”

两小类,如下例所示:

(36) 乃有四大天王下来,诣于其边。(《佛本行集经》)

(37) 尔时彼等诸摩那婆闻是声已,或将水瓶,或复担梯,速疾走来。来已着梯,上彼火神大堂之上。(《佛本行集经》)

(38) 复有雕鹫诸恶贪鸟,从山飞来,取诸死尸而噉食之。(《正法念处经》)

(39) 须臾之间便有云起,震雷降雨,滂沛而下,溢涧流来。(《贤愚经》)

(40) 大海诸水皆枯涸,日月从空悉坠来。(《佛本行集经》)

例(36)—例(38)是"下来""走来""飞来"搭配行为者主语,表述自体移动。例(39)—例(40)是"流来""坠来"搭配无生主语,表述其位移活动。

趋向式在字面上与组合型的连动式无从区别。例如《诗经·王风》的"日之夕矣,羊牛下来"所属年代远比复合化潮流兴起的中古要早,"下来"仍是独立表述成分"下"和"来"顺时排列的组合型构式。例(36)出自中古文献,有可能是双音复合化潮流下新造的趋向式,也有可能是上古组合型构式固化沿用的旧有合成形式。无论哪一种情况,"下来"在中古汉语系统很可能都已经被纳入趋向复合式。

趋向式中的"来"有没有基于组合条件,进一步发展为动态标记?[19]

(41) 或在虚空,将山,将石,将树,将槌、斧钺戟戈,向菩萨掷,复有住在虚空不下,或有下来自然碎末,百段分散,堕于余处。(《佛本行集经》)

(42) 彼林有一白骨尸骸,忽然起来,抱我项住。(《佛本行集经》)

例(41)叙述魔王波旬率领魔众向菩萨进逼,做出种种挑衅举动,其中一员从空中向下扔掷物件,有些并不落下,也有些一落下就自然碎散了——"或有下来自然碎末"与"复有住在虚空不下"对举,"不下"的反面"下来"指涉瞬间发生的落下事件,结果是自然碎散。原本指涉趋向义的"来"有可能基于"下来"和"碎散"之间紧密的时间联系,转而注记"下"的活动终结,演变为动态标记。例(42)情节是有个穷人把家里仅剩的食物拿来供养辟支佛,而后到林间采拾薪柴,忽然有具白骨起来抱住他的脖子,他沿路挣扎却怎么也摆脱不掉,回家后白骨竟散落成金子——"忽然起来,抱我项住"中的"起来"和"抱"为连续事件,"来"有可能因为组合环境而转为注记"起"活动终结的动态标记。

这种用例在中古文献中并不多见。刘承慧(2012：275)举出三例,除了以上两例还有“佛言汝出,即便出来”,当时的考虑是“出来”为“出”的实现,不过“出来”后面没有出现时间上紧密相连的成分,与上面两例不同。

趋向式[V-来]的V指涉行为活动,“来”指涉到达活动空间的终点,若是按照隐喻引申的一般倾向来说,前后事件紧凑的时间连贯关系可能导致注记空间终点的“来”延伸注记时间终点,不过张赪(2021)指出近代文献未见“来”发展为动态助词的证据。因此较合理的解释是中古晚期偶发可能触动演变的用例并未持续增长,没有造成[V-来-动态标记]构式化。[20]

又表述行为者主语自体移动的趋向式亦有搭配处所宾语的用例：

(43) 犬即奔往入水,湿身走来卧处,周回以身洒之,获免主人大难。(《搜神记》)

(44) 是时四镇四大天王身出胜光,当于夜半下来世间。(《佛本行集经》)

(45) 时有鹰逐鸽,鸽飞来佛边。佛行影覆之。(《经律异相》)

以上三例中底线标注的成分“走来卧处”“下来世间”“飞来佛边”都搭配处所宾语。那么试问它们是趋向复合式搭配宾语合成的述宾式[V-来-趋向+O(L)]?还是“来”搭配处所宾语之后,再与另一动词组合而成的[V+来+O(L)]?我们认为前者的可能性高,理由是趋向式如同独用动词“来”指涉趋向义,援例搭配处所宾语是可能的。这与例(35)中的“持来”受到使成构式意义限定以致“来”失去趋向义,因而欠缺搭配处所宾语的特征,情况不同。

4.3 并列式的成立与演变

并列复合式[V-来]的语法表现近似趋向复合式,但以下证据显示它在中古仍是独立的分支：

(46) 尔时彼大长者,从外入来。(《佛本行集经》)

(47) 于时世尊,从外来入。(《贤愚经》)

(48) 还来家中,啼哭懊恼。(《百喻经》)

(49) 既闻声已,心惊,速疾来还林中本所住处。(《佛本行集经》)

(50) 使曰,贫家女出来。(《经律异相》)

(51) 见有熟食,来出问言,谁煮是食?(《十诵律》)

以上六例包含“入来”与“来入”、“还来”与“来还”、“出来”与“来出”，即便成分顺序互换，所指仍相同，符合并列结构的特性。以“来”为第二成分的“入来”“还来”“出来”随着时代下移而逐渐取得使用上的优势，应是与“来”在复合式中的位置定型有关；而随着顺序互换的并列变体逐渐消失，“入来”“还来”“出来”也取得被解释为趋向复合式的空间。

5. 构式角度的语法化诠释

前面三节梳理了古汉语“来”在组合型和封闭型构式中的发展情况。第 2 节首先按照句类，区分出祈使的“来”字构式和直陈的“来”字构式。其次从直陈构式中划分出空间趋向构式和时间趋向构式，指出时间趋向构式是源自指涉空间趋向的组合型构式。先秦文献证据显示，动词“来”最初应是指涉到达发言者所在空间，即相当于“到这里”；以组合型空间趋向构式[P(S)+NP(+C)+来]表示从某个起点到达发言者所在或其所认定的参照位置，基于隐喻投射而衍生出封闭型时间趋向构式[P(S)-NP-C-来]，扩及[P(S)-VP-C-来]，介词组[P(S)-NP/VP]注记时间起点。中古[P(S)-VP-C-来]出现成分减省，衍生出[V-来-事态标记]。

第 3 节讨论“来”为表述成分的构式，主要是宾语类型的改变。宾语类型的改变表面上是动词“来”从搭配受事宾语转为搭配处所宾语，但实际上涉及两种不相统属的构式演变。简言之，先秦有使动规律，将原本不具致使义的动词转化为使动词，“来”因此成为开放型构式[T(A)+来-使动+O(P)]的成分。中古使动规律衰落，“来”搭配受事宾语的用例亦随之消失。另一方面，动词“来”最初并没有明显的趋向义，也不搭配处所宾语，然而空间趋向构式先秦已流行，动词“来”长期在构式中充当谓语中心语，很可能受到构式意义的感染而指涉趋向义，中古出现方位词组为处所宾语的用例，形式上的局限意味着演变才刚起步。

第 4 节讨论[V-来]。中古双音复合构式[V-V]数量大增，可依照成分语义关系归入并列、连动、使成三支，[V-来-致移]属于使成式，[V-来-趋向]属于连动式，[V-来-并列]属于并列式。它们各自连结到不同语义关系的上位构式，同时又统摄于[V-来],反映出语法系统中的交叉分类现象。

下面分三小节讨论“来”的语法化。首先按照 Traugott 和 Trousdale (2013) 界定的“构式变化”与“构式化”,辨析“来”字构式语法化的类型;其次通过三种复合式在语法层级架构中的位置,讨论构式的交叉分类现象;最后阐述个别构式演变和语法系统发展之间的互动与牵连。

5.1 构式变化与构式化

古汉语“来”的语法化类型可由 Traugott 和 Trousdale(2013)界定的“构式变化”(constructional change)和“构式化”(constructionalization)加以审视。自然语言的编码与译码活动产生无以计数的交际应用实例,且称之为“言语构造物”(discourse construct)。[21] 理想中的言语构造物应完全符合语法系统常规,但实际上却往往为了因应交际条件和表达内容的需求,出现微幅(micro-step)变动,而其中有些变动导致构式内部成分发生意义上或形式上的改易。如果就止于形式层面或意义层面,并没有创造出新的形式与意义配对,未曾致使语法层级架构出现新的节点(new node),即为“构式变化”[22];如果变化引发新的形式和意义配对而导致层级架构出现新的节点,则是“构式化”[23]。“构式化”有可能直接发生,也可能来自“构式变化”。

据此辨析古汉语“来”字构式的分化,可以归入“构式化”“构式变化进而构式化”及“构式变化”三种类型,如表 2 所示:

表 2 古汉语直陈句类“来”字构式分化类型及成因

<table>
<tr><th>演变类型</th><th>分化路径</th><th>成因</th></tr>
<tr><td>构式化</td><td>[P(S)+NP+C+来(空间)]>[P(S)-NP-C-来(时间)]</td><td>空间到时间的隐喻</td></tr>
<tr><td rowspan="2">构式变化(Ⅰ)
↓
构式化(Ⅱ)</td><td>[P(S)-VP-C-来]>[VP-来](Ⅰ)
[NP+VP-来]>[SP-来-事态标记](Ⅱ)</td><td>构式内部的成分减省,进而导致结构重组</td></tr>
<tr><td>[P(S)+NP+来(到达义)]>[P(S)+NP+来(趋向义)](Ⅰ)
Ø>[T(A)+来+O(L)](Ⅱ)</td><td>构式义感染动词指涉,进而形成新的组合型构式</td></tr>
</table>

续表

演变类型	分化路径	成因
构式变化	[来-目的+VP]>[来-目的-VP]	组合定型化
	[P(S)-NP-C-来]>[NP-以来]	构式内部成分减省与定型
	[T(A)+V-来-致移]>[T+V-来-致移]	成分结合面扩大
	[P(S)-NP-C-来]>[P(S)-NP/VP-C-来]	成分结合面扩大

表2左栏是语法化的类型,中间是演变案例,右栏扼要提示演变的成因。从成因审视语法化类型,可知“空间到时间的隐喻”是让“来”字构式不经过构式变化阶段就形成新构式的机制。其他演变或者起于构式的形式面,或者起于意义面,总之都是从局部开始。以下按照演变类型分项说明。

让我们先看不经过构式变化阶段即构式化的案例。构式化关键为“新的形式和意义配对”。时间趋向构式[P(S)-NP-C-来]是起自空间趋向构式[P(S)+NP+C+来]的隐喻投射,隐喻发生即失去组合意义,转为封闭型构式;表示空间起点的介词组同步改为标示时间起点,“来”失去原本的空间指涉,就产生新的形式和意义配对,即刻完成构式化。而后介词宾语范围扩及VP,形成[P(S)-NP/VP-C-来],仅涉及构式变化。

其次再看构式变化到构式化两阶段的演变案例。时间趋向构式有NP、VP两支,VP一支出现C与P(S)减省,减省后形式[VP-来]取得重新解释语义关系的空间,但构式意义不变,仅止于构式变化;下一阶段因结构重组而分化出依附于小句的事态标记,产生新的形式与意义配对,才完成构式化。

又动词“来”最初指涉“到达发言者所在空间”,因长期与表示空间起点的介词组同现,受到构式意义的感染,指涉“趋近发言者所在空间或发言者认定之参照空间”。如果趋近之处为发言者所在,“来”仍然不带宾语;如果趋近之处是发言者认定之参照空间,就以方位词组为处所宾语。在动词指涉转变之初,构式形式没有改变,仅为构式变化。尔后“来”基于新生的趋向义而衍生出搭配处所宾语的[来+O(L)],完成构式化。

值得进一步探讨的是,如果[P(S)+NP+来]的组合引发"来"从到达义转变为趋向义,为什么刚萌芽的处所宾语出现在不带介词组的构式[来+O(L)],引发演变的[P(S)+NP+来]反倒不带处所宾语?这得从两方面考虑。首先,[P(S)+NP+来]是组合型构式,其中的"来"具有独立表述的功能,独自基于新生的趋向义而搭配处所宾语是可能的。至于介词组构式何以不搭配处所宾语,我们认为比较合理的解释是[P(S)+NP+来]依循惯性不断被沿用,它扩充的途径并非随机添加新成分,而是以功能相当的成分代换既有的成分。例如[P(S)+NP+来-目的-VP]是由表述成分[来-目的-VP]代换构式的谓语中心语"来"。正值起步的[来+O(L)]尚未取得充当代换成分的整体性,所以就不见于介词组构式。[24]

最后看构式变化。连动式[来+VP]成分组合方式本即隐含目的关系,基于使用频率固化为封闭型构式,同时"目的"也定型为构式意义,但没有促成新的形式与意义配对,因此没有形成构式化。[P(S)+NP+C+来]先有介词减省,然后有"来"与连词凝结为"以来",致使形式出现变化,然而表示时间趋向的构式意义并没有连带发生变化,也止于构式变化。

上述两种构式变化仅涉及形式层面的变动。反之,致移式谓语对主语的语义限定发生变化仅涉及构式成分的意义变动。致移式最初基于V的来源动词语义特性,限定搭配行为者主语,组合[T(A)+V-来-致移];其后稳定地发展,使得最初对主语的限定转趋模糊,[V-来-致移]也接纳非行为者主语。主语范围扩大,但却没有改变[V-来-致移]的构式意义,没有衍生出新构式。时间趋向构式中的介词在隐喻发生当下只带NP宾语,后来纳入VP宾语也是结合面扩大。

总之,以隐喻为途径的语法化瞬间完成了构式化。虽然隐喻经常被视为语义而非语法现象,但其实隐喻发生的当下,原构式即失去内部结构,成分同步定格在隐喻所创造的新构式。有些语法化历经构式变化到构式化的渐进过程。[P(S)-VP-C-来]出现成分减省,致使保留下来的成分语义关系被重新解释并进而造成结构重组,产生新构式[SP-来-事态标记];"来"因为长期用于组合型构式[P(S)+NP+来],受到构式之趋向义的感染进而发生指涉变化,诱使带宾语的

[来+O(L)]创生。还有些语法化并没有促成新构式的兴起。目的构式[来-目的-VP]很早就已经固化为封闭型构式,持续沿用至今;[NP-以来]涉及成分减省,但没有引起后续意义变化,没有形成新的构式。

另一个值得关注的是构式组合的先后问题。我们把"自都来拜墓"视为"自都"与"来拜墓"的组合,理由是封闭型构式结合紧密度高,可用于代换组合型构式中语法地位相当的成分。此一原则似乎适用于所有成分代换现象。连动式在古今汉语都很发达,内部组合关系大致是依据此一原则而建构。

5.2 构式在语法系统中的交叉分类

第四节由[V-来]总领[V-来-并列]、[V-来-趋向]、[V-来-致移],然而图4依据V和"来"的语义关系,将三者连结到[V-V]下位[V-V-并列]、[V-V-连动]、[V-R-使成]。这反映出语法系统中构式之间的交叉分类关系,如图5所示:

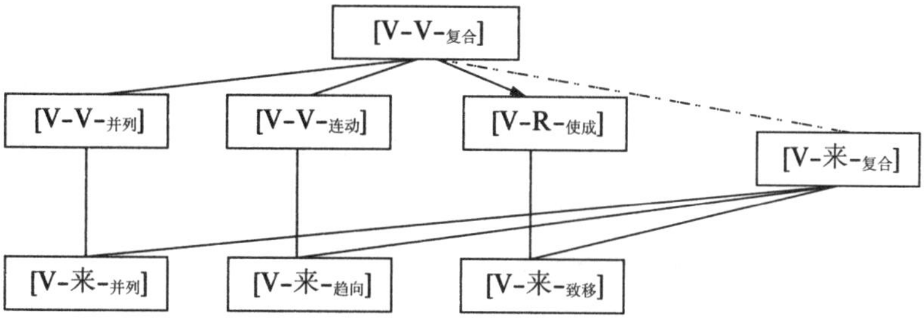

图5 中古复合式(V-来)的交叉分类

图5上方的[V-V-复合]是上位构式,可以按照内部成分语义关系区分出并列、连动、使成三支,[V-来-并列]、[V-来-趋向]、[V-来-致移]在它们的下位。同时,"来"为V的成员,[V-来-复合]就如同[V-死-复合]、[V-杀-复合]、[V-击-复合]等,可以归入[V-V-复合]下位。由于两种上下位关系的分类角度不同,图示中使用不同的线条区隔。也就是并列式、趋向式、致移式基于内部成分语义关系而各自联系到不同的上位分支,又基于共享成分"来"收束到同一上位构式[V-来-复合]。

近代动补复合式成立,下位包括"动结式""动趋式""情状或程度式"三支。以"来"为第二成分的致移式和趋向式到近代分别并入动结式和动趋式,都在动补复合式下位。又 4.3 节已指出,中古并列复合式内部成分顺序互换的现象随着“来”充当复合第二成分的趋势增强而衰微,导致原属于并列式的[V-来]被重新解释为趋向式,到了近代也一齐并入动趋式。大致如图 6 所示:

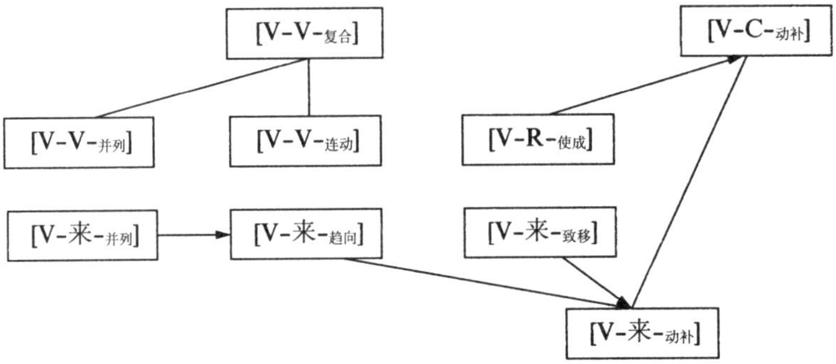

图 6　近代致移式和趋向式的合流

图 6 显示,使成式到近代演变为动补式,致移式随之脱离中古的上位构式,进入动补式。另外两支也改变归属,进入动补式。[V-来]在近代并入动补,意味着脱离中古复合动词的格局,语法系统的层级架构连带发生变动。这反映出构式并不是孤立的存在,每一个历史语言阶段都是该阶段语法体系网络中的某个层级的分支。中古[V-来]并入动补式,是在近代语法层级架构中实现的。

5.3　构式演变对语法系统的牵动

第四节有关[V-来]的讨论建立在双音复合化潮流的假设上,过去研究大都称为“双音化”或“复合化”。“复合化”意指成分之间具有组成关系,若从音韵形式着眼,则为“双音化”。“双音”对应到构式的形式层,“复合”同时对应到形式层和意义层。

冯胜利(2009)主张双音化源自古汉语音节结构简化,导致单音节不足以支撑最小的韵律单位,迫使声韵系统发生变化。文中指出,上古到中古的语音演变特征是“音节重量减轻”,致使单音节不足以自成“音步”(foot),必须增加音节予以弥补(冯胜利 2009: 37);“双音节词的创造是为了满足双音韵律单位的需要”(冯胜利 2009: 34)。

中古双音化趋势已然确立。双音节词的两个音节成分之间或是组合的,或是非组合的；若为前者，大都是复合关系。由此可见增加音节数以维持韵律稳定的主要途径是双音复合。

过去学者讨论古汉语的双音复合现象，经常把“成词不成词”或者“在何种情况下得以视为词”当作是焦点。要是从构式的角度来说，关键问题不在成词与否，而在双音复合构式的成立依据。中古时期双音复合构式是否确然成立？它有音韵系统作为支撑，形式层是很稳固的；至于意义层，刘承慧(2002,2003)指出以类推为基础的“定型复合”自战国晚期到中古持续成长。如果把两方面的现象合而观之，那么汉语繁衍双音复合构式的条件早在中古即已成熟。

回头检视中古使成复合动词的形成过程。它最初是起自两个独立表述的动词组成[V+V]，随着双音化而衍生出封闭型构式[V－V－复合]。尔后表示结果的第二成分定型化为R，就从连动复合分化出使成复合。就文献证据来看，上古由连词衔接的动词组在《史记》大量转为连动的[V+V]，反映出音韵系统的变化已然大规模地引发动词直接组合。开放型构式转变为封闭型构式之初，连动语义关系并没有改变，此时处于“构式变化”阶段。中古双音连动式用例持续累积，致使某些表示结果的V转为复合式中的定型成分R，才引发使成复合动词的“构式化”。[V－来－致移]中的“来”即是中古使成式多种定型成分之一。

4.1节提到[V－来－致移]不搭配受事宾语，致移对象总是出现在致移复合动词的前面，充当被表述成分，表明中古使成复合的构式限定。近代初期原属于中古使成复合的成员开始搭配受事宾语，显示已经有所改变。[V－R－使成]是基于某些结果成分被定型而后从连动分化出来的，仍维持连动复合的结构格局；V和R分别从活动与结果面向共同表述单一因果事件，语法地位相当。[V－C－动补]中V和C存有主次关系，C依附于V，指涉V所指活动造成的终结状态。中古[V－来]的三个分支在近代合流，不仅并列式朝着趋向式同化，更重要的是趋向式和致移式合并。中古致移式基于致使关系而向上联系到使成式，趋向式则基于时间关系而向上联系到连动式；近代无论V有没有致使义，“来”都指涉V所指的终结状态，统摄于动补复合构式意义，即为合并的关键。

尽管[V－来]不过是使成/动补个案之一，但牵涉中古使成式与趋向式如何在近代合流的问题。从构式的角度来说，V与R在封闭型构式紧密互动，带动了构式意义变化;一旦 R 指向受事论元所领受之结果状态的同时,也指涉 V 所指活动的终结状态,就已经构式化为动补式。致移式的“来”和趋向式的“来”是在指涉活动终结状态的意义上取得合流依据。就构式的消长来说,从中古到近代表述性复合构式的演变趋势即是连动复合逐步让位给使成>动补复合。

6. 结论

本文重访古汉语“来”的历时演变,论证构式语法之于语法化研究的意义和价值。刘承慧(2012)、Liu (2012)从构式角度厘析“来”的功能分化,然而仅聚焦在以它为成员的封闭型构式,并未关注组合型构式的发展,是明显的不足;本文从广义的构式出发,按照祈使/直陈、封闭型/组合型作分类,第 2 到 4 节依序讨论各类“来”字构式的演变。由于上述两种研究已回顾相关论著且详述封闭型构式的分化历程,本文侧重分析组合型构式,结果由图 2 和图 3 呈现。

第 5 节首先援引 Traugott 和 Trousdale(2013)的界说,以“构式化”“构式变化进而构式化”“构式化”区别演变的类型,如表 2 所示。其次利用图式展示中古复合[V-来]的交叉分类,如图 5 所示。进而勾勒出不同历史阶段上下位关系的重组,如图 6 所示。最后由形式与意义配对的构式语法观念,整合冯胜利(2009)和刘承慧(2002,2003)的意见,基于双音复合为中古成熟的构式,主张[V-来]在表述性复合构式的下位稳定成长。中古动趋式[V-来]与致移式[V-来]分别在连动式与使成式的下位,近代并入动补复合式,就此合流。此一演变涉及中古到近代语法系统中连动复合与动补复合地位的消长,可以从图 4 与图 6 的对照得知。

以往的语法化研究关注实词如何虚化为功能词,由此构拟出古代到近代汉语许多重要的演变现象,成就斐然,但同时也显露功能词本位的语法化研究途径亦有局限,不利研究者探索复杂演变个案的整体功能分化,也不利观察跨历史语言阶段之个案演变和语法系统变迁之间的关联性。本文以古汉语“来”为例,论证了从构式的角度解决上述困难是可行的。它虽只是单一个案,却涉及复杂而抽象的功能分化,又攸关中古到近代双音复合构式的发展,很适合作为示例。分析结果表明“来”所分化的多种功能成分都是以构式为单位而被使用,并随着构式变动而变动。不仅如此,每一种“来”字构式都有它所属的上位构式,可以就上下位构式如何互动，观察个案演变如何影响语法系统的变迁。本文以古汉语“来”的历时演变，证明通过广义的构式语法从事语法化研究，是在实词虚化以外又一条探索汉语语法系统变迁的可行途径。

附注

1. Goldberg（1995：4）为“构式”提说的界说如下：“C is a CONSTRUCTION iff_{def} C is a form-meaning pair ⟨F_i, S_i⟩ such that some aspect of F_i or some aspect of S_i is not strictly predictable from C's component parts or from other previously established constructions.”

2. 古汉语“来”的语法化问题已有许多研究成果，本文以刘承慧（2012）、Liu（2012）为起点，不再重复回顾相关文献。刘承慧（2012：259-260）因为复指标记“来”亦属狭义构式的成分，一并提出分析，本文聚焦在“来”的功能分化条理，故而从略。

3. 刘承慧（2013：8）指出，《论语・子路》记载孔子以“必也正名乎”回应子路的提问“卫君待子而为政，子将奚先”，句末“乎”并非表示疑问，而是表示委婉主张。表示委婉的“乎”散见于《左传》，形成春秋士大夫言语交际的表态惯例，文中所举例（21）中“君知厥也乎”（刘承慧 2013：14）的“乎”从现代社会人际交往的认知，倾向理解为疑问语气词，但就春秋时人表态惯例而言，读为委婉之辞更为贴切。

4. 两例中连用的语气词位在不同的结构层次，最末尾的语气词标注全句的语气。

5. 两例的区别反映发言者的意图：伯夷坚定而柔软地自我劝说，冯谖则是委婉地表达不满。

6. 例（4）—例（5）中的发言语气曲折，和例（6）中的直白明显有别，完全是取决于发言者的身份和表达意图，与“来”本身的语气功能无关。

7. 过去学者讨论此一现象，或以“双音化”称说，或以“复合化”称说。若从构式的角度，确切说法应是“双音复合化”。根据冯胜利（2009），“双音化”的影响范围大于双音复合词，如果专就中古时期新起的大批双音复合成分而言，宜称之为“双音复合构式”。详见 5.3。

8. 更确切地说，C 是构式之间的连接标记。

9. 初起阶段的时间趋向构式，介词包括“自”“由”“从”，连词包括“而”“以”。随着时代的下移，NP 与 VP 两支渐次分化，变异也逐渐消失。我们认为封闭型构式中的同功能变异形式不影响构式意义，近似“音位”（phoneme）之“自由变体”（free variation）。

10. 此例转引自梁银峰（2007：128）。

11. 吴福祥（1996：313）指出，“事态助词‘来’则通常附于句子之尾，有成句的作用，语义上表示句子所叙事件或过程在过去发生或完成，总是与过去时联系在一起。”其中“事态助词”即本文所说

"事态标记"。根据吴福祥的说法,事态标记"来"和过去时间有所联系,此一语义特征是承袭自时间趋向构式。刘承慧(2012: 254-255)引用 Comrie(1976)指出事态标记"来"注记"既成貌"(perfect aspect),涉及发言者对过去发生的事况的注意,与过去时间有关,但并不等于"过去时"(past tense)。

12. 请参阅王力(1980: 466)及刘承慧(2006)。

13. 空间趋向构式中的 C 可省略;未省略之例如(7)所示,省略之例如(18)所示。

14. 另见注 24。

15. 我们推测这种构式应源自连动式[VP(+而)+来],但目前没有充分的论据,权且搁置。

16. 构式中的 V 包括某些形容词在内。保有来源动词的表述性并不意味保有其全部的指涉,一旦进入封闭型构式,必然受到构式意义的限定,因而有所变动。详见正文举例与分析。

17. 这和梅祖麟(1991)主张使成式"V -死"不带宾语是一致的。

18. 设若搭配宾语,就应该是"持来尖刺",然而如前所述,使成式〔V -来〕在中古有不带宾语的限制,因此没有这样的用例。

19. 按照吴福祥(1996: 313)之说,"动态助词'来'跟在动词或动词性成分之后,表示动作的实现或完成,一般与时态无关"。引文中的"动态助词"即本文所称"动态标记"。

20. 基于成分组合的语义延伸可谓语言使用的常态,真正带动语法演变的仅限于极少数,而涉及认知通则的语义延伸相对来说有较高的机率。不过"来"的个案却显示,即便是普遍存在的空间到时间的隐喻,都不必然带动语法演变。

21. 或可译为"篇章构造物"。

22. Traugott 和 Trousdale(2013: 26)对"构式变化"的界定为"A **constructional change** is a change affecting one internal dimension of a construction. It does not involve the creation of a new node."引文粗体系按照原文标注。其中的 one internal dimension 是指构式的形式面或意义面,意思是"构式变化"仅涉及构式的局部面向。如果形式和意义均有变动,则为后注定义的"构式化"。

23. Traugott 和 Trousdale(2013: 22)对"构式化"的界定为"**Constructionalization** is the creation of form_{new}-$\text{meaning}_{\text{new}}$ (combinations of) signs. It forms new type-nodes, which have new syntax or morphology and new coded meaning, in the linguistic network of a population of speakers."

24. 此一假设可以通过现代汉语的语言实况加以印证。例如"从台北来花莲看我"的组成方式是由表示起点的介词组"从台北"与搭配终点的述宾词组"来花莲"先组合,然后与述宾式"看我"相组合。"从台北来看我"是目的构式"来看我"和介词组"从台北"的组合。组合方式的出入取决于〔P(S)+NP+来〕的中心语"来"由何种构式代换,前者是以〔来+O(L)〕,亦即"来花莲"代换"来",后者由目的构式〔来-目的- VP〕,亦即"来看我"代换"来"。后者中古已经出现,如例(28)中的"自都来拜墓"所示。前者在中古尚未形成,是近代以后的发展。

参考文献

冯胜利 2009《汉语的韵律、词法与句法》(第二版),北京:北京大学出版社。

梁银峰 2007《汉语趋向动词的语法化》,上海:学林出版社。

刘承慧 2002《试论汉语复合化的起源及其早期发展》,《清华学报》,32(2)。

刘承慧 2003《古汉语实词的复合化》,《古今通塞:汉语的历史与发展》,载何大安主编,台北:“中央研究院”语言学研究所。

刘承慧 2006《先秦动词类型及词性转化——从 Croft“因果链”假设谈起》,载北京大学中国语言学研究中心《语言学论丛》编委会编,《语言学论丛》三十四辑,北京:商务印书馆。

刘承慧 2012《上古到中古“来”在构式中的演变》,《语言暨语言学》,13(2)。

刘承慧 2013《有关先秦句末语气词的若干思考》,《汉学研究》,31(4)。

梅祖麟 1991《从汉代的“动、杀”、“动、死”来看动补结构的发展——兼论中古时期起词的施受关系的中立化》,载北京大学中国语言学研究中心《语言学论丛》编委会编,《语言学论丛》第十六辑,北京:商务印书馆。

王 力 1980《汉语史稿》(修订版),北京:中华书局。

吴福祥 1996《敦煌变文语法研究》,长沙:岳麓书社。

张 赪 2021《后期近代汉语事态助词“来”的功能及演变》,《中国语文》第 6 期。

Comrie B. 1976. *Aspect*. Cambridge: Cambridge University Press.

Croft W. 2001. *Radical Construction Grammar*. Oxford: Oxford University Press.

Goldberg A. E. 1995. *A Construction Grammar Approach to Argument Structure*. Chicago: The University of Chicago Press.

Liu C -H. 2012. The grammaticalization of the directional verb '*lai*': A Construction Grammar Approach. In Zhiqun Xing J. (Ed.) *Newest Trends in the Study of Grammaticalization and Lexicalization in Chinese*. Berlin & New York: Mouton de Gruyter: 87-113.

Traugott E, Trousdale G. 2013. *Constructionalization and Constructional Changes*. Oxford: Oxford University Press.

作者单位:新竹 台湾清华大学中国文学系

联系方式:刘承慧:chhliu@ mx. nthu. edu. tw

Grammaticalization and Construction Grammar: On the Historical Development of "Lai" in Ancient Chinese

Chenghui Liu

Abstract: Grammaticalization opens a new page for the study of the history of Chinese grammar, and yet the commonly-adopted approach of tracing the changes from content words to function words is insufficient for cases of highly differentiated functions such as "lai" in Ancient Chinese. In the previous studies, we have suggested constructional evidence be more appropriate to explain the complicated historical developments by way of showing lai's functional differentiation in the closed-type constructions. This paper follows Croft's (2001) taxonomical hierarchy of constructions and further brings the combinatorial constructions into our discussion. In the paper, lai's changes are divided into 'constructional change', 'constructionalization through constructional change' and 'construcionalization', based on Traugott and Trousdale's (2013) definitions. Space-to-time metaphor is found to be the only path that can cause constructionalizaiton without undergoing constructional change. In addition, the paper focuses on the position of the [V-lai] compounds in the constructional hierarchy, and observes how the developments of the lower constructions affect the growth and decline of the upper constructions. The research in the paper shows that combing the trajectory of grammaticalization through the constructional hierarchy is a feasible way to reconstruct the developments of the Chinese grammar.

Keywords: Grammaticalization, Ancient Chinese, Lai, Taxonomical Hierarchy of Constructions, Constructional Change, Constructionalization

Author's work unit: Department of Chinese Literature, Tsing Hua University, Taiwan

Author's e-mail: chhliu@ mx. nthu. edu. tw

从语言接触的有阶性看混合语的形成机制

——兼论五屯话的汉语对话状态

陈保亚　张入梦*

摘要： 讨论混合语形成机制的核心在于弄清原始对话状态，这就要弄清混合语与什么语言具有历史同一性；文章依据核心词有阶分布理论和有阶分析原理，从中提炼出的"聚敛有阶分布原则"，还原混合型语言的原始对话状态，并将这一方法运用在混合语五屯话的原始对话状态判定上，最终得出结论：五屯话是当初藏族用来和汉语对话的。

关键词： 混合语，对话状态，语言接触，有阶性，五屯话

1. 导言

混合语的形成机制是一个长期争论的问题。从语言表现来看，其结构和成分有着明显不同的来源；从形成机制看，是两种或几种可辨别的语言相接触产生的融合性语言；从社会功能看，是其语言使用社群独特的身份标记；从历史文化看，是两种或几种文明（文化）交流和碰撞的结果。

与混合语相关的皮钦语、克里奥尔语等独特语言现象在十九世纪下半叶开始进入语言学的研究视野。Hall（1944，1955）、Weinreich（1953）、Thomason（1995，2001）等都就这类语言现象做过专门的介绍和讨论。典型的皮钦语，如 Hall（1944）首次报道的中国上海洋泾浜英语（Chinese Pidgin English），以及 Leechman 和 Hall（1955）详细介绍的美洲土著皮钦英语（Native American Pidgin English），大多发现于欧洲人在美洲和亚洲的通商口岸和殖民地，被当地人用于与欧洲殖民者沟通。从语言内部看，使用欧洲语言的词汇、土著语言的语法是皮

---

* 本项研究得到北京市重大项目（编号 20ZDA29）资助。

钦语的显著特征,但其语言系统往往是不完备的,可以表达的意义受限制;从社会功能看,皮钦语的使用情境只限于商业和某些特定场合,不用于当地人社团内部交际;从语言地位看,皮钦语是一种临时性工具性质的用语,不属于语言社团的母语。克里奥尔语被定性为皮钦语经过发展后具有了母语地位的形式,相较于前身皮钦语而言,具备完整的语言系统和不受限制的语言使用环境。而相比于克里奥尔语,同样具有母语地位的混合语(Mixed Language)主要源发于何种单一语言是不明确的;混合型语言中无法归为皮钦语和克里奥尔语的,往往都被放进"混合语"中。这主要是由于混合语大多缺乏记录材料,从历史文化的角度追溯、把握混合语形成之初的语言接触状态存在困难,使得其当初的接触事实难以确定。

2. 还原混合语的原始对话状态

词汇借贷是普遍存在的,任何语言在一定程度上都具有混合的性质,因此对于混合性语言的判别标准,国内外学界历来争议很大。然而,皮钦语、克里奥尔语的来源和性质一般是无争议的,这是由于有足够的外部证据证明其形成时的语言接触状态——即两个人群接触时的对话状态:交际时主要使用的是哪个人群的语言。中国上海的洋泾浜,是英国通商口岸区域说上海方言的本土人群使用英语与英国客商交流的工具,从社会历史文化看,是本土集团向殖民强势集团妥协的结果;上海洋泾浜在语言外部和内部都有比较丰富的记录材料。(Hall 1944)从皮钦语、克里奥尔语这样的混合型语言中可以看到,两个语言社团之间文化上的强弱势关系决定着发生接触时两者间的对话状态。无论皮钦语、克里奥尔语还是混合语,作为语言接触的产物,其核心问题都是语言接触的机制,是对话状态。弄清混合语的对话状态,能够帮助我们还原混合语形成时期当地的社会文化环境,深入理解文明之间的互动、族群之间的关系、社会文化的形态;对于认识缺乏研究材料的混合语所在的特定地理区域和特殊历史时期,有重要的意义。

但是,如何弄清混合语的原始对话状态是当前研究的理论难题。很多混合型语言母语化后,已经形成独立的语言社团和身份认同,不再与来源语进行对话；且由于处于偏远闭塞的地区、缺乏历史记录，其形成时的接触状态已经无法通过语言外部的证据回溯。如果没有外部文献证据，单从语言形式上看，似乎难以做出判断。然而，我们还是应该坚持以语言观察事实为出发点，从语言内部寻找方法和标准来确定混合型语言的对话状态。如上文所言，观察接触时的对话状态，就是观察交际时中介语与哪个语言对话，后者被称作目标语言。原本不使用目标语言的人群，出于交际的需要和文化集团势力的不平等，不得不使用强势集团的语言与之进行交流，形成受到自身母语干扰的比较稳定的中介语[1]。中介语的早期形态具有与皮钦语几乎相同的表现和性质，也是一种混合型的语言；但相较于对话状态已经消失的混合语，中介语是还在使用的、保留着对话状态并且可以直接观察的。对还保存着对话状态的中介语语言事实的观察，有助于我们按照同样的思路弄清混合语当初的原始对话状态。

对话状态决定了词汇和语言结构横向传递的不同方向，同时形成词汇和结构传递的阶。通过研究词汇和语言结构横向传递的阶，可以找回接触的方向（什么语言是目标语言），也可以找回当初对话状态下的通语或中介语的语言基础，并进一步弄清深度接触所产生的混合型语言的形成机制。因此，我们将运用语言接触的有阶性原理还原混合语的原始对话状态。

3. 通过核心词有阶分布还原混合语的原始对话状态

我们来看一个单从形式上看难以辨别原始对话状态的混合型语言的实例。

请看来自梁河曼东傣汉杂居村那勐红坡寨傣族干部线永明的一段语料（陈保亚 1996：90-92）：

线永明:男，63 岁，梁河县曼东乡那勐村红坡寨傣族，长期做村干部（严式记音，以显示变异）

tsɯ^{55}	kǎu^{55}	huaŋ^{53}	ɕian^{213}	ʑioŋ^{53}	min^{53}，	ʑu^{213}	man^{31}
名字	我	叫	线	永	明，	住	寨子

xoŋ^{213} pho^{55}。ɕi^{213} xǎi^{53} ɤn^{53} tu^{55} man^{55} ʑiaŋ^{53} kun^{53}

红 坡。现 在 家 我们 嘛 有 人

ɕip^{35} ko^{53} pɯ^{35} tɕin^{55} xǎu^{31}，luk^{53} sau^{35} lau^{53} ta^{213}

十 个 人 吃 饭， 女 儿 老 大

ko^{53} ʑǎɯ^{213} zu^{213} mɤŋ^{53} mau^{53}，ko^{53} ɤ^{213} zu^{213} kuaŋ^{53}

老 大 住 瑞 丽， 老 二 住 广

toŋ^{55} tsaŋ^{213} tɕiaŋ^{55} 。ko^{53} lau^{53} san^{55} man^{55} zu^{213} phin53

东 湛 江 。个 老 三 嘛 住 平

ʑian^{53} 。ɕi^{213} xǎi^{53} pɯ^{35} zu^{213} ɤn^{53} tɕin^{55} xǎu^{31} man^{55}

原 。现 在 人 在 家 吃 饭 嘛

ʑiaŋ^{53} kun^{53} tɕie^{213} ko^{53} 。tha^{213} pai^{53} man^{55} pɯ^{35}

有 人 七 个 。现 在 嘛 人

hie^{213} la^{31} man^{55} tɕiəu^{213} kuai^{53} kun^{53} tsai^{53} man^{55}

做 工 嘛 就 只 人 男 嘛

suaŋ^{35} ko^{53} ，kǎu^{55} man^{55} tɕiəu^{213} m^{35} hiet^{213} la^{31}

两 个 ，我 嘛 就 不 做 事

xuaŋ^{35} tiaŋ^{55} ǎu^{53} ， tɕiəu^{213} kuai^{53} ɕian^{31} lǎi^{31} tɕin^{55} ǎu^{53}

情 什么 了 ，就 只 闲 得 吃 了。

tsɿ^{213} ko^{213} la^{31} xuaŋ^{55} lǎɯ^{53} ɤn^{53} lǎɯ^{53} ʑie^{53} man^{55}

这 个 事 情 内 家 内 库 嘛

tɕiəu^{213} kuai^{53} khau^{213} luk^{53} tsai^{53} suaŋ^{35} ko^{53} ǎu^{53} ，

就 只 靠 儿 子 两 个 了 ，

tǎŋ^{53} luk^{53} pǎɯ^{213} suaŋ^{35} ko^{53} 。 na^{213} ma^{55} tɕia^{55} thin^{53}

和 儿 媳 两 个 。 那 么 家 庭

səu^{55} zu^{31} lǎɯ^{53} ɤn^{53} man^{55} tɕiən^{213} kuai^{53} khau^{213}

收 入 里 家 嘛 就 只 靠

noŋ^{53} ȵie^{31} tɕin^{55} xǎu^{31} ǎu^{53} 。taŋ^{53} ʑiaŋ^{213} tiaŋ^{55} kua^{31}

农 业 吃 饭 了 。别 样 什么 也

m^{55} hiet^{213} ， ka^{53} xai^{35} tiaŋ^{55} kua^{31} m^{55} kau^{53} ， m^{55}

不 做 ， 买 卖 什么 也 不 搞 ， 不

hiet^{213} mu^{53} lǎɯ^{55} 。tɕia^{55} thin^{53} səu^{35} zu^{31} man^{55} tɕiəu^{213}

做 事情 什么 。家 庭 收 入 嘛 就

sɿ^{213} kuai^{53} khau^{213} noŋ^{53} ȵie^{31} 。 tsɿ^{213} ko^{213} noŋ^{53} ȵie^{31}

是 只 靠 农 业 。这 个 农 业

man^{55} tʂu^{53} ʑiau^{213} tɕiəu^{213} kuai^{53} ʑiaŋ^{53} tau^{213} ku^{31}

嘛 主 要 就 只 有 稻 谷

liaŋ^{53} ʂɿ^{31} lǎi^{53} ǎu^{53} 。 tɕhi^{53} ʑi^{53} man^{55} ʑiǎŋ^{53} mi^{53}

粮 食 得 了 。 其 余 嘛 还 有

uai^{31} ， pie^{31} ti^{55} tiaŋ^{55} səu^{55} zu^{31} m^{55} ʑiăŋ^{53} ， tɕiəu^{213}
甘蔗 ， 别 的 什么 收 入 没 有 ， 就

tsɿ^{213} xăi^{53} lə man^{55} 。 hiet^{213} la^{31} kan^{55} man^{55} tau^{213}
这 样 了 嘛 。 做 工 作 嘛 倒

sɿ^{213} m^{55} hiet^{213} tiaŋ^{55} ău^{53} 。 ɕi^{213} xăi^{53} man^{55} zu^{213}
是 不 做 什么 了 。 现 在 嘛 住

lăɯ^{53} sə^{213} man^{55} tɕiəu^{213} kuai^{53} sə^{213} tsaŋ^{53} an^{55}
里 社 嘛 就 只 社 长 安

phai^{53} hiet^{213} mu^{53} lăɯ^{55} man^{55} tɕiəu^{213} hiet^{213} mu^{53} an^{55}
排 做 什 么 嘛 就 做 事情

xuaŋ^{55} 。 saŋ^{55} liaŋ^{55} khai^{55} xuəi^{213} ， kuai^{213} kau^{53} tsəi^{53}
什么 。 商 量 开 会 ， 只 搞 这些

xău^{35} 。 na^{213} ma^{55} zu^{213} lăɯ^{53} man^{31} lăi^{35} man^{55}
他们 。 那 么 住 里 寨子 这 嘛

tɕiəu^{213} sɿ^{213} ɕi^{213} xăi^{53} ʑiăŋ^{53} mi^{53} zən^{53} tsɿ^{213} ko^{213}
就 是 现 在 还 有 人 这 个

luaŋ^{55} 。 lăm^{53} tsəi^{53} ăi^{53} kai^{53} tɕie^{31} m^{55} pa^{55} tok^{213}
事情 。 水 这些 解 决 没 有 下

ma^{53} ， zən^{31} tsɿ^{213} ko^{213} ho^{35} xu^{213} man^{55} ʑiăŋ^{53} ɕi^{213}
来 ， 人 这 个 头 户 嘛 有 四

ɕip^{35} ɤn^{53} ， tɕiəu^{213} sɿ^{213} kuən^{53} man^{55} sɿ^{213} ʑiăŋ^{53}
十 家 ， 就 是 人 嘛 是 有

suaŋ^{35} pak^{213} pai^{55} 。tɕiəu^{213} sɿ^{213} tɕin^{55} lăm^{53} lai^{35}
两 百 多 。就 是 吃 水 这

man^{55} hiet^{213} ʑiap^{213} 。 tɕiəu^{213} sɿ^{213} tsɿ^{213} ko^{213} lăm^{53}
嘛 做 难 。 就 是 这 个 水

mo^{213} m^{55} ʑiăŋ^{53} uaŋ^{31} xa^{35} uaŋ^{31} xot^{53} ka^{53} tsəi^{53}
井 没 有 地方 找 地方 挖 这些

tɕieu^{213} hiet^{213} ʑiap^{213} ău^{53} 。ɕi^{213} xăi^{53} săn^{53} tsɿ^{213} ko^{213}
就 做 难 了 。现 在 又 这 个

ʑiam^{53} maŋ^{53} ma^{53} ʑiəu^{213} săm^{53} ti^{35} ka^{213} hap^{213}
时期 忙 来 又 又 要 去 挑

lăm^{53} ， ʑiəu^{213} ti^{35} hiet^{213} la^{31} xuaŋ^{55} lăɯ^{53}
水 ，又 要 做 事情 里

sə^{213} ， ʑin^{53} ɕiaŋ^{53} la^{31} xuaŋ^{55} sən^{55} tshan^{53} 。
社 ，影 响 事 情 生 产 。

mo^{55} ɕi^{213} xăi^{53} man^{55} tu^{55} saŋ^{55} liaŋ^{55} lə man^{55}
那 现 在 嘛 我们 商 量 了 嘛

tɕiəu^{213} sɿ^{213} ti^{35} kai^{53} tɕie^{31} lăm^{53} mo^{213} thaŋ^{35} ka^{53} 。
就 是 要 解 决 水 井 口 嘎

kaŋ^{55} kuan^{55} tsəi^{53} man^{55} kua^{31} to^{55} tsɿ^{213} ko^{213} khau^{213}
钢 管 这些 嘛 也 就 这 个 靠

uaŋ^{213} kăn^{31} lɤ^{35} 。tsɿ^{213} ko^{213} tsau^{213} ku^{213} tɕian^{53} ləŋ^{55}
望 上 面 。这 个 照 顾 点 一

man^{55} tʂu^{53} ʑiau^{213} tsau^{213} ku^{213} so^{213} 。 po^{53} va^{55} sɿ^{213}

嘛 主 要 照 顾 钱 。 如果 说 事

tɕhin^{53} tsəi^{53} man^{55} tɕiəu^{213} sɿ^{213} thuəi^{213} ɕiəu^{55} xɯn^{53}

情 这些 嘛 就 是 退 修 回

ɤn^{53} ma^{53} tɕiəu^{213} kuai^{53} uəi^{213} tsəi^{53} xuaŋ^{55} tăŋ^{53}

家 来 就 只 为 这些 和

lăɯ^{53} man^{31} saŋ^{55} liaŋ^{55} 。 sɿ^{213} tɕhin^{53} tsəi^{53} man^{55}

里 寨子 商 量 。事 情 这些 嘛

tɕiəu^{213} sɿ^{213} sən^{55} tɕhin^{53} ， xai^{53} sɿ^{213} po^{53} ău^{55}

就 是 申 请 ，还 是 已经 拿

ka^{213} ko^{213} lăɯ^{53} ɕiaŋ^{55} 。 lăɯ^{53} ɕiaŋ^{55} man^{55} tau^{213}

去 过 里 乡 。 里 乡 嘛 到

ɕi^{213} xăi^{53} tau^{213} hɯ^{35} va^{55} tau^{213} m^{55} hu^{53} ău^{53}

现 在 到底 怎么 说 倒 不 知道 了

ka^{53} 。 ɕiaŋ^{213} pi^{53} sui^{53} kuaŋ^{53} lăn^{53} sən^{55} tɕhin^{53} lăn^{53}

嘎 。像 比如 水 管 那 申 请 那

tɕiəu^{213} sɿ^{213} va^{55} hăɯ^{31} xău^{35} tuaŋ^{31} thiam^{35}

就 是 说 让 他们 帮 助

hăɯ^{31} so^{35} xuaŋ^{55} ， tau^{213} ti^{53} kə^{53} pa^{55} saŋ^{55} liaŋ^{55}

给 钱 一些 ，到 底 给 已经 商 量

ko^{213} , lăɯ^{53} tshuən^{55} kə^{53} pa^{55} hu^{53} ko^{213} 。m^{55} hu^{53}

过 ，里 村 给 已经 知道 过 。不 知道

ău^{53} 。

了

材料中，不仅汉语词汇出现频率很高，还广泛使用了汉语虚词，如“就 tɕieu^{213}、了 lə^{31}（完成助词）、过 ko^{213}（过去时助词），还是 xai^{31} si^{213}（选择连词）、又 iəu^{213}（时间副词）、给 kə^{53}（一般问句助词）”等，却又与汉语有很大的差异；这段材料展示的语言具有比较典型的混合特点。这种语言的原始对话状态，是以傣语为目标语，还是以汉语为目标语？

由于汉语西南官话作为通语普遍化，红坡寨很多傣族开始使用西南官话而非傣语与芒市傣族通话，只在本寨区域内使用傣语；这种独立出来的傣语变体不断接收汉语词汇，本有的傣语核心词开始减少，失去了傣语对话状态。我们要问，其现存的语言事实中，哪些还可以反映其原始的对话状态？

以什么语言为对话状态，就是与什么语言有历史同一性；最典型的体现就是亲属语言。我们可以说，尽管不能对话的语言不一定是非亲属语言，但只有同源的语言才可能对话，能够对话的语言即是同源的语言，或者说曾经具有历史同一性的语言。根据我们的大量调查，处于对话状态的中介语和目标语之间，越是核心的词语音对应比例越高；这一点和同源语言关系词的有阶分布方式是一致的。先来看几个傣语方言——西傣、德傣、傣雅、临傣、金沙傣——相互间的关系词有阶分布情况：

表 1[2]　几个傣语方言间的关系词有阶分布

	西傣	德傣	傣雅	临傣	金沙傣
西傣		0.88/0.71	0.91/0.68	0.85/0.71	0.84/0.66
德傣			0.92/0.72	0.94/0.85	0.91/0.69
傣雅				0.91/0.68	0.88/0.68
临傣（双江）					0.88/0.68

表 2 核心词数量与有阶分布的关系

	接触关系	同源关系
关系词数量多	上升显著	下降(少数平直)
关系词数量少	上升(少数平直)	下降显著

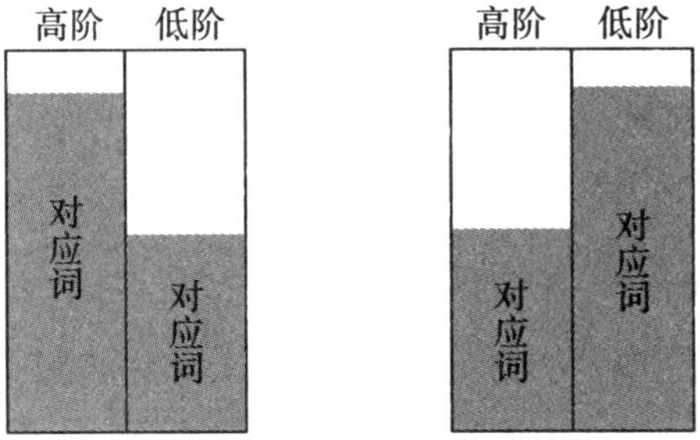

图 1 聚敛有阶分布与发散有阶分布

根据有阶性原理(见表 2),有历史同一性的语言在 200 核心词的有阶分布中呈现为聚敛分布状态——即第一阶核心词中相互能够形成严格语音对应的关系词的比例高于第二阶(见图 1)。从表 1 中可以看到,这几种傣语方言尽管都受到了一定程度的外来影响(傣语核心词保留都达不到 100%),但其间的历史同一性依然显著。

我们再来看另一种情况。在我们过去的调查中发现(陈保亚 1996),在一些傣族地区,原本被作为中介语使用的傣族汉语,成了傣族的母语;这样的傣族汉语带有许多傣语的特征。从生物学上看,这些傣族汉语的使用者,有着不同程度的傣族血统。德宏州梁河县遮岛镇的后街、谢家坡、拉乡、弄么、桥头等傣族聚居地的傣族,都不同程度地完成了母语向傣族汉语转换的过程,傣族汉语成为这些地方傣族的母语。随着时间的发展,母语化后的中介语尽管结构会产生变化,聚敛分布的持续性却使得其核心词和当初的目标语始终保持聚敛有阶分布而不是发散有阶分布(见图 1),因此历史同一性基本上能够得到确认。

对于这类傣语和汉语的接触,重视傣族汉语中傣语特点的人,容易把傣族汉语看成是傣语的变体。重视傣族汉语中汉语特点的人,容易把傣族汉语看成是汉语的变体。这种根据类型学特点的归类,只是一种语言相似程度的归类。也有人将这种傣族汉语看作是洋泾浜向混合语的转型,或者说两个语言相互融合为了一种新的语言。从语言接触的有阶分布看,我们认为完成母语转换后的傣族所说的傣族汉语,其历史身份仍然是可判定的,理由是:一,傣族汉语是用来和汉语对话而不是和傣语对话的,即它的对话目标是汉语;二,绝大部分傣族汉语的基本语素和汉语能够建立起严格的语音对应关系,构成核心一致对应语素层,且比例随语素的核心程度增高;尤其是,第一阶 100 核心语素中的主体对应语素是和汉语对应而非傣语。(陈保亚 2005)

由此,我们基于 200 核心词有阶分布原理,提出判断混合型语言对话状态的"聚敛有阶分布原则":如果难以判定身份的中介语或者混合语 X,在结构上与 A 语言同构,而在核心词上与 B 语言呈现聚敛有阶分布,则该 X 语和 B 语言有历史同一性,即当初 X 语言是和 B 语言有对话状态。

我们再回过头来看图 1 中语言的情况。在梁河县曼东乡那勐行政村红坡寨,汉族人口达到总人口数量的三分之二,傣族占三分之一;很多汉族能说傣语,汉族所说的汉族傣语强烈地干扰了傣语的结构。由于很多汉族以这种汉傣语为母语,这种母语又影响当地傣语,语言身份认同出现了结构和词汇不一致问题。但是根据上面提到的原则,红坡寨线永明所说的语言尽管和汉语在结构上有很多相似,但其核心词核心词与傣语呈现聚敛有阶分布,因而当初是和傣语有对话状态;现在也还保持和傣语不同程度的对话状态。

4. 混合语个案分析:金沙江傣语汉式转型

我们经实地调查后指出,在云南的永胜、华坪、永仁、大姚、武定、禄劝金沙江一带分布的一些傣族村寨中,傣族人口被汉族人口包围。一方面,金沙江傣族和其他地区的傣族一样,通过傣族汉语以母语干扰的方式影响汉语;在汉化程度很高的地方,还有转用汉语做母语的。另一方面,由于很多汉族能说傣语,傣语也受到汉族傣语的强烈干扰。这里的傣语音系和当地汉语的音系几乎完全同构(见表3、表4),语法也受到汉语的强烈影响;但其基本语素的绝大部分和德宏、西双版纳、红河、临沧等地的傣语对应,其中核心语素的对应达到80%以上,而且越是核心的语素,对应的比例越高;所以,金沙江傣语仍然是傣语方言,或者说最初是和傣语对话的。为了和其他地区的傣语方言区别,我们称金沙江傣语为汉式转型傣语方言。(陈保亚 2005)

表3　金沙江(皎平)傣语、汉语声母举例

金沙江傣语(皎平)声母举例

鱼 pa^{55}	被子 pha^{11}	来 ma^{55}	雨 fəĩ^{35}	梳子 vi^{35}	
眼睛 ta^{55}	老 thau^{11}	农 noŋ^{11}			田 la^{55}
去 ka^{55}	谷 khau^{11}	恶 ŋo^{11}	锄头 xo^{35}		
吃 tɕiĩ^{55}	屎 tɕhi^{11}		针 ɕĩ^{35}	次子 ʑi^{55}	
生气 tsa^{53}	秤 tshə̃^{33}		三 sã^{35}	住 zu^{33}	
站 tʂã^{33}	铲 tʂhã^{55}		使 ʂʅ^{55}	如 ʐu^{11}	
矮 ia^{33}			头 ho^{35}		

金沙江汉语(皎平)声母举例

布 pu^{213}	皮 phi^{31}	米 mi^{53}	饭 fã^{213}	五 vu^{53}	
动 toŋ^{213}	土 thhu^{53}	农 noŋ^{31}			路 lu^{213}
高 kau^{55}	哭 khu^{31}	恶 ŋo^{31}	河 xo^{31}		
鸡 tɕi^{55}	气 tɕhi^{213}		西 ɕi^{55}	遇 ʑi^{213}	
做 tso^{213}	秤 tshə̃^{213}		三 sã^{55}		
站 tʂã^{213}	铲 tʂhã^{53}		使 ʂʅ^{53}	如 ʐu^{31}	
饿 ʔo^{213}					

表 4 金沙江(皎平)傣语、汉语韵母举例[3]

金沙江傣语(皎平)韵母举例

ɿ(ʅ)	a	ə	u	o	ã	ɑ̃	ə̃	ĩ	oŋ	ai	əi	au	əu
i	(ia)	iə	(iu)	(io)	iã	iɑ̃			ioŋ			(iau)	Iəu
u	(ua)				uã	uɑ̃	uə̃			uai	uəi		
aʔ	əʔ	iʔ	uʔ										
	ieʔ		iuʔ										
uaʔ													

金沙江汉语(皎平)韵母举例

ɿ(ʅ)	a	ə	u	o	ã	ɑ̃	ə̃	ĩ	oŋ	ai	əi	au	əu
i	ia	iə	iu	io	iã	iɑ̃			ioŋ			iau	Iəu
u	ua				uã	uɑ̃	uə̃			uai	uəi		

“汉式转型”,指一种语言受到汉语强烈干扰,在结构上基本和汉语同构。形成汉式转型傣语方言的直接条件是:一,金沙江傣语脱离了主体傣语群,进入汉语包围区,形成孤岛;二,有大量的汉族说傣族汉语;三,金沙江傣语受到汉语的强烈母语干扰却没有全部向汉语进行母语转换。(陈保亚 2005)红坡寨线永明所说的语言也是类似的情况。

整个金沙江傣族地区的接触情况大致如下:金沙江傣语和汉语同构的形成过程,主要是母语干扰而不是母语转换。具体地说,受汉语干扰强烈的汉傣语强烈地干扰傣语,傣语开始转型。由于说汉傣语的汉族还有自己的汉语作母语,且汉族是主群体,是强势群体,所以说汉傣语的汉族通常并不进行母语转换,即并不放弃汉语而拿傣语做母语。

汉式转型傣语方言是受主群体语言汉语的强烈母语干扰形成的,而不是受母语强烈干扰后的汉傣语(汉族的第二语言)转换成了母语。理由是:母语转换一般是弱势民族的第二语言向强势语言转换,汉族不是弱势民族,傣语也不是强势语言,汉族的第二语言汉傣语不具备向傣语转换的条件。

金沙江傣语与汉语的接触情况可以总结为表5:

表5 金沙江傣语与汉语的接触情况

	傣语(孤岛群体)对话状态语言		汉语(主群体)对话状态语言	
早期	傣语	汉族傣语(转型)	汉语	傣族汉语
……	……	……	……	……
	傣语(转型)	汉族傣语(转型)	汉语	傣族汉语
……	……	……	……	……
现代	金沙江汉式转型傣语方言		汉语方言变体	

5. 一些混合语历史身份的辨认

根据上面讨论的接触的阶的关系,一些早期因为接触而产生的语言变体的对话状态、接触方向和来源机制是可以判定的。如我们调查过的中甸水磨房村的语言,只能在村子内部对话;类型上表现为SOV型语言,但和汉语的核心词的对应却呈现为聚敛有阶分布,说明其原始对话状态为汉语。许依婷(2022)对峇峇语——马六甲与新加坡的峇峇娘惹4人所使用的语言——的研究显示,峇峇语与马来语核心词关系词对应呈现聚敛有阶分布(见图2),是闽语人学习马来语产生的中介语。

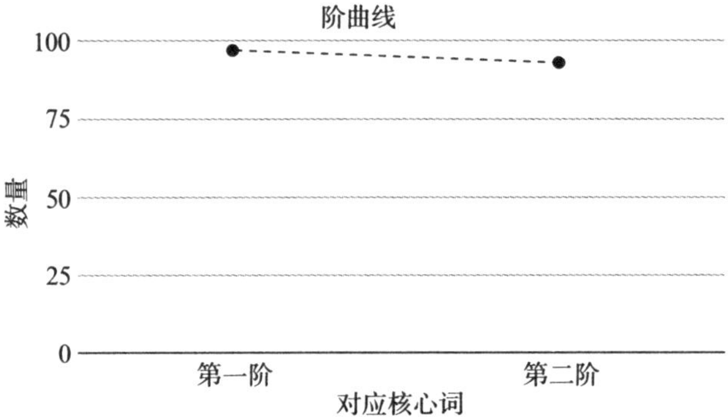

图2 峇峇语与马来语核心词关系词(许依婷 2022:83)

海南回辉话是如何形成的,学界的看法不尽相同;但有一点是一致的,都认为回辉话是占语母语者学习汉语的结果。根据曾晓渝(2012)的统计分析,回辉话的特征如下:

(1) 词汇方面,回辉话100核心词中占语扎德语侗台同源词及占语扎德语来源的词最多,占63%;

(2) 语法方面,回辉话的基本句型与汉语,侗台语以及南亚语的语序一致,是SVO型语言,词组结构、修饰语位置都与汉语同构;

(3) 语音方面,回辉话的声母、韵母、声调系统及单音节语素特点与当地汉语以及黎语有很高的相似度。

根据回辉话的类型特点,我们认为回辉话并不一定是通过借贷形成的,很可能是汉语干扰的结果。现在的问题是,语言的同源关系能不能根据一定比例的对应词来确定? 大家看到回辉话与扎德语(Tsat,占语的一支)对应的词是比较多的,比如第一阶100核心词里面有对应关系的就有65个,因而直觉上就认为二者是同源关系。但语言接触也能导致对应,所以对应词并不是确定语言之间同源关系的标准,根据这个标准越南语和汉语也是同源的。我们用核心词有阶分析的阶曲线模型进行验证,核心词有阶分析的结果是支持大家的意见的:回辉话与扎德语是同源关系。第一阶核心词中关系词的数量是65个,第二阶核心词关系词的数量是34个,这明显是语言同源分化的迹象。如果回辉话与扎德语是接触关系,那么第一阶核心词的关系词数量应少于第二阶关系词的数量,与实际情况正好相反。因此从有阶分布的情况看,回辉话与扎德语明显是同源关系,具有历史同一性。(陈保亚,田祥胜 2017)回辉话尽管受到汉语的强烈影响,但和汉语没有对话状态。

6. 五屯话性质的分析

至此,我们已经清楚了如何还原混合语的原始对话状态,进而还原其形成机制;下面我们将运用"聚敛有阶分布原则"对原始对话状态已经消失的混合型语言五屯话进行讨论。

五屯话指青海省黄南藏族自治州同仁县隆务镇吾屯上庄、吾屯下庄及加仓玛三村土族居民所说的母语。五屯人约 3 900 人(Janhunen 2008),如今的户籍民族多登记为土族,一些登记为藏族;主要的民族认同为土族,但与周围土族村寨如郭麻日、年都乎等语言不通。由于与周围环居的藏族世代相处、信仰藏传佛教,大多数人都会藏语、习藏文,对藏文化认同感、归属感很强。可以确定的是,五屯人并非本地的原驻人口,而是大约在明代由外地"屯兵"迁移至今同仁县地区。

五屯话词汇主要来源于汉语,这一点没有争议;如五屯话最早的报道者和研究者陈乃雄(1982)统计五屯话 3 000 常用词中 65%以上都为汉语词。五屯话的语音格局则显示出很多藏语的特征。阿错(2003)认为五屯话的语音格局与藏语关系密切,尤其体现在五屯话像藏语一样是一个无声调语言;付乔(2016)在与年都乎村藏语音系进行对比后,认为五屯话元音格局与当地安多藏语舌面元音和辅音格局也非常接近。在语法方面,目前的研究一致认为五屯话受藏语的影响较大;如徐丹(2018)提出五屯话中藏语句法借贷比例达到 45.28%,汉语占 33.96%,藏语为其句法的主要来源。此外 Sandman(2012)还指出五屯话与当地阿尔泰语系语言保安语共享一些形态句法成分。总体而言,五屯话的语言面貌兼具汉语与藏语的特征是目前研究者的共识。而对于其语言属性,学界主要有三种看法:以陈乃雄(1982,1988),席元麟(1987),李葆嘉、张璇(1999),阿错(2003),徐丹(2018)等为代表的学者认为五屯话是一种通过接触形成的汉藏混合语;以 Thomason 和 Kaufman(1988)(强烈重构但并未完全克里奥尔化)及陈保亚(2005)、Janhunen(2008)为代表的学者将其看作一种特殊的汉语变体;还有一些五屯话母语学者试图证明其藏语来源。

现在,我们通过观察核心词有阶性分布对五屯话的语言事实进行整理,还原其原始对话状态,并对五屯话的形成机制进行梳理。

附录是我们对五屯话 200 核心词的详细记音与分析。我们还列出了另外三位研究者——Janhunen(2008)、付乔(2013)、阿错(语保项目 5)的记音做参考;其中所有的词汇来源、付乔(2013)和阿错(语保项目)记音的备注,是我们经过分析后添加的。表 6 是我们对五屯话 200 核心词关系词统计结果:

表 6 五屯话 200 核心词关系词统计

	张入梦(2020)(*实记 100+100 词)		Janhunen (2008)(*实记 90+79 词)		付乔(2013)(*实记 73+49 词)		阿错(语保项目)(*实记 99+93 词)	
	第一阶	第二阶	第一阶	第二阶	第一阶	第二阶	第一阶	第二阶
汉语来源	77	73	78	63	58	37	81	69
藏语来源	3	5	5	12	5	2	3	7
疑似藏语来源	9	4	5	2	5	2	7	5
疑似汉语来源	1	5	0	1	0	2	1	3
来源不明	7	11	3	1	3	5	5	5
成分混合	3	3	2	3	3	0	2	3
汉语第一阶/第二阶	0.77/0.73		/		/		/	
藏语第一阶/第二阶	0.03/0.05		/		/		/	

我们在对五屯话核心词来源进行分析时,区分了“汉语来源”“藏语来源”“疑似汉语来源”“疑似藏语来源”“来源不明”以及“成分混合”六种情况,分别给出了统计的结果,并对汉语来源中西北方言特有的形式进行了标示。尽管另外三位研究者的 200 核心词记音材料并不全,不能用作严格的有阶分析,但其记音和统计结果依然有一定的参考价值。

可以看到,在我们最新的调查记音中,五屯话与汉语的关系词占 200 词总体的比例很高,第一阶占比 77%,第二阶占比 73%,总体达到 75%的水平;其有阶分析的结果,表现为汉语关系词比例第一阶高于第二阶,藏语关系词比例第一阶低于第二阶。也就是说,五屯话与汉语的关系词呈现为聚敛有阶分布,与藏语的关系词呈现为发散有阶分布。如果将“疑似汉语来源”和“疑似藏语来源”的数量也纳入计算,仍然不会影响有阶分布的结果,反而会使与汉语的聚敛分布(0.86/0.77)和与藏语的发散分布(0.04/0.1)更为显著。根据“聚敛有阶分布原则”,我们可以确定,五屯话这一混合型语言的原始对话状态是汉语。

明确了五屯话的原始对话状态是汉语后,结合社会历史信息,我们可以得出这样的结论:五屯话是当初藏族用来和汉语对话的中介语。由于汉语集团属于政治和文化上的强势集团,汉语人口的迁入又是以屯兵驻扎的形式进行的,因而尽管汉语人口不占优势,周边本地藏族依然会使用汉语与之交流,形成受母语藏语强烈干扰的中介语藏族汉语;五屯汉族的汉语也因此受到在使用人口上占据优势的藏族汉语的影响,逐渐与之趋同;也有可能部分汉语人口转用了藏族汉语。这些汉族在五屯地区长期定居下来,逐渐失去了与中原王朝的政治文化联系,形成孤岛条件;在生活方式和文化信仰方面又受到当地藏族和藏文化的强烈影响,形成了独特的族群身份认同,其语言也发生了剧烈的变化,呈现为如今五屯话的样貌。至于如今说五屯话的民族有多少来源于汉族,有多少来源于藏族或其他民族,需要结合遗传基因的研究才能确定。

7. 结语

讨论混合语形成机制的核心,是弄清它的原始对话状态是什么。要弄清原始对话状态,就要弄清它与什么语言具有历史同一性。而核心词有阶分布理论和有阶分析方法,正是弄清语言历史同一性的关键;我们从中提炼出的“聚敛有阶分布原则”,能够帮助我们还原混合型语言的原始对话状态。唯有在弄清了原始对话状态的基础之上,对混合语形成机制的分析和讨论才有意义。除此以外,通过对混合语原始对话状态的揭示,语言学也能够从新的视角,对社会、历史、文化的研究做出贡献。

附录(五屯话200核心词表)

第一阶100核心词表

序号	中文	英文	张人梦(2020)	张人梦-备注	来源	Janhunen(2008)	Janhunen备注	来源	付乔(2013)	付乔-张人梦备注	来源	阿错-语保	阿错-张人梦备注	来源
1	日	sun	ʐə^{31} tʰiɯ^{55}	"日头"	汉	raitek	热头	汉	rə'tʻiɤ	日头	汉	re^{21},thɯɤ^{24}	日头	汉
2	月	moon	jɛ^{31} liaŋ^{55}	"月亮"	汉	yailiang	月亮	汉	rə'tʻiɤ tsʻɑlɑ	日头-?	汉-?	je^{21},liaŋ^{24}	月亮	汉
3	星	star	ɕiŋ^{31} ɕiaŋ^{55}	"星宿"	汉	xixang	星星	汉	si'siɑn (xkɑr'mɑ)	星宿(WT: skar. ma)	汉(藏)	si^{21},siaŋ^{24}	星宿	汉
4	雨	rain	tʰiɛ^{31} jɛ^{55}	?	?	tai	?	?	tʻie'je	?	?	thɛ^{21},je^{51}	?	?
5	云	cloud	vɛn^{35} tsʰai	"云彩"	汉	wencai	云彩	汉	vəŋtsʻɛ	云彩	汉	wən^{24},tshɛ^{21}	云彩	汉
6	烟	smoke	jɛn^{35}	"烟"	汉	yan	烟	汉	jɑn	烟	汉	jɛn^{24}	烟	汉
7	火	fire	huo^{35}	"火"	汉	ho	火	汉	xo	火	汉	ho^{24}	火	汉
8	灰	ash	du^{35}	藏(泽库)	藏	ddu	WT: rdul	藏	hdu	WT: rdul	藏	? du^{24}	WT: rdul	藏
9	土地	earth	tʰu^{31} tʰi^{55} ʂi>	"土地-?"	汉							thi^{51}	地	汉
10	山	mountain	ɣua^{35}	? WT: ri. bo	?	wuwa	?	?	ʁuɑ	?	?	ʁua^{51}	?	?
11	水	water	ɕy^{35}	"水"	汉	xhui	水	汉	ɕui	水	汉	xui^{24}	水	汉
12	沙	sand	ɬa^{35} tsi<	"沙子"	汉	shaze	沙子	汉	'ʂɑtsʅ	沙子	汉	ʂha^{24},tsɯ^{21}	沙子	汉
13	石	stone	ʂi>^{31} tʰiɯ^{55}	"石头"	汉	shetek	石头	汉	ʂeʅtʻiɤ	石头	汉	ʂɯ^{21},thɯɤ^{51}	石头	汉
14	晚上	night	uei^{31} ɕi^{55}	"晚些"	汉	waixi	晚些	汉	vɛ'sʅ	晚些	汉	wɛ^{21},si^{51}	晚些	汉
16	叶	leaf	ʑiɛ^{35} tsi<	"叶子"	汉	yaize	叶子	汉	'jɛtsʅ	叶子	汉	lo^{21},ma^{51}	WT: lo. ma	藏
17	根	root	kən^{31} tsi<^{35}	"根子"	汉	genze; zaba	根子;WT: rtsa. ba	汉;藏				ʂu^{51},kən^{24}	树根	汉

注 (NWM: 西北汉语;WT: 书面藏语拉丁转写;本次调查时第15词漏掉了,不过不影响讨论和结论,下次调查时再补上。)

续表

序号	中文	英文	张人梦(2020)	张人梦-备注	来源	Janhunen(2008)	Janhunen 备注	来源	付乔(2013)	付乔-张人梦备注	来源	阿错-语保	阿错-张人梦备注	来源
18	籽	seed	tsi<^{213}	“籽”	汉	ze	(seed)子	汉				tsɯ^{24}	籽	汉
19	狗	dog	gɯ^{35}	?“狗”	汉	gek	狗	汉	kʏ	狗	汉	kɯɤ^{24}	狗	汉
20	鸟	bird	ma^{31} tɕiɔ^{55}	“麻雀”	汉	macio	麻雀	汉	ɕɑ	WT: bja	藏	ɕa^{24}	WT: bja	藏
21	鱼	fish	ɕy^{35} jaŋ^{55}	“水”-羊?	汉?	xhuiyang	水+羊	汉	xui'jɑŋ	水-羊	汉?	xui^{21},jaŋ^{24}	水-羊	汉?
22	虱	louse	hɯi^{35} tsi<	?-子	?	shaize	虱子	汉	'ʂɛ tsɿ	虱子	汉	ʂhe^{24},tsɯ^{21}	虱子	汉
23	角	horn	ɻa^{35}	*辅音为浊,类似 ɤɻa^{35}; WT: ra	藏				rɑ	WT: ra	藏			
24	蛋	egg	tan^{51}	“蛋”	汉	jhidan	鸡蛋	汉	tɕitə tɕi'tɑn	鸡的-鸡蛋	汉	cɕi^{21},tɛn^{51}	鸡蛋	汉
25	尾	tail	li^{31} ka^{55}	?“yi 巴”	汉?	liba	尾巴	汉	li'pɑ	尾巴?	汉?	li^{21},pha^{24}	尾巴(NWM)	汉?
26	毛	feather	mɔ^{35}	“毛”	汉	mo	毛	汉	mɔ	毛	汉	mɔ^{24}	毛	汉
27	发	hair	ɻa^{31} pa^{55}	?	?	tekhua	头发	汉	't'iʏ xuɑ	头发	汉	thɯɤ^{24},χua^{21}	头发	汉
28	头	head	təu^{35} lo	?“头颅”	汉?	dolo	NWM	汉?	'tolo	头颅?	汉?	tɔ^{24},lo^{21}	头颅?	汉?
29	眼	eye	niɛn^{31} dzə^{55}	“眼睛”	汉	nianzek	眼睛	汉	niɑn'tsʏ	眼睛	汉	ɲɛn^{21},ndzɯɤ^{24}	眼睛	汉
30	鼻	nose	p^{h}i^{35} koŋ^{31}	?“鼻孔”	汉	pikong	鼻孔	汉	'p'ikuɑŋ	鼻孔	汉	phi^{24},kuŋ^{21}	鼻孔	汉
31	耳	ear	ɤɯ^{31} tɔ^{55}	“耳朵”	汉	ekdo	耳朵	汉	hʏ'to	耳朵	汉	ɤɯɤ^{21},to^{24}	耳朵	汉
32	嘴	mouth	tɕy^{35}	“嘴”?	汉?	kek	口	汉	k'ʏ	口?	汉?	tsui^{24}	嘴	汉
33	牙	tooth	nia^{35} tʂ^{h}a	“牙齿”	汉	niacha	牙齿	汉	'niɑ tʂ'ɑ	牙齿	汉	ɲa^{24},tʂha^{21}	牙齿	汉
34	舌	tongue	ɕɛ^{35} t^{h}iɯ^{31}	“舌头”	汉	shaitek	舌头	汉	'ʂə t'iʏ	舌头	汉	ʂe^{24},thɯɤ^{21}	舌头	汉

续表

序号	中文	英文	张人梦（2020）	张人梦-备注	来源	Janhunen（2008）	Janhunen备注	来源	付乔（2013）	付乔-张人梦备注	来源	阿错-语保	阿错-张人梦备注	来源
35	颈	neck	pan^{31} ci^{35}	“半颈”？（NWM）	汉？（NWM）	banjhe	？-颈	？-汉				pɛn^{21}，ɲɟin^{24}	半颈？	汉？
36	手	hand	çɯ^{35}	“手”	汉	shek	手	汉	ʂʏ	手	汉	ʂɯɤ^{24}	手	汉
37	爪	claw	dʐua^{31} tsi^{35}	“爪子”	汉				tʂ‘uɑ’tsɿ	爪子	汉	tʂɔ^{21}，tsɯ^{24}	爪子	汉
38	脚	foot	dʑyo^{35}	“脚”	汉	jho	脚	汉	tɕo	脚	汉	cço^{24}	脚	汉
39	膝	knee	p^{h}o^{31} lo^{55} kɛ^{55} tsi<	？-“盖子”	？-汉	polo-gaize	？-盖子	？-汉				pho^{24}，lo^{21}，kɛ^{51}，tsɯ^{21}	？-盖子	？-汉
40	乳	breasts	noŋ^{31} noŋ^{55}	？	？	naitek	奶头	汉	nɛ’t‘iʏ	奶头	汉	nɛ^{21}，thɯɤ^{24}	奶头	汉
41	腹	belly	t^{h}u^{51} tsi<	“肚子”	汉	tuze	肚子	汉	’t‘u tsɿ	肚子（NWM）	汉	thu^{51}，tsɯ^{21}	肚子（NWM）	汉
42	肝	liver	kan^{35} tsi<	“肝子”	汉				’kɑntsɿ	肝子	汉	kɛn^{24}，ndzɯ^{21}	肝子	汉
43	心	heart	çin^{35}	“心”	汉	xen	心	汉	sin	心	汉	sin^{24}	心	汉
44	血	blood	çiɛ^{35}	“血”	汉	xai	血	汉	sie	血	汉	sie^{24}	血	汉
45	肉	flesh	ʐɯ^{55}	“肉”	汉	rek	肉	汉				rɯɤ^{51}	肉	汉
46	皮	skin	p^{h}i^{31} tsi<	“皮子”	汉	pize	皮子	汉				phi^{24}，tsɯ^{21}	皮子	汉
47	骨	bone	ku^{31} t^{h}iɯ^{55}	“骨头”	汉	gutek	骨头	汉				ku^{21}，thɯɤ^{24}	骨头	汉
48	人	person	ʐən^{35}	“人”	汉	ren	人	汉				rən^{24}	人	汉
49	男人	man	ua^{35}	？ WT：bu	？	wa-ren	男孩-人	？-汉	’wɑrən	？-人	？-汉	wa^{24}，rən^{21}	？-人	？-汉
50	女人	woman	ni^{31} xɯ^{55}	“女孩“？（NWM“女汉”）	汉？	ni-xhe	女孩	汉	ni’xʏ rən	女孩？-人	汉	ɳi^{21}，xə^{24}，rən^{21}	女孩（NWM）-人	汉
51	路	path	lʊ^{55}	“路”，同“绿”	汉	lu	路	汉	lu	路	汉	lu^{51}	路	汉

续表

序号	中文	英文	张人梦(2020)	张人梦-备注	来源	Janhunen(2008)	Janhunen备注	来源	付乔(2013)	付乔-张人梦备注	来源	阿错-语保	阿错-张人梦备注	来源
52	名	name	miŋ^{31} tsi<^{55}	“名字”	汉	minze	名子	汉	min tsɿ	名字	汉	nin^{24}, ndzu\$ ^{21}	*误记,实为 min^{24}, ndzu\$ ^{21}; 名字	汉
53	听	hear	t^{h}iŋ^{33}? 31	“听”	汉	tin	听	汉	t‘iŋ	听	汉	thin^{24}	听	汉
54	看	see	k^{h}an^{55}	“看”	汉	kan	看	汉				khɛn^{51}	看	汉
55	知	know	tʃi^{31} tɔ^{55}	“知道”	汉	jedo	知道	汉				tɕə^{21}, tɔ^{51}	知道	汉
56	咬	bite	nio^{35}	“咬”(NWM)	汉				niɔ	咬(NWM)	汉	ȵɔ^{24}	NWM: 咬	汉
57	吃	eat	tʃ^{h}i^{35}	“吃”	汉	qe	吃	汉				tɕhɯ^{24}	吃	汉
58	喝	drink	xɯ^{35}	“喝”,同“河”	汉	xhe	喝	汉				xə^{24}	喝	汉
59	树皮	bark	ʂu^{55} tə p^{h}i^{31} tsi<	“树的皮子”	汉	shu-pize	树-皮子	汉	ʂu'p‘i	树皮	汉	ʂu^{51}, phi^{24}, tsɯ^{21}	树皮子	汉
60	说	speak	ʂuo^{35}	“说”	汉	sho	说	汉	ʂuə	说	汉	ʂo^{24}	说	汉
61	死	die	si<^{35}	“死”	汉	se	死	汉				sɯ^{24}	死	汉
62	飞	fly	hɯi^{35}	“飞”	汉	hi	飞	汉	hi	飞	汉	he^{24}	飞	汉
63	游水	swim	ɕio^{35} ɕy^{31}	? -“水”	? -汉	ho	浮	汉				xui^{24}, ho^{51}	水-浮?	汉
64	走	walk	c^{h}i^{55}	近似 tcjhi; “去”?	汉?	xhen	行	汉	ɕiŋ	行	汉	xin^{24}	行	汉
65	来	come	lei^{35}	“来”	汉	lai	来	汉	lɛ	来	汉	lɛ^{24}	来	汉
66	站	stand	tʂan^{55}	“站”	汉	zhan	站	汉				tʂɛn^{51}	站	汉
67	坐	sit	ts^{h}uo^{51}	“坐”	汉	co	坐	汉	ts‘o	坐	汉	tsho^{51}	坐(NWM)	汉
68	睡	sleep	k^{h}uo^{31} ʂi>^{55}	? “瞌睡”	汉	xhui	睡	汉	ɕui	睡	汉	xui^{51}	睡	汉

续表

序号	中文	英文	张人梦（2020）	张人梦-备注	来源	Janhunen（2008）	Janhunen 备注	来源	付乔（2013）	付乔-张人梦备注	来源	阿错-语保	阿错-张人梦备注	来源
69	杀	kill	ɬa^{35}	“杀”	汉	sha	杀	汉	ʂɑ	杀	汉	ʂha^{24}	杀	汉
70	烧火	burn	ʂɔ^{35}	“烧”	汉							cça^{51}	?	?
71	给	give	gi^{35}	“给”	汉	gi	给	汉				kha^{24}	?	?
72	大	big	tɤa^{51}	“大”	汉	da	大	汉				ta^{51}	大	汉
73	小	small	ka^{35}	？“尕”	汉？（NWM“小”）	“尕”？	汉（NWM）	汉（？）				ka^{24}	“尕”？	汉？（NWM“小”）
74	圆	round	jɛn^{35}	“圆”	汉	yan	圆	汉				jɛn^{24}	圆	汉
75	长	long	chiaŋ^{35}	“长”	汉	qang	长	汉	ts‘ɑŋ	长	汉	tçhaŋ^{24}	长	汉
76	多	many	duo^{35}	“多”	汉	do	多	汉	tuo	多	汉	to^{24}	多	汉
77	满	full	man^{35}	“满”，同“药”（藏-夏河 hman）	汉	man；gang	满；WT：bkang	汉；藏	mɑn	满	汉	mɛn^{24}	满	汉
78	好	good	xɔ^{35}	“好”	汉	ho；ssang；shage	好；WT：bzang；WT：hra.gi	汉；藏	xɔ	好	汉	χɔ^{24}	好	汉
79	新	new	suo^{31} ma^{55}	WT：sos. pa；gsar. pa	藏	xen；soma	新；WT：so. ma	汉；藏	sin	新	汉	sin^{24}	新	汉
80	冷	cold	tuən^{55}	“冻”	汉	dun	冻	汉	tun	冻	汉	tun^{51}	冻	汉
81	热（热水）	hot	ʐə$^{31/13}$？	“热”	汉				rə	热	汉	rə^{24}	热	汉
82	干	dry	kan^{35}	“干”	汉	gan	干	汉				kɛn^{24}	干	汉
83	红	red	hən^{35}	“红”，同“风”	汉	hen	红	汉	xoŋ	红	汉	hən^{24}	红	汉

续表

序号	中文	英文	张人梦(2020)	张人梦-备注	来源	Janhunen(2008)	Janhunen 备注	来源	付乔(2013)	付乔-张人梦备注	来源	阿错-语保	阿错-张人梦备注	来源
84	黑	black	çi^{35}	“黑”? 和“水”同声母	汉	xhi	黑	汉	χi	黑	汉	xi^{24}	黑	汉
85	黄	yellow	xoŋ^{35}	? “黄”?	汉	hong	黄	汉	xuɑŋ	黄	汉	χuŋ^{24}	黄	汉
86	绿	green	lʊ$^{55/35}$?	“绿”,同“路”	汉	luu	绿	汉	lu	绿	汉	luw^{24}	绿	汉
87	白	white	phei^{35}	“白”	汉	pai	白	汉				phɛ^{24}	白	汉
88	一	one	ʐi^{31}	“一”	汉	yi	一	汉	ji	一	汉	ji^{51}	一	汉
89	二	two	ɯ^{31}	ɯ^{55}? “二”	汉	ek	二	汉	ɦɤ	二	汉	ɤɯ^{51}	二	汉
90	我	I	ŋu^{55}	“我”(藏 nga)	汉/藏?	ngu	我	汉?	ŋo;ŋa	我;WT: nga	汉;藏	ŋo^{51}	我	汉/藏?
91	你	you	ni^{55}	“你”	汉	ni	你	汉	ȵi;ȵia	你	汉	ȵi^{51}	你	汉
92	这	this	tʃi^{31} kə^{55}	“这个”	汉	je/je-ge	? -‘个’	汉	tsʅ kə	这个	汉	tɕə^{21},kə^{51}	这个	汉
93	那	that	ku^{31} ko^{55}	? -“个”?	?	gu/gu-ge	音=‘他’/‘那’+‘个’	?	ku'ku	?	?	ku^{21},ku^{51}	那-个(ke=^{51}),顺同化?	?
94	不	not	piu^{35}	“覅”	汉							piɔ^{24}	覅?	汉
95	我们	we	ŋu^{55} tɕi^{33} kə	“我几个”	汉	ngu-jhege	‘我’-‘几个’	汉	ŋotɕikə;ŋo'mo	我几个;我们	汉	ŋɛn^{21},mu^{51}	俺们?	汉
96	谁	who	ʔa^{31} kɯ^{55}	“哪个”(NWM)	汉(NWM)	a-ge	哪 a -个	汉(NWM)	ɑkə	哪个(NWM)	汉	? a^{21},kə^{51}	哪个(NWM)	汉
97	全	all	ʐi^{31} ta^{31} tsi<^{55}	“一搭子”	汉(NWM)	yida-ze	一搭(‘一起’)-子	汉				ji^{21},ta^{21},tsɯ^{51}	一搭子	汉
98	什么	what	ma^{55} kə^{55}	“么个”?(NWM)	汉(NWM)	ma-ge	Ma -个	汉?(NWM)	mɑ kə	“么个”?(NWM)	汉?(NWM)	ma^{51},kə^{21}	? -个	汉?(NWM)

续表

序号	中文	英文	张人梦（2020）	张人梦-备注	来源	Janhunen（2008）	Janhunen 备注	来源	付乔（2013）	付乔-张人梦备注	来源	阿错-语保	阿错-张人梦备注	来源
99	肥胖	fat	hi^{35} ma^{31}	“肥”？hi^{35} 可单说，不常用	汉-？							hi^{24}	肥	汉
100	躺	lie	kun^{35} tɔ	“滚倒”	汉							thaŋ^{24}	躺	汉

第二阶 100 核心词表

序号	中文	英文	张人梦 2020	张人梦-备注	来源	Janhunen 2008	Janhunen 备注	来源	付乔 2013	付乔-张人梦备注	来源	阿错-语保	阿错-张人梦备注	来源
1	和	and	ta^{35}	？WT：dang	藏？							ta	？WT：dang	藏
2	动物	animal	ɻə^{31} tɯɤ^{55}	“wild life”：WT：རི་དག（ri. dag）	藏	redak	WT：ri. dwags	藏						
3	背	back	ɻo^{31} tho^{55}	？WT：词根 ro	藏？	bi	背	汉	hroʁ'to	WT：词根 ro	藏？	ro^{21}，hto^{51}	WT：ro. stod	藏
4	坏	bad	xi^{55}	？	？	tama	WT：tha. ma	藏	xɑ	坏（NWM）	汉（NWM）	χɛ^{51}	坏？	汉？
5	因为	because	tɕiɛn^{31} kə^{55}	？	？									
6	吹	blow	tɕhy^{35}	“吹”	汉	qhui	吹	汉				tɕhy^{24}	吹	汉
7	呼吸	breathe	thi^{55} ʂi>	khi^{55}？	？				siɑ-kuo liɔ	？	？			
8	孩子	child	ka^{31} li^{55} ma^{33} li	别人家的孩子	？							ka^{21}，la^{24}，ma^{24}，la^{21}	？	？
9	数	count	suan^{31}	“算”	汉	suan	算	汉				suɛn^{51}	算	汉
10	砍	cut	kan^{214}？^{35}？^{14}？	“砍”	汉							khɛn^{24}	砍	汉
11	天	day	thiɛn^{55}	“天”，天空的天：thiɛn^{35}	汉	tian	天	汉				thiɛn^{24}	天	汉

注　NWM：西北汉语；WT：书面藏语拉丁转写

续表

序号	中文	英文	张人梦 2020	张人梦-备注	来源	Janhunen 2008	Janhunen 备注	来源	付乔 2013	付乔-张人梦备注	来源	阿错-语保	阿错-张人梦备注	来源
12	挖	dig	ɣua^{35}	“挖”? ＊=山	汉	wa	挖	汉				ʁua^{24}	挖	汉
13	脏	dirty	tsɣən^{35}	“脏”	汉	zang; zzhangzok	脏;WT: sgrang. btsog	汉;藏	tsaŋ	脏	汉	tsʁaŋ^{24}	脏	汉
14	呆、笨	dull	pən^{51}	“笨”	汉	be-kuai	不-快	汉				phən^{51}	笨	汉
15	尘土	dust	thu^{214}?	“土”,不是 35	汉	tu	土	汉				du^{24}	WT: rdul	藏
16	掉	fall	təu^{35}	? “掉”	汉							tɔ^{24}	掉	汉
17	远	far	ʐɛn$^{35/214}$?	“远”	汉	yan	远	汉	jɑn	远	汉	jɛn^{24}	远	汉
18	父亲	father	ʔa^{31} pa^{55}	WT: a. pha	藏				ɑ'pɑ	WT: a. pha	藏	? a^{21}, pa^{51}	WT: a. pha	藏
19	怕	fear	xi^{55} pha	“害怕”,xi^{55} pha li 表强调……地吓人:厉害得吓人呢!	汉	haipa	害怕	汉				χɛ^{51}, pha^{21}	害怕	汉
20	少	few	ʂəu$^{13?/214/35}$	“少”	汉	sho	少	汉	ʂɔ rɤ	少-?	汉	ʂɔ^{24}	少	汉
21	打架	fight	tɣa^{31} tɕiaŋ^{55}	“打架/打仗”	汉	dajang	打仗	汉				ta^{21}, tɕaŋ^{51}	打架/打仗	汉
22	五	five	vu$^{35/214}$	“五”	汉	wu	五	汉	vu	五	汉	wu^{24}	五	汉
23	漂浮	float	/			ho	浮,(‘=‘游’)	汉				ho^{51}	浮?	汉
24	流	flow	liɯ^{35}	“流”,同“傻”;声调与“五”同	汉							lɯɤ^{24}	流	汉
25	花	flower	hu^{35}	“花”? 与“五”调同	汉	hu	花	汉	xuɑ	花	汉	hu^{24}	花	汉
26	雾	fog	mu^{31} ɕa^{55}	?	?	wu	雾	汉	vu	雾	汉	mu^{21}, xa^{51}	/	?
27	四	four	si^{55}	“四”	汉	se	四	汉	si	四	汉	sɯ^{51}	四	汉

续表

序号	中文	英文	张人梦 2020	张人梦-备注	来源	Janhunen 2008	Janhunen 备注	来源	付乔 2013	付乔-张人梦备注	来源	阿错-语保	阿错-张人梦备注	来源
28	结冰	freeze	pin^{35} tɕya^{31} ʂi> ma li	"冰"-tɕya^{31} ʂi> ma li?	汉-?				pin tɕya ʂʅ liɔ	冰-结上了?	汉-?	pin^{24}，cçe^{21}	冰-结	汉
29	水果	fruit	ɕi^{31} tɤo^{55}	"水果"	汉	goze	果子	汉	kuotsʅ	果子	汉	si^{21}，toʁ^{51}	水果	汉
30	草	grass	tshɤɔ^{35}	"草"	汉	zatang	WT：rtswa. thang	藏	ts'ɔ	草	汉	tshɔ^{24}	草	汉
31	肠子	guts	tɕɤaŋ^{35} tsi<	"肠子"	汉	qangze	肠子	汉				tɕhaŋ^{24}，ndzɯ^{21}	肠子	汉
32	他	he	ku^{55}	同"那"；？WT：kho	藏?	gu	音同'那'	藏?				ku^{51}	？WT：kho	藏?
33	这里	here	ta^{31} ɕi^{55}	?	?	je-li	这里	汉				tɕə^{51}，li^{21}	这里	汉
34	打	hit	tɤa^{35}	"打"	汉	da	打	汉				tʁa^{24}	打	汉
35	拿	hold-take	tɕya^{35}	"取"/"抓"?	汉?							tshɯɤ^{24}	取?	汉?
36	怎么	how	ʔa^{31} mən tsə^{55}	"哪么着/遭/子"?(NWM)；ni^{55} ma^{55} kə^{33} tsə^{31} ko^{31} liɔ：你怎么了?	汉?(NWM)	a-menzai		汉?				? a^{21}，mən^{51}，ndzɛ^{21}	哪么子(NWM)	汉?
37	打猎	hunt	ɻə^{31} tɯɤ^{55} ɬa^{35} ti li	动物-杀；藏-汉-?	藏-汉	redak da	'野生动物'-打	藏-汉				rɯ^{21}，dəʁ^{51}，ta^{21}	'动物'-打	藏-汉
38	丈夫	husband	ni^{31} ɕi^{55}	"女婿"，背称，无面称	汉	nixi	女婿	汉	'nɑn rən	男人	汉	ȵi^{21}，si^{51}	女婿	汉
39	冰	ice	pin^{35}	"冰"	汉	bin	冰	汉	pin	冰	汉	pin^{24}	冰	汉
40	如果	if	kɛ^{55} tɛ^{31}	WT：gal. te	藏							ka^{51}，tie^{21}	WT：gal. te	藏

续表

序号	中文	英文	张人梦 2020	张人梦-备注	来源	Janhunen 2008	Janhunen 备注	来源	付乔 2013	付乔-张人梦备注	来源	阿错-语保	阿错-张人梦备注	来源
41	在	in	ʐɯ^{31} li	“有的”?;藏(夏河、泽库):jol,同“油”	汉/藏?							jɯɤ^{24}	有?	汉?
42	湖	lake	xɯ^{35}	“河”	汉	co	WT: mtsho	藏	hdzaŋ'və	?	?	tsho^{24}	WT: mtsho	藏
43	笑	laugh	ɕiɔ^{31}	“笑”	汉	xo	笑	汉	siɔ	笑	汉	siɔ^{51}	笑	汉
44	左边	leftside	təu^{55} ʂɯ^{31}	“倒”-“手”;实意左手	汉	do-shek-de	倒-手-的	汉				tɔ^{51},tə^{21},miɛn^{24}	倒-的-面	汉
45	腿	leg	thi^{31} ka^{55}	胳膊:kə^{35} pi^{31}	?	la	WT: brla	藏	t'i'kɑ	?	?	thi^{21},ka^{51}	?	?
46	活的	live(alive)	huo^{35} ti li	“活”-的哩?	汉	ho	活	汉				ho^{24}	活	汉
47	母亲	mother	ʔa^{31} na^{55}	? WT: a. ma	藏?				ɑ'nɑ		藏?	? a^{21},na^{51}		藏?
48	窄	narrow	ɕi^{55}	“细”?	汉	zhai	窄	汉	tʂə	窄	汉	tʂe^{24}	窄	汉
49	近	near	tɕhin^{55}	“近”(NWM)	汉	qen	近	汉	tɕ'in	近(NWM)	汉	cçhi^{51}	近(NWM)	汉
50	老的	old	ləu^{31} ku^{55} ma li	“老”-ku^{55} ma li	汉	lo;ggi	老;WT: rgas	汉;藏	lɔ	老	汉	lɔ^{24}	老	汉
51	玩	play	van^{35}	“玩”	汉	wan	玩	汉				wɛn^{24}	玩	汉
52	拉	pull	lɤa$^{35/214}$?	“拉”;音同“辣”	汉	la	拉	汉				la^{24}	拉	汉
53	推	push	thy^{35}	“推”	汉	xan	NWM	汉	siɑn(~t'ui)	掀	汉	siɛn^{24}	NWM: 掀?	汉?
54	右边	rightside	tʂən^{55} ʂɯ^{31}	“正”-“手”;实意右手	汉	jen-shek-de	正-手-的					tɕən^{51},tə^{21},miɛn^{24}	正-的-面	汉
55	对	correct	ty^{55} li	你是错的 tɕhɯ^{31} la^{35} ku^{31} ma li	汉							tui^{51}	对	汉

续表

序号	中文	英文	张人梦 2020	张人梦-备注	来源	Janhunen 2008	Janhunen 备注	来源	付乔 2013	付乔-张人梦备注	来源	阿错-语保	阿错-张人梦备注	来源
56	江	river	xɯ^{35}	"河"	汉	xhe	河	汉	xə	河	汉			
57	绳子	rope	ʂən^{35}	"绳"	汉	shen/ze	绳子	汉	ʂəŋ	绳	汉	ʂən^{24}	绳	汉
58	腐烂	rotten	lan^{51} ku^{31} ma li	"烂"-ku^{31} ma li	汉	lan;ru	烂;WT：rul	汉;藏				lɛn^{51}	烂	汉
59	擦	rub	tshɤa^{35}	"擦"	汉	ca	(to wipe)擦	汉				tsha^{24}	擦	汉
60	盐	salt	tɕhi^{31} jɛn^{35}	"青盐"	汉	qiyan	青盐	汉	jɑn	盐	汉	tshin^{21}，jɛn^{24}	青盐	汉
61	抓	scratch	tɕya^{35}	"取"/"抓"？(抓沙子，抓小偷)	汉	jua	抓	汉	tsuɑ	抓	汉	tɕua^{24}	抓	汉
62	海	sea	giam^{31} tsho^{55}	WT：rgja. mtsho 藏(泽库)：hdʑam tsho	藏	jjhangco	WT：rgya. mtsho	藏	ts'o	WT：mtsho	藏	ɟjaŋ^{21}，tsho^{51}	WT：rgja. mtsho	藏
63	缝	sew	pu^{35}	"补"？	汉	hen	缝	汉	xəŋ	缝	汉			
64	尖	sharp	tɕiɛn^{35}	"尖"同"奸"聪明，奸诈	汉							tsiɛn^{24}	尖	汉
65	短	short	tuan^{35}	"短"	汉	duan	短	汉	tuɑn	短	汉	tuɛn^{24}	短	汉
66	唱	sing	ʂuo^{35}	"说"，同酸奶	汉	zho sho	'跳舞'-'说'	？-汉				tʂo^{24}，ʂo^{21}	？-说	？-汉
67	天空	sky	thiɛn^{31} li^{55}	"天里"	汉	tian	天	汉				thiɛn^{24}	天	汉
68	闻	smell	ɕin^{55}	？"嗅"？	？	cixai	？	？	sin	？	？	ɕin^{51}	？	？
69	平	smooth	phin^{35}	"平"	汉	pin-pin-de	平-平	汉	p'in	平	汉	phin^{24}	平	汉
70	蛇	snake	ʃɛ^{35}	"蛇"	汉	shai	蛇	汉	ʂə	蛇	汉	ʂe^{24}	蛇	汉
71	雪	snow	ɕiɛ^{35}	"雪"	汉	xai	雪	汉	sie	雪	汉	se^{24}	雪	汉

续表

序号	中文	英文	张人梦 2020	张人梦-备注	来源	Janhunen 2008	Janhunen 备注	来源	付乔 2013	付乔-张人梦备注	来源	阿错-语保	阿错-张人梦备注	来源
72	吐	spit	$thiɛ^{51}$	"吐"/"唾"?	汉	tu	吐	汉				thu^{24}	吐	汉
73	撕裂	split	$tʃiɛ^{35}$	?	?									
74	压	squeeze	$ni^{35}\ ɣa^{51}$ (nɣa ?)	"压" (NWM)?	汉							$ȵa^{51}$	压(NWM)	汉
75	刺	stab	$tɕhyo^{35}$	"戳"?	汉							$tɕho^{24}$	戳	汉
76	棍子	stick	$huo^{31}\ pa^{55}$	同火,对 h 和 x 差别很敏感	?	gun/ze	棍子	汉	kuŋtsɿ	棍子	汉	kun^{51}	棍	汉
77	直	straight	$tʃi>^{35}$	"直"	汉	je	直	汉	tsɿ	直	汉	$tɕɯ^{24}$	直	汉
78	吮	suck	$tsɣa^{35}$	"咂"	汉	za	NWM	汉				$tsʁa^{24}$	咂	汉
79	肿	swell	$tʂɣoŋ^{35}$	"肿"	汉	zhong	肿	汉				$tʂuŋ^{24}$	肿	汉
80	那儿	there	$ku^{31}\ ta^{31}\ ɕi^{55}$	?	?	wu-li	? -'里' [兀里?]	汉? (NWM)				ku^{21}, ta^{24}	'那'-沓 (NWM)?	?
81	他们	they	ku^{55} tɕi kə	他-"几个"	? -汉	gu-jhege	'他'-'几个'	? -汉				$ku^{51}, cɕi^{21}, kə^{21}$	他-几个	? +汉
82	厚	thick	$xɯ^{55}$	"厚"	汉	xhek	厚	汉	xʏ	厚	汉	$xɯɤ^{51}$	厚	汉
83	薄	thin	$phɯ^{35}$	"薄"(NWM)	汉				p'o	薄(NWM)	汉	pho^{24}	NWM:薄	汉
84	想	think	$taŋ^{35}$	藏(夏河):htaŋ dʐak;我想一下 $ŋu^{55}$ $taŋ^{35}$ kə ta ti ta	藏	ddang	WT:vdang	藏				? $daŋ^{24}$, ta^{21}	?	藏?
85	三	three	$san^{55/35}$?	"三"	汉	san	三	汉	sɑn	三	汉	$sɛn^{24}$	三	汉
86	扔	throw	$ɣɯ^{55}$	"扔" (NWM ər)	汉 (NWM)	ek	汉(NWM)	汉 (NWM)				$ɣɯ^{24}$	NWM:扔	汉

续表

序号	中文	英文	张人梦2020	张人梦-备注	来源	Janhunen 2008	Janhunen 备注	来源	付乔 2013	付乔-张人梦备注	来源	阿错-语保	阿错-张人梦备注	来源
87	捆	tie	khun^{35}	“捆”	汉							khun^{24}	捆	汉
88	转	turn	tɕyan^{35}	“转”	汉	juan	转	汉				tɕuɛn^{51}	转	汉
89	呕吐	vomit	thu$^{214?/35}$	“吐”	汉							thu^{24}	吐	汉
90	洗	wash	ɕi^{35}	“洗”	汉	xi	洗	汉				si^{24}	洗	汉
91	湿	wet	ʂi>^{35}	“湿”	汉	she	湿	汉				ʂɯ^{24}	湿	汉
92	哪里	where	ʔa^{31} li^{55}	“哪里”？（NWM“哪儿”：a^{31} ta^{35}）	汉		哪里（NWM）	汉	ɑ’li	哪里（NWM）	汉	？a^{21}，li^{51}	哪里	汉
93	宽	wide	khuan^{35}	“宽”	汉	kuan	广	汉	k‘uɑn	宽	汉	kuɛn^{24}	宽	汉
94	妻子	wife	ni^{31} ʐən^{35}	“女人”	汉	ni-ren	女-人	汉	ni’rən	女人	汉	ȵi^{21}，rən^{24}	女人	汉
95	风	wind	hən^{35}	“风”？	汉	hen	风	汉	xəŋ	风	汉	hən^{24}	风	汉
96	翅膀	wing	paŋ^{31} tsi<^{55}	“膀子”	汉	bangze	膀子	汉	pɑŋtsɿ	膀子	汉	paŋ^{21}，ndzɯ^{24}	膀子	汉
97	重	heavy	tʂhoŋ^{51}	“重”（NWM）；thin^{31} li 轻	汉	chong	重	汉				tʂhuŋ^{51}	重（NWM）	汉
98	森林	woods	lin^{35}	“林”	汉	lin	林	汉	tɑ’link‘uo	？	？			
99	虫	worm	tshɤɯ^{35}	“虫”	汉	cek	（worm）WT：tshig	藏	ts‘ʏ	虫	汉	tshɯɤ^{24}	虫	汉
100	年	year	niɛn^{35}	“年”	汉	nian；lo	年；WT：lo	汉；藏	niɑn	年	汉			

附注

1. 中介语与混合语的区别在于,中介语一定出现在双语社团中,且不被社团中的双语者视为母语。双语者的下一代有可能以这种中介语为单一的母语;中介语的母语化意味着已经发生母语转用。

2. 表中"/"前为第一阶核心词中关系词的比例,"/"后为第二阶核心词中关系词的比例。

3. 与皎平汉语相比,皎平傣语仅仅多出7个带-ʔ韵尾的韵母。两个韵母矩阵在音质河格局上有着惊人的一致性。如果考虑到青年人喉塞音韵尾的消失,这种同构性就更强。

4. "土生华人(Peranakan)特指早期自中国移民的男性与东南亚一带的土著女性通婚的后裔,通称峇峇娘惹……大量历史文献记载峇峇语是由南下的中国人学习马来语而产生的语言,但没有相关的语言学证据。"(许依婷 2022:1)

5. 材料来源:"语保工程采录展示平台"(https://zhongguoyuyan.cn/area_details.html?id=60M05)。

6. 表中"备注"栏与"来源"栏中"-"符号用于分隔语素成分;"备注"栏与"来源"栏中"-"前后的成分相对应,"?"表示语义或来源尚不能确定。

参考文献

阿　错(意) 2003《藏、汉语言在"倒话"中的混合及语言深度接触研究》,天津:南开大学。

陈保亚 1996《论语言接触与语言联盟:汉越(侗台)语源关系的解释》,北京:语文出版社。

陈保亚 2005《语言接触导致汉语方言分化的两种模式》.《北京大学学报》第2期:43-50.

Baoya, C., Xiangsheng, T., 陈保亚 & 田祥胜 2017 "THE DIRECTION OF LANGUAGE CONTACT AND THE ANALYSIS OF LINGUISTIC TYPOLOGY/语言接触的有向性及其类型学分析", *Journal of Chinese Linguistics Monograph Series*, (27): 16-45.

陈乃雄 1982《五屯话初探》,《民族语文》第1期:10-18。

陈乃雄 1988《五屯话音系》,《民族语文》第3期:1-10。

付　乔 2013《五屯话的格和体态式研究》,《兰州大学》。

付　乔 2016《青海河湟地区五屯话音系》,《现代语文》第4期:2,109-113。

李葆嘉　张　璇 1999《中国混合语的研究现状与理论探索》,《语言研究》第1期:190-200。

席元麟 1987《五屯话中藏语借词的音变现象》,《青海民族学院学报》第1期:103-110。

徐　丹 2018《中国境内的混合语及语言混合的机制》,《语言战略研究》第3期:59-79。

许依婷 2022《峇峇马来语的语音互协研究》,北京大学硕士学位论文。

曾晓渝 2012《语言接触的类型差距及语言质变现象的理论探讨——以中国境内几种特殊语言为例》,*Yu yan ke xue*,11(1):1-8。

Hall, R. A. 1944. Chinese Pidgin English Grammar and texts. *Journal of the American Oriental Society*, 64(3): 95-113.

Janhunen, P. S. 2008. Languages of the World/Materials: Wutun. LINCOM GmbH2008: E. C.

Leechman, D. & Hall, R. A. 1955. American Indian pidgin English: Attestations and grammatical peculiarities. *American Speech*, 30(3): 163-171.

Sandman, E. 2012. *Bonan grammatical features in Wutun Mandarin*. Helsinki: Suomalais-ugrilainen Seura: 375-387.

Thomason, S. G & Kaufman T. 1988. *Language contact, creolization, and genetic linguistics*. Berkeley: University of California Press.

Thomason, S. G. 1995. Language mixture: Ordinary processes, extraordinary results. *Spanish in four continents: Studies in language contact and bilingualism*: 15-33.

Thomason, S. G. 2001. *Language Contact: An introduction*. Georgetown University Press.

Weinreich U. 1968/1953. *Languages in Contact: Findings and problems*. Mouton: The Hague.

作者单位：北京大学中文系

联系方式：陈保亚：cbyhf@ pku. edu. cn

On The Formation Mechanism of Mixed Language from the Perspective of Rank of Language Contact: The Case of Wutun Language's Communicational State with Chinese

Baoya Chen, Rumeng Zhang

Abstract: The crucial issue in discussing the formation mechanism of mixed languages is to clarify the original communicational state, which means to rule out which language has historical identity with the mixed language in question. With the base on the Rank Theory of language contact, the principle of Convergent Pattern of Kernel Word Distribution is proposed in order to restore the original communicational state of mixed languages. The present study applies this method to the judgment of the original communicational state of Wutun, a mixed language in China. The result shows that Wutun was originally used by Tibetans to communicate with Chinese.

Keywords: mixed language, communicational state, language contact, stratification, Wutun Language

Author's work unit: Department of Chinese Language and Literature

Author's e-mail: cbyhf@ pku. edu. cn

甘青汉语临夏话的(非)对称性并列短语*

李旭平

摘要:甘青汉语方言临夏话有两种并列标记,来自表层语汉语的标记“连的”和来自底层语阿尔泰语的标记‘啦’,但是两者的语法功能都已经与它们本来的用法发生了偏离。与汉语的“和”“同”等“介连词”不同(江蓝生 2012),临夏话的汉源标记“连的”是一个真正的连词,由它标记的并列短语不允许话题化、焦点化、副词插入等句法操作。阿尔泰语型并列标记“啦”可以出现在“A 啦 B”“AB 啦”和“A 啦 B 啦”这三种句法结构中。文章指出,“啦”所标记的三种短语形式均为真正的并列短语,它们都表示复数个体并且遵循 Ross(1967)提出的“孤岛效应”,但只有居中的“啦”是连词,居后的“啦”为伴随格标记(comitative case)。我们进一步区分对称性和非对称性并列短语,当并列项 B 不带标记“啦”时,如“A 连的 B”“A 啦 B”为对称性并列短语;当 B 带“啦”时,如“AB 啦”和“A 啦 B 啦”,表示“伴随性并列关系”(comitative coordination, McNally 1993),这是一种典型的非对称性并列短语。

关键词:并列结构,格标记,(非)对称性,语言接触

1. 引言

甘青地区汉语方言(以下简称“甘青汉语”)主要指甘肃临夏回族自治州和青海省东部农业区所使用的汉语方言,其分布范围包括中原官话秦陇片和陇中片和河州片。(张安生 2013:291)它是一种与阿尔泰语言深度接触后产生的汉

---

* 本文所说的临夏话专指临夏市的(新派)汉语方言,文中所用语料为作者于 2018 年 8 月和 2019 年 5 月分别赴临夏市和兰州调查所得,主要调查对象分别为尹睿(汉民,西北师大学生)和马晓花(回民,西北师大学生)。根据张安生的研究,临夏市回民和汉民所说的汉语存在一定的语法差异。我们两位新派发音人对“啦”的用法具有较高的一致性,但是只有尹睿使用“连的”该标记,马晓花不使用。本研究受国家社科基金项目“类型学视角下汉藏语分类词的语义组合研究(编号 22BYY146)、浙江大学中央高校经费青年科研创新专项“语言多样性青年研究团队建设(编号 S20220084)”资助,特此致谢。感谢兰州大学敏春芳教授,西北师大罗堃博士和澳门大学刘鸿勇副教授在调查过程中给予的帮助,也感谢河北大学张安生教授、郝如意博士和博士生魏兴舟对初稿提出的宝贵意见。

语方言变体。这些语言的底层语(substratum language)为蒙古语族语言等阿尔泰语语言,表层语(lexifier language)为汉语。甘青汉语的主要类型特点包括:(1)兼有SOV和SVO语序,但是SOV更为显著;(2)拥有完备的格标记系统;(3)其量词系统高度简化(Dwyer 1995;钟进文 2007;徐丹,贝罗贝 2018)。本文以甘青汉语临夏(市)话为主要研究对象,考察该语言中并列名词短语的句法实现方式以及相关标记的句法属性,并试图揭示阿尔泰语和汉语在句法层面的接触机制。

临夏话的并列名词短语不仅并列标记来源不同,而且语序也较为多样。"啦"是临夏话其中一个并列短语联结标记,也是甘青地区普遍使用的联结标记,使用该标记的方言点至少包括临夏、东乡(唐汪)、积石山、循化、夏河等。标记"啦"是一个源自阿尔泰语的标记,和"随联格"标记(comitative case marker)有直接关系。(张安生 2013)[1] 此外,临夏话还有一个汉源的并列标记'连的'。我们把这两种标记策略暂且分别称为"阿尔泰语型标记"和"汉源标记"。很多时候,这两种标记也可以同时使用,如"A连的B啦",我们称之为"混合标记"。

就语序来说,"啦"可以出现在"AB啦","A啦B",以及"A啦B啦"三种结构中,如(1);"连的"只能居中,即"A连的B"是唯一合法表达,如例(2)a。但是,居中的"连的"可以和后置的"啦"共现,如例(3)。[2] 我们分别可以用以下三种策略表达"我和我的哥哥一起去兰州了":

(1) 并列策略(一):阿尔泰语型标记

a. [我啦我的阿哥]一搭一起兰州去哩了。

b. [我我的阿哥啦]一搭一起兰州去哩了。

c. [我啦我的阿哥啦]一搭一起兰州去哩了。

(2) 并列策略(二):汉语型标记

a. [我连的我的阿哥]一搭一起兰州去哩了。

b. *[我我的阿哥连的]一搭一起兰州去哩了。

c. *[我连的我的阿哥连的]一搭一起兰州去哩了。

(3) 并列策略(三):混合型标记

a. [我连的我的阿哥啦]一搭一起兰州去哩了。

b. *[我啦我的阿哥连的]一搭一起兰州去哩了。

Stassen(2000)根据名词短语并列策略的不同,将世界语言分为“并列连词型(AND型)”和“伴随介词型(WITH型)”语言两大类。他认为,印欧语和阿尔泰语言都是典型的AND型语言,它们使用不同的标记表示并列和伴随,如英语*and*和*with*分立,而东亚和东南亚的一些语言(如汉语普通话、日语和韩语等)则属于WITH型语言,其并列标记常和伴随同形,如普通话的“和/同/跟”等。

结合例(1)—例(3)的对立和Stassen提出的语言类型特点,本文主要考察甘青汉语临夏话中汉源标记“连的”和阿尔泰语型标记“啦”处于居中和居后位置时各自的句法属性。具体问题如下:

1) 临夏话的汉源标记“连的”和典型的汉语连词的用法,如兰州话的“连”,是否一致?它是所谓的“介连词”还是真正的连词?

2) 临夏话使用阿尔泰语型标记“啦”的短语“AB啦”和“A啦B”是否都能分析为并列短语?如果可以,它们之间有何语法区别?

3) Stassen提出的并列类型是否适合接触语言?甘青汉语临夏话究竟是属于WITH型还是AND型语言?

2. 汉语型并列标记:连的

临夏话是一种以阿尔泰语为底层语、汉语为表层语的接触语言。(Peyraube 2015;徐丹,贝罗贝 2018)我们讨论的临夏话的第一种并列标记为汉源词“连的”,其语音形式为*lan*^{13}*ti*或*lian*^{13}*ti*。[3] 比如,兰州话使用“连”作为介连词,其语音为*lan*和*lian*。[4] 根据《汉语方言地图集·语法卷》(曹志耘 2008),虚词“连”是临夏方言周边的汉语方言普遍使用的一个连词,包括中原官话河州片的乐都、广河和兰银官话的兰州、皋兰、天祝、定西、银川等,如例(4)。

(4) a. 我连你都是都是属虎的。(银川,李树俨 张安生 1996:247)

b. 吃连住是一辈子的大事情。(白龙江流域*lan/lian*两读,莫超 2004)

虽然临夏话的“连的”是一个来自表层语汉语的语法标记,但是我们不清楚它的用法是否与汉语相应标记一致。为此,我们将对比兰州话的“连”和临夏话的“连的”,希望弄清临夏话并列标记“连的”的性质。

Stassen(2000)把汉语普通话界定为 WITH 型语言,由伴随介词来表示并列关系,如“和”“跟”“同”等。但是,普通话中虚词“和”的性质究竟是并列连词(conjunction)还是伴随介词(comitative marker)一直存有争议。朱德熙(1982)和吕叔湘(1999)等学者普遍认为,“和”有介词和连词两种词性,宾语位置的“和”是一个连词,而主语位置的“和”可能是介词或连词。鉴于“和”类虚词主语位置词性难以确定的问题,江蓝生(2012)等提出了它们是“介连词”或“连介词”的观点。杨萌萌、胡建华(2017,2018)则从句法角度论证了汉语主语位置的“和”是一个介词,而宾语位置的“和”则为连词。

根据我们的考察,兰州话的并列标记“连”的用法基本和普通话的“和”一致。兰州话的“连”也具有主宾语不对称的情况——它在主语位置兼有连词和介词的用法,只有在宾语位置是一个纯正的并列连词(注:兰州话的“连”只能对名词性成分进行并列操作)。例(5)为兰州话“连”字所标记的名词短语做主语和宾语的情况。

(5) a. [苹果连橘子]都是水果。[兰州话]

b. 我买了[苹果连橘子]。

依据杨萌萌和胡建华(2017)对普通话“和”的相关测试,我们现对兰州话并列标记“连”也做相应测试,其中包括话题化、焦点化和副词的可插入性。

首先,兰州话“A 连 B”的并列项 A 可以被提取并话题化。例(6)a 的“苹果”本来是“我记着”引导的从句的主语,现在它越过主句主语的界限(IP 之外),处于句首话题位置。根据蔡维天(Tsai,2008),当副词“怎么”表示方式时,它是处于谓词层的一个修饰语,而当它表示原因时,则是一个句子层面的算子。兰州话例(6)b 的副词属于后者,因此此处的“苹果”我们认为应该处于 CP 层,是一个话题之类的成分。

(6) a. 苹果$_i$,我记着,t_i 连橘子放着一搭里一块儿了。(话题化)

b. 苹果$_i$ zun 怎么 t_i 连橘子放着一搭里一块儿了。

第二,兰州话“A 和 B”结构中其中一个并列构件(conjoint)可以通过重读等形式被焦点化(注:[ ]$_F$ 表示焦点性成分)。其中焦点性成分具有对比性或“排他性”

(exhaustiveness)。比如例(7)a 表示是苹果和橘子放一起了,不是别的水果。

(7) a. [苹果]F 连橘子放一搭里一块儿。(焦点化)

b. 苹果连[橘子]F 放一搭里一块儿。

第三,普通话中主语位置的"和"字短语"A 和 B"不是一个句法成分,两者可以被副词或情态词割裂。魏兴舟(个人交流)告知,老派兰州话在插入副词或者情态词时还是后置于介宾的情况更为强势。具体来看,老派兰州话母语者对例 8(a)—例 8(b)的接受度比 8(a')—例 8(b')要更高,新派两者均可接受。其实,副词和情态动词后置更加符合 OV 语序面貌,但是新派允许副词性成分前置一定程度上也说明了"A 连的 B"的内在的结构关系。

(8) a'. 苹果连橘子不能放着一搭里一块儿。(副词插入)

a'. ? 苹果不能连橘子放着一搭里一块儿。

b. 苹果连橘子将刚放着一搭里一块儿。

b'. ? 苹果将刚连橘子放着一搭里一块儿。

以上测试可以看出,兰州话并列短语"A 连 B"的并列项 A 可以成为话题成分[如例(6)]或者焦点成分如[例(7)],并且两个并列项一定程度上可以被否定副词或时间副词分割[如例(8)]。我们由此认为,兰州话的并列标记"连"具有伴随介词的属性,类似于英语的介词 WITH,而非真正的 AND 类连词。

虽然临夏话使用了汉源标记"连的"表示并列,但是它的用法和兰州话的"连"明显不同。如下所示,"A 连的 B"的并列项并不能被话题化、焦点化或被否定。

(9) a. * 牛肉$_i$,我思谋想,t_i 连的羊肉一卦都卖完了。(话题化)

b. * 牛肉$_i$,昨个,t_i 连的羊肉一卦都卖完了。

(10) a. * 只[尹睿]$_F$ 连的晓花是好朋友。 (焦点化)

b. */? 尹睿只连的[晓花]$_F$ 是好朋友。

(11) a. * 牛肉要连的羊肉一搭一起卖。 (副词插入)

a'. 牛肉哈羊肉一搭一起卖不成。

b. * 牛肉昨个昨天连的羊肉一搭一起卖。

b'. 牛肉连的羊肉昨个昨天一搭一起卖。

这些语法表现都说明临夏话的并列标记“连的”是一个真正的连词,“A 连的 B”是一个并列短语,构成一个所谓的“句法孤岛”(syntactic island, Ross 1967),不允许任何句法操作。从两者的对比来看,我们可以得出,兰州话中主语位置的“连”是一个 WITH 类伴随介词,而临夏话的“连的”是一个 AND 类连词。[5]

我们所了解的汉语普通话以及众多汉语方言均属于 WITH 类语言,它们可以使用同一个语法标记兼表这两个语义功能,比如普通话的“和”,吴语的“搭”、广东话的“同埋”等。(吴福祥 2003; 刘丹青 2003; 陈健荣 2018a)相反,与甘青汉语发生接触的阿尔泰语属于 AND 语言。阿尔泰语系的语言除了伴随标记以外,还有一个真正的并列连词表示并列关系,比如例(12)蒙古语的 *ba/bolon* 和例(13)土耳其语的连词 *ve*。

(12) 蒙古语(郝如意博士提供)

a. Batu ba tuyaγa nom-un sang-du yabu-jai.
巴图 和 图雅 图书-领格 馆-向位格 去-过去时.陈述式
“巴图和图雅去图书馆了。”

b. *Batu nigente ba tuyaγa nom-un sang-du yabu-jai.
巴图 已经 和 图雅 图书-领格 馆-向位格 去-过去时.陈述式

c. *Batu bisi ba tuyaγa nom-un sang-du yabu-jai.
巴图 已经 和 图雅 图书-领格 馆-向位格 去-过去时.陈述式

(13) 土耳其语(摘自 Kornfilt 1997, 土耳其语母语者 Fatma Gerceker 女士核实)

a. Hasan ve Ali dün sinema-ya git-ti-ler.
哈三 和 阿里 昨天 电影院-与格 去-过去-复数
“哈三和阿里昨天去电影院了。”

b. *Hasan dün ve Ali sinema-ya git-ti-ler.
哈三 昨天 和 阿里 电影院-与格 去-过去-复数

在目前这个研究阶段,我们不能断言“连的”具有连词的用法究竟是阿尔泰语底层的迁移还是它自身语法体系的“创新”(innovation)。我们采取一种相对保守的看法,临夏话虽然使用目标语汉语的词汇形式“连的”作为一个并列标记,但是它并没有继承“连”或“连的”作为伴随介词的用法,反而与阿尔泰语中的固有连词用法类似或平行。从另一个角度看,根据魏兴舟的看法(个人交流),“由于临夏话格标记发达,不需要汉语介词,因而‘连的’只有连词用法,而兰州话没有格标记,‘连’有可能同时承担介词和连词的用法”。

3. 阿尔泰语型并列标记:啦

我们在引言部分提到,用标记“啦”充当联结标记时,临夏话可以有“A 啦 B”“AB 啦”和“A 啦 B 啦”三种语序。本小节主要探讨这三种带“啦”的短语是否都是并列短语?其中居中和居后的标记“啦”的语法性质是否一样?

3.1 标记“啦”的来源

甘青汉语方言普遍使用“啦”表示并列关系,具有一定的区域性。“啦”本身是一个格标记,更准确地说,它兼表伴随格和工具格,有学者称之为“造联格”(阿·伊布拉黑麦 1985)、“凭联格”(张安生 2013)或“工具格-伴随格”(敏春芳 2014b)。阿·伊布拉黑麦(1985: 37)认为,唐汪话中“啦”是一个“造联格”标记,即所谓的“工具格-联合格”。他指出,“‘造-联格’名词与动词结合时,表示动作行为所凭借的工具或所用的材料,与普通话的‘拿’‘用’相当”,“它与名词结合时,与普通话的连词‘和’‘跟’相当”。

(14) a. 娃娃们勺勺啦吃。　　　(造格: 娃娃们用勺子吃。)

　　b. 你阿哥啦一搭去。　　　(联合格: 我和哥哥一起去。)

兰州大学中文系临夏方言调查研究组编写的《临夏方言》(1995: 185)将“啦”放在“连词”一节讨论,并明确指出临夏话用“啦[lA^{243}]”来联结名词和名词性成分,把它定性为“并列连词”,“‘啦’联结的成分都是并列的”。

(15) a. 白菜萝卜啦一搭里腌上。　　　(白菜和萝卜一块腌。)

　　b. 我他啦亲骨肉就是。　　　(我和他是亲骨肉。)

临夏话的“啦”除了出现在“A - B -啦”这一语序以外,它还可以有“A 啦 B”这一短语形式。张安生(2013)也指出,在河州(临夏)地区“啦”可以出现在居中的位置充当并列连词,“A -啦- B”是一个并列短语。

(16) a. 牛啦羊一垯跑了。

b. 麦子啦包谷一垯种下了。

"造联格"或"随联格"的使用是甘青汉语方言作为一种与阿尔泰语深度接触的汉语方言,其阿尔泰语底层的一个重要体现。但是,格标记"啦"具体跟阿尔泰语的哪个语言的哪个语素对应目前分歧较大,尚无定论。

从目前来看,主要有"数词说"和"格标记说"两种观点。第一,敏春芳(2014a)提到,《经语堂》可以使用数词"两个"表示伴随、陪同的语义。周晨磊(2018)和陈健荣(2018b)也持类似观点,并且认为从"二"发展为伴随工具格是甘青地区的一个语法创新。不过从敏文提供的材料来看,"两个"表示伴随关系时,主要限于人称代词,比如"人你两个""他你两个"等,如例(17)。"两个"的这种限制和蒙古语 *hoyar*"两个"表示并列的情况一致,只限于人称代词、亲属称谓和一些专有名词的并列,与生命度层级有一定关系。(郝如意个人交流)

(17) a. 人你两个在他里面询问的哪个事情,他对他定信这件事情……

b. 他你两个同着进火狱吧!

第二,敏春芳(2014b:48)也提到了并列标记来源的另一种可能,"啦"有可能来自阿尔泰语的伴随标记 *la* 或者其他协同标记 *gala* 等,如例(18)。

(18) a. bu diuu-la-naa naadvəva. [土族语]

我 弟弟 玩

"我和自己的弟弟玩了。"

b. bi awi-lənə hantu iawu jə! [东乡语]

我 父亲 一同 去

"让我和自己的父亲一起去吧!"

c. tɕǐ mənə dəu-Galə daməlo. [保安语]

你 我 弟弟 抬

"你跟我弟弟(一起)抬。"

这两类并列标记在语言都有发展成为并列标记的可能。比如,湖南慈利(储泽祥等 2006)以及湖北仙桃(江蓝生 2012)等方言中有"两个"用作并列连词的情况(引自吴福祥 2017)。就临夏话而言,我们认为第二类更有可能,即直接从底层语中借用一个伴随格标记或并列连词。不过,需要注意的是 *gala* 这类双音节的标记可能未必和 *la* 有直接关系,因为例(18)c 中 *galə*在一些语言中更多的是一个协同标记,它很多时候可以和并列标记共现。

临夏话的底层通常被认为是阿尔泰语系蒙古语族的语言,但是就伴随标记"啦"的分布来看,它主要见于甘青蒙古语族语(其他蒙古语不用该标记)以及突厥语族的撒拉语,前者如东乡语、土族语和东部裕固语等。[6] 此外,根据 Kornfilt (1997),土耳其语的凭联格(comitative)和并列标记(conjunction)在语音和形态上完全等同,均使用-*la*(即-*yle*)这一形式[注:该形式应与维吾尔语和乌兹别克语的 *bilän* 同源,参看陈宗振 (2016)《维吾尔语史研究》]。她认为,土耳其语这两个标记可以用不同的语序来区分,其中 A-*la*-B 为并列短语,居中的 *la* 为并列连词,而 A-B-*la* 表示介词短语,居后的 *la* 为伴随格标记。如例(18)所示,两者在"数一致(number agreement)"关系上不同,前者为复数,后者为单数。

(19) a. [Hasan-**la** Ali] opera-ya git-ti-ler. (并列连词 -*la*)
Hasan-and Ali opera-Dat go-Past-3PL
"Hasan and Ali went to opera."

b. Hasan [$_{VP}$ Ali-**yle** [$_{VP}$ opera-ya git-ti]]. (伴随格-*la*)
Hasan Ali-with opera-Dat go-Past
"Hasan went to the opera with Ali."

已有研究将甘青汉语"AB 啦"这一短语中的"啦"分析为"联合格"或连词,更多的是一种语义上的直观判定。事实上,上述例子中"B 啦"也可能作为状语,是动词短语的一部分。比如,英语的介词 *with* 也有类似的多义现象,它可以兼表工具和伴随两种不同的语义,但是在这两种情况下,"with+NP"都是动词短语的一部分,它们都充当状语。

(20) a. I went to school <u>with Tom</u> today. (伴随义)

b. I like to eat noodles <u>with chopsticks</u>. (工具义)

对于 SOV 语言来说,动前的"B 啦"恰好是典型的状语的位置。例如土耳其语例(19)b“A-B-*la*”这一语序中,B-*la* 只能被分析为状语,而非并列短语的一部分。我们认为,“造联格”或者“凭联格”这个术语本身并不能说明后置的“啦”可以做连词,或者起到联结两个并列项的作用。事实上,临夏话例(15)中“B 啦”也有充当状语的可能。我们需要从句法上进一步论证“A-B-啦”是否是一个并列短语。

吴福祥(2003)对汉语方言中并列连词和伴随介词的同形现象,构拟了“伴随介词>并列连词”的语法化路径,并且认为该演变路径只适合 SVO 语言。对于 SOV 语言来说,他认为,伴随介词并不会发展为并列连词,它最常见的演变方向则为“伴随介词>工具介词>方式介词”。我们尚不清楚“A 啦 B”和“AB 啦”这两个结构中,居中的“啦”和居后的随联格标记“啦”之间是否有发展关系。本节余下部分我们将考察临夏话“AB 啦”“A 啦 B”以及“A 啦 B 啦”这三个短语中,“啦”的性质是否一致?它们是否都可以看作是并列标记或者伴随格标记?

3.2 “A-B-啦”“A-啦-B”“A-啦—B-啦”的性质

我们将论证临夏话中“啦”标记的三种短语(包括“A 啦 B”“AB 啦”和“A 啦 B 啦”)都是并列短语,理由主要是因为它们都表示复数个体,并且体现了“孤岛”效应。

普通话的并列短语“A 和 B”在主宾语位置的句法表现不同,其中主语位置的“A 和 B”的连接件 A 或 B 可以进行移位、焦点化等句法操作,但是宾语位置的“A 和 B”则不允许这些操作(杨萌萌,胡建华 2017)。因此,宾语位置“A 和 B”通常被认为是最无争议的并列连词,而充当主语的“A 和 B”则有可能是一个介词短语。我们现以普通话的“A 和 B”为参照,对临夏话的三类“啦”标记的名词短语充当主语时的表现进行相应测试。

测试(一):带“啦”的三种短语形式,即“A 啦 B”“AB 啦”和“A 啦 B 啦”,均遵守 Ross(1967:98-99)提出的并列结构限制(Coordinate Structure Constraint),其中任何一个并列项均不能被提取进行话题化例(21)或插入副词例(22)等句法操作[注:例(21)c—例 21(d)的接受度比例(21)a—例 21(b)相对要高]。

(21) a. ＊牛肉啦$_i$，我思谋想，[t_i羊肉] 一卦都是傢他爱吃的。

b. ＊羊肉$_i$，我思谋想，[牛肉啦 t_i]一卦都是傢他爱吃的。

c. ？羊肉啦$_i$，我思谋想，[牛肉啦 t_i]一卦都是傢他爱吃的。

d. ？牛肉啦$_i$，我思谋想，[t_i 羊肉啦]一卦都是傢他爱吃的。

(22) a. ＊[余苗啦[今个早上]赵婕]寝室里哭呢。

b. ＊[余苗[今个早上]赵婕啦]寝室里哭呢。

c. ＊[余苗啦[今个早上]赵婕啦]寝室里哭呢。

测试(二)：带"啦"的短语可以充当复数代词的先行词，它们只能约束(bind)一个复数自反领属代词(plural possessive anaphor)或复数复指代词(resumptive pronoun)，相应的单数代词均不能被约束。

(23) a. [马哈三啦马金莲]$_i$ 生了傢们个人的他们自己 i/＊傢个人的娃。

b. [马哈三马金莲啦]$_i$ 生了傢们个人的他们自己$_i$/＊傢个人的娃。

c. [马哈三啦马金莲啦]$_i$ 生了傢们个人的他们自己$_i$/＊傢个人的娃。

(24) a. [马哈三啦马金莲]$_i$，傢们$_i$ 离婚了。

b. [马哈三马金莲啦]$_i$，傢们$_i$ 离婚了。

c. [马哈三啦马金莲啦]$_i$，傢们$_i$ 离婚了。

根据敏春芳(2014b)，临夏话的伴随格的语音形式是"啦"，"AB 啦"后可以加上"两个人"表示复指。这也证明了"AB 啦"分析为一个并列短语的可能性。

(25) 这个车你王师傅啦两个人拉上。(这辆车你和王师傅俩人拉。)

测试(三)：这三种带"啦"的并列短语均可以有集体性解读(collective reading)或分配性解读(distributive reading)。这两种解读均要求相应谓词可以对一个复数名词短语进行语义操作，因此"A 啦 B""AB 啦"和"A 啦 B 啦"只能被视为一个表示复数个体的名词短语。

(26) a. [回教啦佛教]是临夏的两大宗教。

b. [回教佛教啦]是临夏的两大宗教。

c. [回教啦佛教啦]是临夏的两大宗教。

(27) a. [马哈三啦马金莲]一挂都死了。

b. [马哈三马金莲啦]一挂都死了。

c. [马哈三啦马金莲啦]一挂都死了。

表1 带"啦"并列短语的成分测试

	话题化	副词插入	复数代词约束	集体性	分配性
A-啦-B	−	−	+	+	+
A-B-啦	−	−	+	+	+
A-啦-B-啦	−	−	+	+	+

基于带"啦"的名词短语均可以表示复数指称以及它们不允许对其内部成分进行句法操作这两个事实,我们认为"A 啦 B""AB 啦"和"A 啦 B 啦"均表示并列短语。我们将在本文第四部分进一步论证,虽然这三种语序都表示并列结构,但是它们表示不同的并列(语义)关系。我们将区分对称性和非对称性并列短语。

3.3 小结

临夏话可以用汉源标记"连的"或者阿尔泰语标记"啦"来表示并列短语,但是它们的用法和本来语言中所对应的标记已经发生了改变。这两类并列短语的特点总结如下。

第一,典型的汉语连词(如和、同、连等)源自介词,它们在主语位置体现了典型的介词属性,可以视为江蓝生所说的"介连词",但是临夏话的"连的"没有继承兰州话"连"的用法,反而体现出了典型连词的用法,如英语的 AND。这和汉语的并列标记类型(即 WITH 型/伴随介词型)明显不符合。

第二,临夏话并列标记"啦"和保安语、土耳其语等阿尔泰语的相关标记同形。土耳其语只有居中的 *la* 是一个并列连词,而居后的 *la* 是一个格标记,因此只有"A-*la*-B"是一个真正的并列短语,而 A-B-*la* 不表示并列结构。与土耳其语不同的是,临夏话中"A 啦 B""AB 啦"和"A 啦 B 啦"这三种形式均为并列短语,因此"AB 啦"和"A 啦 B 啦"是临夏话语法体系在语言接触过程中出现的一种

"创新"(innovation)形式。

4. 对称性和非对称性并列短语

临夏话带"啦"的三种并列短语"A 啦 B""AB 啦"和"A 啦 B 啦"虽然均为并列短语,但是我们并未对标记"啦"的性质进行界定。我们将论证居中的"啦"是一个连词,居后的"啦"则为格标记,它们分别表示对称性和非对称性并列短语。

前文基本只讨论了带"啦"名词短语做主语的情况,未讨论它们做宾语的可能。我们发现,临夏话居后的"啦"标记的并列短语呈现出主宾语不对称现象。临夏话三种带"啦"的并列短语做主、宾语的情况具体如下:

第一,"A 啦 B"能自由出现在主语和宾语位置上,但"AB 啦"和"A 啦 B 啦"只能自由充当主语,做宾语时有语序的限制。"AB 啦"和"A 啦 B 啦"只能在 OV 语序时充当宾语,但不能做 VO 的宾语。我们在前文证明了"连的"是一个真正的连词,在下文的讨论中,我们把"A 连的 B"作为并列短语的一个参照和基准。

(28) 主语位置

a. [马占元连的马哈三]一挂东乡话会说呢。(A 连的 B)

b. [马占元啦马哈三]一挂东乡话会说呢。 (A 啦 B)

c. [马占元马哈三啦]一挂东乡话会说呢。 (AB 啦)

d. [马占元啦马哈三啦]一挂东乡话会说呢。(A 啦 B 啦)

(29) VO 语序的宾语

a. 我最喜欢吃[牛肉连的羊肉]。 (A 连的 B)

b. 我最喜欢吃[牛肉啦羊肉]。 (A 啦 B)

c. *我最喜欢吃[牛肉羊肉啦]。 (AB 啦)

d. *我最喜欢吃[牛肉羊肉啦]。 (A 啦 B 啦)

(30) OV 语序的宾语

a. 我,[牛肉连的羊肉],最喜欢吃。 (A 连的 B)

b. 我,[牛肉啦羊肉],最喜欢吃。 (A 啦 B)

c. 我,[牛肉羊肉啦],最喜欢吃。 (AB 啦)

d. 我,[牛肉啦羊肉啦],最喜欢吃。 (A 啦 B 啦)

表 2 不同论元位置的并列短语

	A 连的 B	A 啦 B	AB 啦	A 啦 B 啦
主语	+	+	+	+
VO 宾语	+	+	–	–
OV 宾语	+	+	+	+

根据表 2 的句法分布情况,居中的“啦”和“连的”的用法完全一致,它们均可以出现在主、宾语等所有论元位置,这进一步证明了居中的“啦”是一个连词,“A 啦 B”是一个连词短语。但是,对于居后的“啦”,我们认为它还是一个随联格标记。我们将论证,带随联格标记的并列短语“A-B-啦”和“A-啦-B-啦”表示“伴随性并列关系”(comitative conjunction, McNally 1993),是一种非对称性并列形式。

我们熟悉的英语的并列短语“A and B”表示一种典型的对称语义关系,很多时候 A and B 和 B and A 没有明显的语义区别。就它们的句法结构而言,学界有多种的分析方法,我们不一一加以点评。(具体参看 Progovac 1998)我们暂且采用一种最广为接受的句法分析,其中连词 *and* 是一个功能性成分,它是并列短语的核心,投射为 &P 或 CoP,并列项 A 和 B 分别充当其限定语和补足语。(Johannessen 1998: 109)

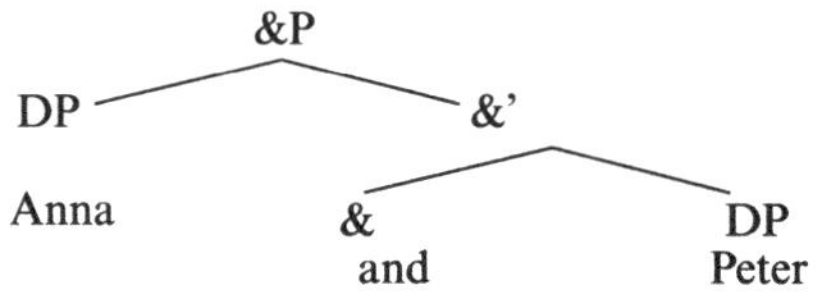

图 1

“A 啦 B”和“A 连的 B”这两种并列短语也可以采用图 1 的句法分析,其中的联接标记“连的”和居中的“啦”为真正的连词,可以充当并列短语的核心 $\&^0$,其中并列构件 A 和 B 表示一种对称的语义关系。但是,该结构并不适用于“AB 啦”,因为此处的“啦”是一个伴随格标记,并非真正连词。所以我们现在面临的问题,如何给带“B 啦”的并列短语一个合理的句法分析?

我们首先证明居后的“啦”为格标记，其中最直接有力的证据为赋格(case assignment)。虽然临夏话有 SVO 和 SOV 两种语序，不过只有 OV 的宾语可以被赋予宾格标记“哈”。我们发现，“AB 啦”和“A 啦 B 啦”充当 OV 语序的宾语时，宾格标记“哈”并不能给整个短语赋格例(32)b，只能对其进行部分赋格，即并列项 A 可以被赋宾格，但是 B 仍旧为随同格“啦”例(32)c。

(31) a. 我[咖啡牛奶啦]喝了。

b. *我[咖啡牛奶啦]哈喝了。

c. 我[咖啡哈牛奶啦]喝了。

把居后的“啦”分析为一个格标记直接导致的问题是，格标记如何表示并列，“A-B-啦”和“A-啦-B-啦”如何构成一个有效的并列短语？

如果我们跳出熟悉的汉语和英语的视角，我们会发现在世界其他语言确实有使用伴随介词和随联格表示并列的情况存在。如例 (32)a 俄语的例子，动词需要使用复数形式和主语配合，例(32)b 日语的例子中主格标记 *ga* 对整个并列短语赋格，因此这种使用伴随介词连接的短语仍为并列短语。

(32) a. [Anna s Petej] napisali pis'mo

A.-主格 伴随介词 P.-工具格 写-复数 信

“Anna 和 Peter 写了一封信。”(俄语，McNally 1993：347)

b. [Stalin to Roosevelt]-ga kaidan sita.

斯大林 伴随介词 罗斯福-主格 会面 举行

“斯大林和罗斯福举行了一次会晤。”(日语，Kuno 1973)

俄语和日语等语言中均可以使用介词或格标记表示并列的情况被称为“伴随性并列关系”(comitative conjunction)。McNally(1993：357)提出了 DP－PP 的分析方法，认为伴随介词是第一个并列项的附接成分，其结构如图 2 所示。

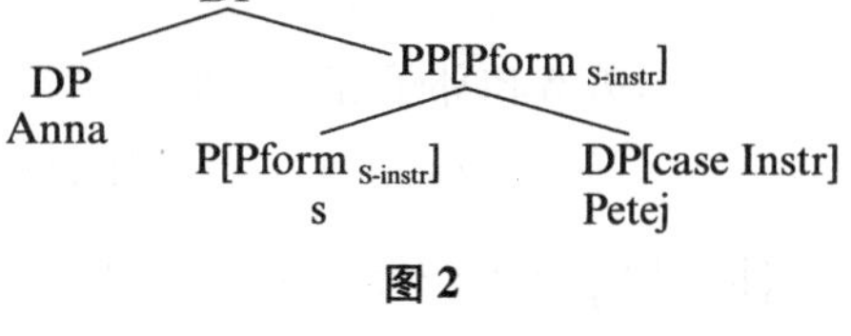

图 2

根据 McNally 的这一句法结构,该并列短语是由一个并列项投射的 DP,伴随介词所投射的短语是一个介词短语 PP,如日语的"to Roosevelt",在句法上实现为附接语,它们不是该短语的必须出现的成分,因此我们并不能保证它们总是表示复数个体。所以该结构没法解释为什么伴随性并列短语可以表示复数意义,也就没法解释例(22)—例(23)中它只能约束一个复数代词的情形。

假定图 1 提出的并列结构成立,即有 AND 等连词所标记的并列短语投射为一个 &P,其中并列项 A 和 B 分布为其限定语和补足语。我们认为,伴随性并列短语也投射为 &P,其中它的中心语为一个空的并列连词,其中其限定成分由并列项 A 充当,其补足语由带格标记的并列项"B-啦"充当,因此两个并列项的句法属性并非完全一致。具体结构如图 3 所示:

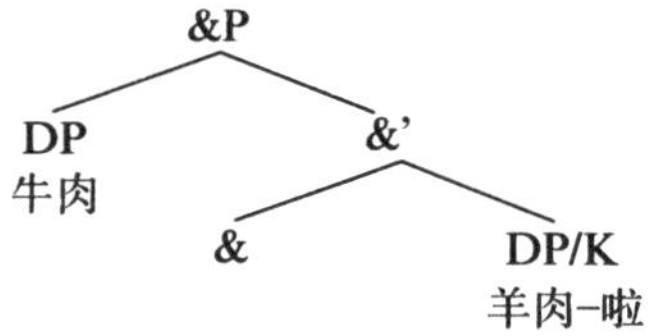

图 3

相较于 McNally(1993)的结构,我对图 3 的分析有以下几个优点。

第一,它可以解释复数指称的问题。如果正常的并列短语,如 A and B,可以表示复数,那么该结构也应如此,因此它只能充当复数代词的先行词。

第二,该结构中的空的连词可以实现有具体的语音形式,比如"连的"或居中的"啦"或者"连的"。这就是我们在引言部分提到的混合策略。

(33) a. 我,[牛肉啦羊肉啦],最喜欢吃。 (A 啦 B 啦)

b. 我,[牛肉连的羊肉啦],最喜欢吃。 (A 连的 B 啦)

第三,图 3 的句法结构体现的并列项 A 和 B 的句法性质上的不完全一致,两者的位置不能随意交换,这一点在语义上也有所体现: A 和 B 并不表示一种对称关系。比如,例(34)a 可以表示爷爷和孙子都去上学了,爷爷上老年大学,孙子上小学,或者表示爷爷陪孙子去上学,但是例(34)b 只能表示非对称性解读,即爷爷陪孙子去上学。这种语义区别无法在图 2 的结构中得到体现。

(34) a. 阿爷啦孙子上学去了。

b. 阿爷孙子啦上学去了。

第四,图 3 的句法结构能够更好地与图 1 的对称性并列关系进行比较,它们结构类似,最大投射都是 &P,区别只在于联结项 B 是否带格标记。我们可以得出,当联接项 B 不带格标记时,无论联接标记使用"连的"还是"啦",并列短语都是对称性的。当 B 带格标记时,并列短语就是非对称性的。

我们的句法分析可以从张安生(2013)对相关例子的理解得到进一步的印证。据张安生(2013),"A 啦 B""AB 啦"这两种形式广见于临夏话(河州话),其中"A 啦 B"可以表达偕同(伴随)或并列关系,而"AB 啦"随联格短语可以表达 A、B 间的偕同(伴随)关系。因此,这符合我们图 3 的结构,"B 啦"是并列结构中的一个伴随格的成分。而对于"A 啦 B 啦"该结构,张认为,它分布有限,主要表偕同关系,也可以表伴随关系,并且在多数句法分布条件下,同一个"A 啦 B 啦"句可以兼表随格和联格义,如例(35)。这进一步证明了"A 啦 B 啦"中两个"啦"性质其实是不同的,前一个"啦"为并列标记,另一个则为伴随格标记。

(35) a. 我啦和你啦说个话

b. 我啦和马军啦熟得很

5. 余论

本文论述了甘青汉语临夏话中两种并列短语的构成和句法属性。首先,语言接触这一因素对临夏话并列短语的构造和相关语法标记的作用至关重要。一方面,临夏话虽然使用汉源标记"连的",但是它和典型的汉语连词的用法并不一致,反而发展出了真正的连词用法。另一方面,阿尔泰语型标记需要区分居中型和居后型"啦",只有前者是一个真正的连词,而后者是则为格标记。"A 啦 B"表示对称性并列关系,而"AB 啦""A 啦 B 啦"则表示非对称性并列关系。

从并列的语言类型来看,典型的汉语是 WITH 型语言,而阿尔泰语言则属于 AND 型语言。本文所考察的接触语言临夏话,从共时的角度看,它属于 Stassen 提出的第三种类型—混合 WITH 型语言(mixed WITH languages),即伴随介词或格标记"啦"兼有了连词的用法。我们推测,或许在更早的时期,临夏话应该属于 AND 型,其中"连的"扮演连词的角色,而"啦"最初只是一个格标记。

附注

1. 甘青地区的阿尔泰语型联结标记除了*-la*"啦"以外,另一常见的语音形式为*-lia*"俩",后者主要见于西宁话及其周边方言。(详见张安生 2013)我们不确定"啦"和"俩"两者之间只是语音形式的差异还是本身就是两个不同的语素。(参看周晨磊 2018)

2. 《临夏方言》(兰州大学出版社,1996：185)提到,回民的汉语可以出现两个"啦",即"A 啦 B 啦"这一形式认为是回民特有的。我们的两个发音合作人均能接受该形式,也就是说,对于新派的回民和汉民对"啦"的用法没有明显的族群差异。

3. 我们所调查两个发音合作人的只有尹睿(汉民)使用 $lan^{13}ti$ 这一形式,而马晓花(回民)并不使用该形式。尹睿家世居临夏,她明确表示其家庭内部(尤其是老派)普遍使用该形式。我们推测这不是一种个人语言行为,可能是临夏市内汉民普遍使用的形式。

4. 兰州话的"连"字有两种读音,读作 *lan* 或者 *lian*,两者为自由变体。不管是"连"做连词有两读,它作焦点标记时,也是如此。比如,"你连他都不认识"中的"连"也可读作 *lan* 或者 *lian*。我们对临夏话中 $lan^{13}ti$ 这一表达的第二个语素的本字不确定,根据其语音形式暂记为"的"。

5. 根据《临夏方言》(兰州大学出版社,1996：186),"连"用于联结动词,如"藏讨论连决定一呱过"。事实上,该例子中的"讨论连决定"也未必真的是动词的并列。普通话的"和"通常认为只能对名词进行并列,我们也可以说"我们同时进行投票和计票",此处的"投票和计票"可以解读为名词的并列。我们似乎可以对临夏话的该例做类似的分析。

6. 东乡语的工具格为 gala,它的联合格为 l̥ə,它们并不是同一个标记。土族语的联合格和工具格均为 la,保安语的工具格和联合格也同形,均表示为 gal̥ə。根据郝如意(个人交流),甘青地区并列标记这个"la"的来源有可能是中古蒙古语中 luga/lüge(联合格),比如《蒙古秘史》中写为"鲁阿""鲁额"。

参考文献

阿·伊布拉黑麦 1985《甘肃境内唐汪话记略》,《民族语文》第 6 期。

曹志耘主编 2008《汉语方言地图集·语法卷》,北京：商务印书馆。

陈健荣 2018a《论并列连词语法化的条件》,《当代语言学》第1期。

陈健荣 2018b《从语序类型学及语言接触的视角解释汉语方言介连词"两个"的产生》,17届中国当代语言学国际研讨会暨2018年中国社科院社会科学论坛。

陈宗振 2016《维吾尔语史研究》,北京:中国社会科学出版社。

储泽祥 2006《汉语处所词的词类地位及其类型学意义》,《中国语文》第3期。

江蓝生 2012《汉语连-介词的来源及其语法化的路径和类型》,《中国语文》第4期。

兰州大学中文系临夏方言调查研究组,甘肃省临夏州文联 1996《临夏方言》,兰州:兰州大学出版社。

李树俨 张安生 1996《银川方言词典》,南京:江苏教育出版社。

刘丹青 2003《语序类型学与介词理论》,北京:商务印书馆。

吕叔湘 1999《汉语语法分析问题》,北京:商务印书馆。

莫 超 2004《白龙江流域汉语方言语法研究》,北京:中国社会科学出版社。

敏春芳 2014a《"经堂语"的格标记和从句标记》,《方言》第3期。

敏春芳 2014b《甘青民族地区语言接触中的"格"范畴》,《民族语文》第5期。

吴福祥 2003《汉语伴随介词语法化的类型学研究——兼论SVO型语言中伴随介词—的两种演化模式》,《中国语文》第1期。

吴福祥 2017《汉语方言中的若干逆语法化现象》,《中国语文》第3期。

熊正辉 张振兴主编 2012《中国语言地图集(第2版)》,北京:商务印书馆。

徐 丹 贝罗贝 2018《中国境内甘肃青海一带的语言区域》,《汉语学报》第3期。

杨萌萌 胡建华 2017《何以并列?——跨语言视角下的汉语并列难题》,《外语教学与研究》第5期。

杨萌萌 胡建华 2018《"和"的句法》,《语言教学与研究》第3期。

张安生 2013《甘青河湟方言名词的格范畴》,《中国语文》第4期。

钟进文 2007《甘青地区特有民族语言文化的区域特征》,北京:中央民族大学出版社。

周晨磊 2018《从"二"到伴随-工具格标记——甘青语言区域内的区域创新》,第五届语言类型学视野下的汉语与民族语言研究高峰论坛。

朱德熙 1982《语法讲义》,北京:商务印书馆。

Dwyer, A. 1995. From the northwestern Chinese sprachbund: Xúnhuà Chinese Dialect Data. *The Yuen Ren Society Treasury of Chinese Dialect Data*, Vol I: 143-182.

Kornfilt, J. 1997. *Turkish*. London and New York: Routledge.

Johannessen, J. 1998. *Coordination*. Oxford: Oxford University Press.

Kuno, S. 1973. *The structure of the Japanese language*. Cambridge: MIT Press.

McNally, L. 1993. Comitative coordination: a case study in group formation. *Natural Language and Linguistic Theory*, 11: 347-379.

Peyraube, A. 2015. A comparative analysis of the case system in some Northwestern Sinitic languages, In Cao Guangsun, Redouane Djamouri and Alain Peyraube (Eds). Language in contract in North China—Historical and Synchronic Studies : 191-215. Paris: EHESS.

Progovac, L. 1998. Structure for coordination—Part Ⅱ. *Glot International*, 3(8): 3-9.

Ross, J. 1967. Constraints on variables in syntax. Ph. D. dissertation, MIT. Published as Infinite Syntax, Norwood, N. J.: Ablex, 1986.

Stassen, L. 2000. AND-languages and WITH-languages. *Linguistic Typology*, 4: 1-54.

Tsai, D(蔡维天). 2008. Left periphery and how-why alternations. *Journal of East Asian Linguistics*, 17: 83-115.

作者单位：浙江大学文学院

联系方式：李旭平：xupingli@zju.edu.cn

(A)symmetric conjunction phrases in Gansu-Qinghai Mandarin: a case study of Linxia Mandarin

Xuping Li

Abstract: This study investigates conjunction phrases in Linxia Mandarin, which can be distinguished into symmetric and asymmetric conjunction phrases. As a contact language, Linxia Mandarin has both the marker from the lexifier language, namely, the Mandarin marker *lanti*, and the one from the substrata language, the Altaic marker *la*. The commonly used conjunction markers in standard Mandarin such as *he* and *tong* can either be used as preposition (comitative marker) or conjunction, but *lanti* in Linxia Mandarin is an authentic conjunction, since phrases marked by *lanti* does not allow any syntactic operations like topicalization, focalization or adverbial insertion. Nominal phrases marked by the Altaic *la* come into three types: A-*la*-B, A-B-*la*, and A-*la*-B-*la*. We argue that only the medial *la* can be treated as a conjunction and the final *la* is a comitative case marker, but this does not prevent us from analyzing them as conjunction phrases, since they all make reference to plural entities and are all subject to the "island effect" (Ross 1967). We make a further distinction between symmetric and asymmetric conjunction phrases—A-*la*-B is a symmetric conjunction phrases, whilst A-B-*la* is a comitative conjunction in the sense of McNally (1993), which is clearly asymmetric.

Keywords: conjunction phrase, case, (a)symmetry, language contact

Author's work unit: School of Literature, Zhejiang University

Author's e-mail: xupingli@zju.edu.cn

汉英复合空间方位编码的变量竞争机制与条件对比研究

陈　忠

摘要：绝对参照复合空间方位的单一表征顺序，是单一性参照模式在编码形式中的投射。相对参照复合方位的认知表征不但受到稳定度、可别度竞争前置权的影响，而且受到特定语用条件的制约，导致“左/右”在组合中分别前置或后置于“上/下”。汉英背衬优先和显体优先的认知定势与水平、垂直方向上的可别度互动的差异，导致汉英各自相对参照复合方位组合前置对象在有些条件下相同，有些条件下不同，反映出空间结构、稳定度、可别度以及使用频率之间的互动关系。

关键词：背衬优先，显体优先，认知定势，稳定度，可别度

1. 空间方位组合中的单一语序与多语序不对称现象

根据 Levinson（2003：26）等学者的观点，东、西、南、北的组合形式“东北、东南、西北、西南”称为“绝对参照复合方位”，“左、右、上、下、前、后” 的组合称为“相对参照复合方位”。限于篇幅，本文的研究限定在“左/右”“上/下”组合而成的复合型空间方向范围。

语料库统计发现，“东北、东南、西北、西南”这些“绝对参照复合方向”在汉语和英语中都呈现为单一语序，只有地理学术语中存在少量逆序组合形式。而相对参照空间方向“左/右”“上/下”之间的组合，汉语和英语中却都存在两种相反的排列顺序：

“左/右”前置：左上、左下、右上、右下

“上/下”前置：上左、下左、上右、下右

“上/下”前置在行文当中大多在括号中以单独列出的形式出现,或者作为限制成分跟“图”组合,用以指示版面中的图片方位,例如:

（1）a. 图为孙媛媛(上左)、戴亚(上中)、中央音乐学院大学生合唱团(上右)、马洪海(下左)、吕思清(下中)、丁欣(下右)在演出。(《人民日报》1993-01)

b. The picture shows Sun Yuanyuan (top left), Dai Ya (top center), the Central Conservatory of Music College Students Choir (top right), Ma Honghai (bottom left), Lu Siqing (bottom center), and Ding Xin (bottom right) performing.

（2）a. The lower left corner of the painting.

b. 油画的左下角。

“左/右”前置,大多做修饰限制成分,跟“方”“角”“部”或其他单音节名词组合,表示方位。

（3）a. A deep round scar on his lower left cheek.

b. 一个圆形疤痕在他的脸颊的左下部。

（4）a. A chest X ray picture showed features interpreted as consolidation of the left lower lobe with a left sided pleural effusion (figure). (BNC 语料库)

b. 胸部 X 射线照片显示的特征被解释为合并左下叶并伴有左下叶胸腔积液。

例(1)中汉语“左/右”后置,跟英语相同,对应着 left/right 后置;例(2)和例(3)中 left/right 后置,跟汉语相反,“左/右”前置;例(4)中英语 left/right 前置,跟汉语“左/右”前置语序相同。

根据北京大学 CCL 现代汉语语料库统计,汉语以上相对参照复合方向组合的总体数据如表 1 所示(语料库中的检索在人工筛查中排除了相同却并非直接组合的字符串,例如“然后放下左手”“图片上左边那个人”均被剔除):

表 1 汉语“左/右”跟“上下”组合的语序统计

项目	频次	比例
左上	666	93. 67%
上左	45	6. 33%
左下	576	93. 35%
下左	41	6. 65%
右上	721	94. 13%
上右	45	5. 87%
右下	628	93. 59%
下右	43	6. 41%

根据 BNC 和 COCA 语料库统计,英语以上复合方位组合的总体数据如表 2 所示:

表 2 英语“左/右”跟“上/下”组合的 BNC 和 COCA 语序统计

项目	频次	比例
left upper	49	7. 92%
upper left	570	92. 08%
left above	15	3. 28%
above left	442	96. 72%
left lower	43	6. 25%
lower left	645	93. 75%
left below	12	3. 77%
below left	306	96. 23%
left bottom	9	1. 69%
bottom left	524	98. 31%

续表

项目	频次	比例
right upper	65	12.24%
upper right	466	87.76%
right lower	37	4.71%
lower right	749	95.29%
right bottom	8	1.62%
bottom right	486	98.38%

表1显示，从“左/右”跟“上/下”组合的总体比例看，“左/右”前置于“上/下”占据绝对优势，占总数的93.68%。“左/右”后置于“上/下”的仅占6.32%。

归纳上述语料库统计，英语跟汉语相对应的上述复合方位组合的总体数据如下：left 前置占4.58%，right 前置占6.19%。left 和 right 前置于 upper/above/lower/bottom 的仅占5.98%。[1]“左/右”后置于“上/下”占据绝对优势，占总数的93.7%，“左/右”后置于“上/下”仅占6.3%。对比汉英“左/右”前置和后置的比例，我们发现一个有趣的现象，汉语“左/右”后置和英语“左/右”前置的比例都低于6.3%。

这引发我们思考这样的问题，“左/右”在汉语中后置和英语中前置在各自语言中占比都极低的现象背后，隐藏着类似的动因在背后操纵“左/右”前置和后置的顺序，否则，不会在两种语言当中出现“左/右”后置和前置比例都低于6.3%的“巧合”。

再进一步对比“绝对参照复合方位”的语序，有几个感兴趣的问题，“绝对参照复合方位”的语序为何无论汉英都是单一的，而“相对参照复合方位”在汉语和英语中都有两种相反的顺序？“左/右”为何不是100%前置于“上/下”？其余的“左/右”后置于6.32%的逆序组合，是偶然的“例外”，还是另有动因和认知理据？为何英语逆序组合的比例跟汉语趋同？逆序组合的条件是什么？

2. 研究现状

迄今为止,国内尚未发现对比汉英相对复合方位组合条件和规律的研究。其他空间方位的代表性研究主要有方经民(1999)、刘宁生(1994)、郭锐(2004)、储泽祥(2004)等。张璐(2002)对比汉英绝对空间方位词语"东北、东南、西北、西南"的语序规律,认为由于太阳升、落的方位最为显著而便于参照确定方位,所以世界上众多文化都将太阳升、落的"东-西"方向作为确定方位的基本参照,因此"东"和"西"轴线成为"南、北"的方位参照。但是不同语言的认知表征策略有差异。张璐(2002)认为,不同语言中的东西南北45度方位的组合顺序大致有两种类型。一类以汉语为代表,参照背衬先于显体——东北、东南、西北、西南;另一类以英语为代表,显体先于背衬。虽然表征顺序相反,但汉英认知原理相同,都以"东-西"轴线为参照。原理相同,语序相反。然而,汉语背衬前置于显体而英语相反的认知方式对立背后的根本动因,却始终缺乏合理的解释。

国外研究空间方向的代表性研究成果主要有: Bryant、Tversky 和 Franklin (1992: 2-3)通过实验证明在"左/右、前/后、上/下"的方向认知测试的反应时间依次降低。换言之,"左/右"是三种当中识别难度最高的,其次是"前/后"和"上/下"。Taylor 和 Tversky(1996: 372)根据参照方式的来源归纳出空间方向表征的三种参照框架类型: 指示或观察者为中心(deictic or viewer-centered),内在或客体为中心(intrinsic or object-centered),外在或环境为中心的参照(extrinsic or environment-centered)。Levinson(2003: 28)讨论了人类对空间参照系的认知框架,并对不同类型语言的空间参照系类型的语言编码方式进行考察。他将空间方位的参照系化分为三种类型: 内在参照系、相对参照系与绝对参照系。

以往国内外空间方位的研究,大多集中考察空间参照模式或观察视角,考察左右、前后和上下的参照框架选择。然而,不同方向构成的复合式方位认知表征策略,国内外尚属空白。本文通过语料库统计以及实验,对比考察汉英认知定势差异与空间结构特征互动机制下可别度、稳定度、显体(figure)-背衬(ground)之间的竞争对复合空间方位的组合顺序的影响,揭示大脑内部认知机制与外部地球引力体验以及空间结构可别度之间的互动原理,从而探索制约复合空间方位表征顺序的认知机制与空间结构上不同方位可别度的竞争前置权的机制，揭示上述复合式空间方位认知策略背后塑造汉英认知定势的文化价值取向的汉英差异。

3. “背衬-显体”认知方式与前置优先度

3.1 “背衬-显体”对立

在声音嘈杂的马路上接听电话，我们仍然能够将混杂于背景噪音的电话声音从噪音背景中辨析出来。从熙熙攘攘的机场、火车站出口，我们能够从大量移动的人群中辨认出所要搜寻的目标人物。认知系统在处理所接收到的信息时，参照相关空间、时间、范围等背景信息确定所要搜索的目标的方位或属性，这个目标就是“显体”(figure)，其余部分作为参照“背衬(ground)”。[2]

“背衬-显体”认知心理存在跨文化、跨语言统一的工作原理，然而，不同语言和文化对背衬和显体的优先地位的选择处理并不完全相同。从参照背衬与目标显体的组合排列顺序看，沈家煊(1996)、刘宁生(1994)以及刘礼进、骆欢(2016)研究证明，汉语的参照背衬先于显体，Talmy (2000：315)认为英语显体先于背衬，这导致东北、东南、西北、西南对应着英语的 northeast、northwest、southeast、southwest。汉英背衬和显体的顺序不同并非偶然，文化价值取向就是影响制约不同语言文化中背衬和显体的优先地位差异的幕后推手。

3.2 背衬、显体前置、后置的认知定势及其动因——文化价值取向

我们将一种语言、文化带有倾向性的常规、主导性的认知方式称为“认知定势”。一种语言优先选择背衬前置于显体，还是相反，取决于这种语言的认知定势是背衬优先，还是显体优先，而背衬优先还是显体优先，取决于其所植根的文化土壤的哲学基础——主体与客体之间的价值取向。人类的文化形态虽千差万别，但可以归结为不同文化对主体、客体之间的价值取向类型，主要分为客体导向型和自我(主体)中心型。

客体导向型以中国文化为代表，主张“天人合一”(张岱年 1985：1-8；张世英 1993：1-8)，认为主体融于客体之中，主体包含于客体之中，包含者是最佳的参照背衬，因此汉语以客体为参照背衬对显体目标进行观察和概念化组织表征，

客体背衬从“主客和合”的关系中获得了优先地位,形成“客体导向、背衬优先”的中国式认知定势,在语序排列上体现为背衬前置于显体的优势顺序。(陈忠2021:16)

主体中心型又称“自我中心”型语言文化,以源于古希腊的欧美文化为代表,主张“人是度量万物的尺度”的哲学理念,立足于自我视角对世界进行观察、概念化和组织表征。Levinson (1996: 109-169, 2003: 12-27)认为,英语的主导性空间关系坐标系是观察者自身,是自我中心价值取向在空间关系认知中的体现。由此可知,自我中心的价值取向将自我看作显体,因此显体获得优先地位,显体优先在语序排列上体现为显体前置于背衬,形成“自我中心、显体优先”的认知定势。这就是 Talmy(2000: 315)认为英语显体优先,刘宁生、沈家煊等学者发现汉语背衬优先的汉英背衬、显体优势顺序相反的根本原因,我们认为这是心理学基础和文化哲学价值取向之间互动的结果。

“左/右”和“上/下”组合,究竟选择哪个做背衬、哪个做显体呢?在空间方位认知域,背衬是参照体。换言之,“左右”和“上下”组合,根据什么来选择其中的一个充当另一个的参照体?

根据张璐(2002)的研究,太阳升、落的“东”和“西”轴线作为确定绝对参照方位的基本参照,因而以“绝对参照复合方向”依赖东西作为南北的参照。[3] 东西也好,南北也罢,在地球上大部分可居住地区其参照框架都不跟物体的结构发生直接关联。然而,“左/右”“上/下”的参照选择却根据物体在水平和垂直方向上的结构特征参数的变化而发生变化,缺乏东“南西南北”那样不依赖观察者的固定外在参照,从而导致不同方向的组合顺序受到“左右上下”跟地心引力及空间结构特征造成的物体稳定程度以及可辨度等造成的认知效果的显著影响。

我们把物体在垂直方向和水平方向是否稳定的程度称为“稳定度”。例如,钢笔水平放置比垂直放置的稳定度高。“稳定度”影响到人类对于参照背衬的选择及其复合空间组合顺序。

Talmy (2000: 315)认为,在参照背衬与目标显体的选择关系中,稳定性强的比稳定性差的更适合充当参照背衬;独立性强的比依赖性强的更适合充当参照背衬。总之,越是稳定、独立的物体越适合做参照背衬。“左/右”处于水平态势,“上/下”处于垂直态势,水平态势的液体和固体的稳定性高于垂直态势,这一认知经验对于“左/右”和“上/下”充当空间方向的参照背衬起着决定性的制约作用,导致“左/右”比“上/下”更适合充当空间方向的参照背衬。换言之,“左/右”比“上/下”充当空间方向的参照背衬具有更强的竞争力。

我们感兴趣的问题是,为何绝对参照空间方向的背衬和显体的组合排列没有例外,而“左/右”与“上/下”组成的相对参照空间方向的背衬和显体的语序却出现例外? 例外背后的动因是什么?

东西、南北方向不存在物体态势不同带来的稳定程度的差异,换言之,在东西方向和南北方向之间,彼此的稳定度大致均等,太阳东升西落的方向由于相对固定而作为南北的参照,由于稳定的方向优先充当背衬,就出现绝对空间方向在汉语和英语中都采用单一顺序组合的格局。需要说明的是,东西、南北之间的组合出现的唯一“例外”,是地理学专业用语,表达精密的方向时,可以采用“北偏东某度”或者“北东某度”的短语而非复合词表达。

然而,“左/右”“上/下”分别处于水平、垂直不同态势,在地心引力作用下各自的稳定度存在显著反差,这一认知经验投射到背衬和显体的组合语序策略当中,“左/右”充当参照背衬的优先度呈现一边倒的优势,“上/下”表现出显著劣势,除非出现另外一种力量介入“左/右”和“上/下”争夺基于稳定度的背衬的博弈。令人困惑的问题在于,既然“左/右”方向比“上/下”方向稳定,那么“左/右”方向倾向于优先充当“上/下”方向的参照背衬,应该所向披靡,为何还有 6.32%的例外呢? 既然有例外,必定还有其他对“左/右”和“上/下”的排列顺序形成制约的动因。

既然语料库统计数据显示,汉语“左/右”方向作为参照背衬前置于显体“上/下”的比例高达 93.68%,远多于“左/右”后置于“上/下”的比例 6.32%,那么必然有某种力量介入了“左/右”和“上/下”争夺前置权的竞争,干扰了稳定度前置的优先权。我们把目光转向影响语序的另一个重要因素:空间结构特征。

4. 可别度反差与稳定度之间的竞争与权重

除了稳定度之外,制约汉英复合空间方向组合语序的,还有一个因素:可别度。

4.1 可别度反差

空间方向的“可别度”,是指从认知场景中将某个方向跟其他方向区分开来的程度。可别度与结构的完整程度、独立程度密切关联。结构越完整、独立,可别度越高。例如,横向分布的文字,上下各行之间存在清晰而统一整齐的上下界限,可别度极高;在同一行左右方向上的文字之间排列密密麻麻,左右之间缺乏整齐对应的统一分界,左右之间的可别度远低于上下各行,因此,水平方向的文字在上下方向的可别度远高于左右方向上的可别度。陆丙甫(2005)认为,如果其他一切条件相同,可别度高的成分前置于低的成分,例如多数、大部分比少数、小部分具有更高可别度。本文探讨的是,一个空间关系场景在不同方向上所呈现出的可别度高低。

4.2 可别度与稳定度之间的竞争

相对复合方向的空间关系中存在可别度与稳定度之间的前置权竞争。大多数情况下,左右方向的稳定度强度压倒上下方向的可别强度,体现为“左/右”前置于“上/下”;少数情况下,上下方向上的可别度显著高于左右方位上的低可别度,“上/下”在争夺前置权的竞争中彻底压倒“左/右”稳定度前置的常规顺序,导致“上/下”前置于“左/右”。例如,行文中可以说“左图”或“右图”,一般不说“左文”“右文”,常用的说法是“上文”“下文”。如图1所示。

图1 可别度反差压倒稳定度投射到语序中“上下”夺取前置权

这是因为行文当中的图片之间无论左右还是上下,都容易在空间上彼此辨别,因此“左图”“右图”“上图”“下图”都常见。而文字一行行上下排列,每一行整齐划一地与上下各行保持明显分界区别,由于多数、大部分比少数、小部分具有更高可别度,上下排列分布的每一行字都是以整体面目出现,可别度远远高于每一行文字左右之间的可别度。左右文字的横向排列在上下行之间无法形成整齐划一的可辨析界限,缺乏纵向辨析的整齐界限。根据陆丙甫(2005:4),可别度高的成分倾向于前置于低的成分,文字横向之间的低可别度与上下之间的高可别度反差如此之大,其可别度反差压倒了稳定度赋予"左右"优先充当背衬前置于显体的力度,因此,文字"上/下"方位前置于"左/右",取代了"左/右"的前置的特权。这就是为什么有6.32%的组合顺序采取逆序形式。同理,采用"上文、下文"而非"左文、右文"的原理,跟"上左/右、下左/右"的原理是一致的,都是由于印刷物的文字在左右方向上的可别度极低,而上下方位上的可别度极高,导致左右与上下之间可别度反差在与稳定度争夺前置权的竞争中占据上风而造成的语序的反常规反转。这就是"左右"在6.32%的复合型空间方向组合中后置的原因之一。此外,"左上"图以整个页面为参照,而图"上左"则以当下看到的那行文字为参照,二者的参照范围不同。

值得注意的是,虽然在报纸、刊物等正式的书面资料中,插入的图片、图表会采用"上、下"前置于"左、中、右"的方式表达其位置,但是在汉语的不同使用者那里,基于稳定度优势的认知定势对"左/右"前置固有的强大定势,可能会压制、忽略、屏蔽"上下"高可别度的前置要求,这一定势带来的惯性体现在复合方位组合顺序上,就是大部分使用者会仍然采用"左/右"前置的组合顺序表达图片的位置,后边"5"中的实验将证明这一点。

"左/右"作为背衬后置于"上/下",是英语复合空间方向组合的主导和常规语序。统计数据显示,left 和 right 后置于 upper/above/lower/bottom 占据绝对优势:94.02%,前置仅占5.98%。这5.98%的案例之所以违背英语常规"左/右"作为背衬后置的语序,其原因是空间结构左右方向上呈现出的高可别度与垂直方向上的低可别度反差远高于左右方向上呈现的稳定度,导致左右方向上呈现出的高可别度彻底压倒上下方向可别度而取得前置权,打破了英语将"左/右"前置于"上/下"的常规。

值得注意的是,英语5.98%的案例违背"左/右"作为背衬后置的常规语序,这是水平方向上的可别度压倒垂直方位上的可别度以及水平方位上的稳定度所致,正好与汉语垂直方位上的可别度反差压倒水平方位的稳定度和可别度相反。

这是因为,英语的认知定势是显体优先前置,因此,水平方位上的可别度和稳定度作为竞争对手跟前置的垂直方位的可别度显体争夺前置优先权,只有水平方位上的可别度和稳定度足以压倒垂直方位上的可别度参数,才能迫使"上/下"前置的英语认知定势做出重大让步从而实现博弈格局的大反转;而汉语的认知定势是背衬优先,所以,与前置的稳定度背衬争夺前置优先权的就是垂直方位的可别度,只有垂直方位上的可别度足以压倒水平方位上的稳定度和可别度参数,才能迫使"左/右"前置的认知定势做出重大让步从而实现博弈格局的大反转。

至于为何汉英"左/右"前置和后置的比例大致相当,都在6%左右,有两个方面的原因。一是大多数物体的空间结构中,不同方向上的可别度反差难以达到压倒、取代基于稳定度构成的认知定势的地步。另一个重要原因,即使在"上/下"和"左/右"之间的可别度优势略高于稳定度,大多数人仍然倾向于采用"左/右"前置于"上/下"的语序。在人们的空间认知策略中,基于稳定度的"左/右"充当背衬在汉语中前置、在英语中后置已经形成一种认知定势而难以撼动。一种语言所植根的文化中占据主导地位的认知方式称为"认知定势"(陈忠2021：16),语言基于认知定势形成的优势语序力量十分强大,要突破来自业已形成的认知定势而逆转优势语序,基于稳定性的认知定势的"左/右"仍然比"上/下"更优先选择充当背衬而在汉语中前置、英语中后置。例如汉语中"左上角、左下角、右上部、右下部"的合格度普遍高于"＊上左角、＊下左角、＊上右部、＊下右部",原因在于从整个页面范围看,无论左右还是上下方向,彼此之间的可别度差异不显著,还没有达到足以压倒和取代稳定度的地步,"上/下"方向上的可别度竞争力无法超越"左右"基于稳定性充当背衬的竞争力,投射到语序层面,"左右"仍然作为背衬前置于"上/下"。

一种语言内部,随着稳定度、空间结构可别度的参数变化,必然带来复合空间方向认知的变化,这种相关程度是否存在个体间的差异呢?

为了考察语言使用者对复合方位空间参量变动场景中方位认知表征的个体差异,我们设计了系列实验。通过控制和调整空间结构中水平和垂直方位的不同可别度的变量,对比考察这种变动带来的空间认知结果,验证"左/右"跟"上/下"组合的汉英空间认知策略异同。

5. 实验设计和测试结果

一共分为三种类型的空间水平、垂直方向的参量对比，分别测试五种参照类型：文字与下方的左、右方框之间的空间关系；整页空间与下方的左、右页码之间的空间关系；口腔内上下牙齿与下方左、右牙齿之间的空间关系；两只眼睛与下方左、右眼皮之间的空间关系；左右肺叶与下方左、右部位之间的空间关系。

澳门大学 30 名成年汉语母语者，在五个实验中受试对象保持不变。孔子学院 30 名英语母语者参加测试，在五个实验中受试对象保持不变。

目标：测试受试选择描述空间位置的空间组合词语语序的选择。

实验一：

变量控制：在测试题描述语言所在的那一行下方设置左右两个图片。以测试题描述语言所在的那一行作为确定左右两个图片位置的空间参照。

指令：根据你现在看到的这行文字与下方 A、B 方框的相对位置（如图 2 所示），描述图片 A 最合适的词语是：下左？左下？

图 2

实验二：

变量控制：整页空间范围作为空间参照。

指令：请在括弧内选择合适的词语，在所选择的词语下方打✓：

页码标在稿纸的（下左角；左下角）

实验三：

变量控制：牙齿分布的空间范围作为空间参照。

指令：请在括弧内选择合适的词语，在所选择的词语下方打✓：

需要修补的牙齿是（下左/左下）第三颗。

实验四：

变量控制：眼皮的空间范围作为空间参照。

指令：请在括弧内选择合适的词语，在所选择的词语下方打✓：

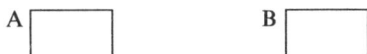

受伤部位位于病人的(下左;左下) 眼皮上。

实验五:

变量控制:肺的结构:左肺分为上、下两个肺叶,右肺分为上、中、下三个肺叶。

指令:请在括弧内选择合适的词语,在所选择的词语下方打✓:

胸部 X 射线照片显示,(a. 下左叶;b. 左下叶)有疑似胸腔积液。

表 3 汉语被试对“左”和“下”组合的测试结果

结构特征	左下 下左
文字下方的方框左、右位置	29 : 1
纸张下方的两个角	30 : 0
口中上、下牙齿 的左、右位置	30 : 0
眼睛下方左、右眼皮	30 : 0
左右肺叶与下方左、右部位	30 : 0

表 4 英语被试对“left”和“lower”组合的测试结果

结构特征	left lower : lower left
文字下方的方框左、右位置	0 : 30
纸张下方的两个角	1 : 29
口中上、下牙齿的左、右位置	0 : 30
眼睛下方左、右眼皮	0 : 30
左右肺叶与下方左、右部位	1 : 29

6. 数据分析

实验一中,以测试题描述语言所在的那一行作为确定左右两个方框位置的空间参照,描述语言所在的那一行文字明显将这部分空间划分为上、下两个不同部分,导致“上下”方向的界限分野较为明显,上下方向的可别度高于“左/右”。但由于基于稳定度的空间认知已经形成认知定势,这种认知定势的干扰作用如此强大,足以压倒、屏蔽受试的稳定度对上下方向的可别度的空间认知优势。这种稳定度对可别度的屏蔽作用,表现在测试数据中,30 名汉语受试,只有 1 名采用“上下”前置于“左右”方向。英语受试全部选择了 lower left。

实验二中,只能借助整页空间参照。整页空间范围内,“左/右”“上/下”的可别度趋同,没有差异,而“左/右”的稳定性远高于“上/下”,导致稳定度在语序控制权的竞争中占据了压倒性优势,投射到实验数据中,30 名受试全部选择了“左/右”前置于“上/下”。英语受试全部选择了 lower left。

实验三中,牙齿在上下方位的可别度尽管很高,但尚未压倒“左右”方向的稳定度争取汉语前置权的定势,导致稳定度在语序控制权的竞争中占据了压倒性优势。投射到实验数据中,30 名汉语受试全部选择了“左/右”前置于“上/下”。英语没有受试选择 left lower。

实验四中,眼皮在“上/下”方向的可别度和稳定度均低于“左/右”,导致“左/右”方向上的稳定度在语序控制权的竞争中占据压倒性优势。投射到实验数据中,30 名汉语受试全部选择了“左/右”前置于“上/下”。英语受试全部选择 lower left。

实验五中,由于肺部结构明显划分为左右两个部分,左右方位的可别度和稳定度两项指标均高于上下方位,导致受试的空间认知定势形成“左/右”方向在稳定度、可别度两个维度上对于“上/下”的绝对优势,投射到汉语认知个体的图形认知中,30 名汉语受试无一例外地选择了左下。英语的 left 后置于 right 的高频使用率定势阻碍了编码顺序的转换,受试中只有 1 人完成顺序转换而选择了 left lower(左下)。

对比五个实验得出的数据,可以得出以下结论:

空间结构在水平、垂直方位上的可别度差异对比,影响到“左/右”与“上/下”组合的前置权竞争力。如果空间特征“上/下”的可别度相对高于“左/右”方位的可别度,则稳定度让位于可别度安排语序,例如实验一中的汉语。如果空间场景中左右方位和上下方位的结构可别度势均力敌,不足以压倒对方,那么稳定

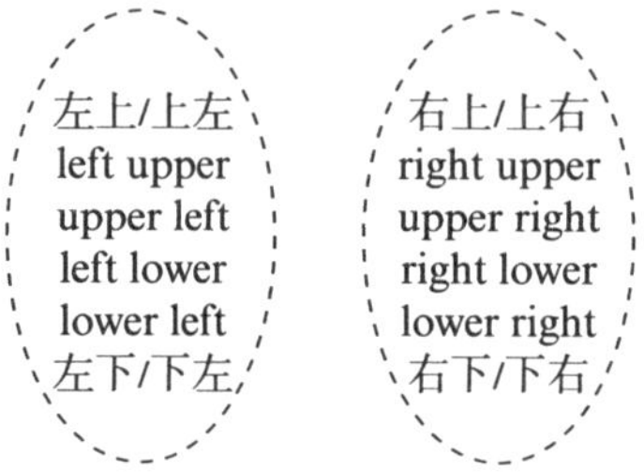

图3 肺部结构“左-右”方向的可别度高于“上-下”方向

性将打破均衡,由更加稳定的“左/右”主导组合顺序,汉语中“左/右”前置于“上/下”,英语相反。例如实验二、实验三、实验四中的汉语以及实验一、实验二、实验三中的英语。如果空间结构的上下结构的可别度低于左右结构,那么英语在某些领域(如医学)的左右前置于上下,例如实验四中的英语。然而,在非医学领域的个体测试中,大多数英语母语者受试却依然选择按照常规顺序的编码。可见,在复合空间方向编码前置权的竞争中,可别度和稳定度并非决定组合顺序的充分条件和全部变量。换言之,复合空间方向虽然以空间结构特征的稳定度、可别度和认知定势三者的竞争互动为编码基础,但还有稳定度、可别度和认知定势之外的变量影响到编码者的最终选择。

不仅如此,如果将测试得出的汉语“左/右”后置的比例以及英语 left/right 前置的比例进行百分比推算,那么都是 3.3%,这一比例远低于根据语料库得出的数据:汉语为 6.32%,英语为 5.98%。为何测试得出的结果跟语料库统计的结果相差如此悬殊呢?

7. 稳定度、可别度的竞争与权重的语用差异带来定势的恪守与破坏

汉语相对复合空间方向统计数据中有 6.32%采取“左/右”后置的顺序,英语 left 和 right 前置于垂直方向的占 5.98%。这 6%左右的例外,大都出现于医学、教科书等领域。显示出不同领域中可别度与基于稳定度的认知定势争夺复合空间方向主导权的竞争态势并不均衡。

基于稳定度优势的认知定势虽然在大多数情况下主导着“上/下”与“左/右”的常规组合顺序,但是,在医学、报刊编辑等追求“精准至上”的领域,可别度

在“上/下”与“左/右”的组合顺序中的权重，显著高于建立在稳定度基础之上的汉语“左/右”前置、英语“上/下”前置的定势，打破汉语“左/右”前置、英语“上/下”前置的常规顺序，从而产生了汉语“左/右”后置和英语“左/右”前置的比例都低于6.3%的汉英共同出现常规和非常规组合顺序不对称现象。这就是表1和表2显示的，汉语“左/右”后置于“上/下”以及英语“左/右”前置于“上/下”的大约6%，而在非医学、非报刊刊印领域的测试中，汉语“左/右”后置的比例以及英语“左/右”前置的比例只有3.3%的根本原因。

有两种相反的力量处于跷跷板的两端，对相对复合空间方向的编码顺序展开拉锯战。一端是力求简约统一的基于水平方向稳定性的认知定势，以94%的使用频率优势为主导，进一步强化趋同语序倾向，导致“左/右”在汉语中前置、在英语中后置的主导性顺序反复强化而出现空间认知表征过程中根据语感不假思索、走捷径的趋同语序倾向；另一端是追求精准的可别度至上策略，在医学、报刊等少数专业领域中，为了表达精准而以可别度前置为优先、主导的编码原则，突破认知定势的常规编码顺序。但终因违背认知定势和常规语感而在统计学意义上明显屈居劣势。

相对参照复合空间方向组合顺序的认知和表征规律，反映出我们空间关系表征不仅受到外部空间客体结构布局的影响，而且受到地心引力作用下垂直和平置不同态势的不同稳定效果的影响，还受到使用频率、表达精准度专业要求等语用参量的影响，是结构特征、地心引力、认知心理、使用频率语用需求等多种变量互动的产物。值得注意的是，我们探索上述因素对空间语言的编码的影响，并不能简单地理解为语言只能单向接受认知机制的塑造，实际上语言结构的使用频率塑造的语感也反过来在一定程度上反向制约着编码策略，语言跟认知之间呈现为既竞争又互动的复杂关系。

附注

1. 表2中排除了right above。通常这个组合理解为“正上方”，较少理解为“右上方”。虽然英语right可以表达“右”或者“正、直角、垂直”多个意思，但由于“左/右”(left/right)作为水平方向稳定程度高于垂直方向的“上/下”(above/upper/top/lower),因此 left/right 更适合充当背衬,而英语背衬以后置为常态语序,因此表达“右上方”的常规语序是 top right 或 upper right。所以 right above 通常优先被理解为“正上方”,而一般不理解为“右上方”。

2. Langacker. 1987. *Foundations of Cognitive Grammar. Vol. 1 Theoretical Prerequisites*. Stanford: Stanford University Press. (120)

3. 太阳照射地球角度的季节性变化对东西方向的影响可忽略。大多数情况下无需采用地理学概念的“东西”来定向。

参考文献

陈 忠 2021《汉英时间方向概念化路径的差异对比——从认知定势到文化的哲学理念》,《当代语言学》第 2 期。

储泽祥 2004《汉语“在+方位短语”里方位词的隐现机制》,《中国语文》第 2 期。

方经民 1999《汉语空间方位参照的认知结构》,《世界汉语教学》第 4 期。

郭 锐 2004《方位词“前、后、左、右”的参照策略》,载黄正德主编,《中国语言学论丛》第三辑,北京:北京语言大学出版社。

刘礼进 骆 欢 2016《汉英空间语言参照系表达对比研究》,《当代外语研究》第 1 期。

刘宁生 1994《汉语怎样表达空间关系》,《中国语文》第 3 期。

陆丙甫 2005《语序优势的认知解释(上):论可别度对语序的普遍影响》,《当代语言学》第 1 期。

沈家煊 1996《英汉对比语法三题》,《外语教学与研究》第 4 期。

完 权 2010《语篇中的“参照体—目标”构式》,《语言教学与研究》第 6 期。

张岱年 1985《中国哲学中“天人合一”的思想创新》,《北京大学学报》第 1 期。

张 璐 2002《从东西南北谈汉英语语序所反映的认知过程》,《语言研究》第 4 期。

张世英 1993《“天人合一”与“主客二分”的结合——论精神发展的阶段》,《学术月刊》第 4 期。

Bryant, D., Tversky, B. & Franklin, N. 1992. Internal and external spatial frameworks for representing described scenes. *Journal of Memory and Language*, (31): 74-98.

Levinson, S. 2003. *Space in language and cognition: Explorations of diversity of cognition*. Cambridge: Cambridge University Press.

Langacker, R. 1987. *Foundation of Cognitive Grammar*, Stanford: Stanford University.

Talmy, L. 2000. *Toward a cognitive semantics, Vol I: Concept structuring systems*, Cambridge: MIT Press.

Taylor, H. & Tversky, B. 1996. Perspective in spatial descriptions. *Journal of Memory and Language*, (35): 371-391.

作者单位：澳门大学中国语言文学系
联系方式：陈忠 zhongchen@ um. edu. mo

Comparison of variable competition condition between Chinese and English directional compounds

Zhong Chen

Abstract: The unitary structure of spatial direction of Absolute Compounds is a reflection of their unitary encoding order of unitary reference frame. Whereas the cognition and encoding order of Relative Compounds are not only affected by competition between identifiability and stability of structural patterns for the encoding priority, but are also restrained by pragmatic condition, which cause the left/right to be put prior to or after upper/top/lower. The difference in interaction between cognitive styles of Chinese ground-preference and English figure-preference and identifiability in horizontal and vertical directions , give rise to the variance of encoding order of Relative Compounds, which encode compounds either in the same order with their English counterparts under some conditions, or in different order from their English counterparts under other conditions. In summary, the abovementioned analysis reveals the interactional relationship among the referent's own spatial structure, stability, identifiability and usage frequency.

Keywords: Ground-preference, Figure-preference, Cognitive Style, Stability, Identifiability

Author work unit: Department of Chinese Language and Literature, Faculty of Arts and Humanities, University of Macau

Author e-mail: zhongchen@ um. edu. mo

内外附接与话语标记：试论“真的”的句法语义功能*

孙艺淼　张和友

摘要：文章讨论情态副词“真的”受到不同的句法语义因素制约时的表现，首先比较“真”和“真的”的不同以确定“真的”的词身份，并描写“真的”的句法分布和语义特点：根据制图理论的精神，“真的”可占据内状语（“真的$_a$”）、外状语（“真的$_b$”）和话语标记（“真的$_c$”）的位置；三种位置上的“真的”与命题关系的远近不同，表达的真实性分别处于概念、命题、话语三个层面，对应“行、知、言”三域。“真的”的句法分布与主观化，共同体现了句法与非句法子系统的互动与制衡。

关键词：“真的”，句法-语义，话语标记，主观化，制图理论

1. 引言

现代汉语的情态副词“真的”经常出现在状语位置上，属汉语中为数极少的以“的”煞尾而具有副词用法的语言单位，一般认为具有“评注”（张谊生 2014）或“确信”（张则顺 2012）等功能。

一方面，情态副词“真的”和情态副词“真”在表意上有所不同，如例（1）所示：

（1）a. 阿 Q <u>**真**</u>想再见吴妈一面。

b. 阿 Q <u>**真的**</u>想再见吴妈一面。

---

* 本文曾在“清华大学第三届语言文字学青年学术论坛”（清华大学，2021－11－27）报告，同时得到国家社科基金重大项目“生成语法的汉语研究与新时代汉语语法理论创新”（编号 18ZDA291）的资助。论坛评点专家邓盾、张赪、邱冰等老师惠赐意见，北京大学中文系硕士生赖蔚晨同学协助查找相关文献和进行语料判断，清华大学綦晋同学与北京师范大学李睿佳同学以及北京师范大学“语言与逻辑”课（2021 年秋）的同学们帮助核实语料，谨致谢忱。

例(1)a的“真”,是在确认真实性的基础上强调程度;例(1)b的“真的”,则是确认和强调真实性。关于“真的”和“真”的比较,我们将在下文第1节继续讨论。

另一方面,情态副词“真的”的句法分布不是固定不变的,如例(2)—例(4)所示:

(2) 我不会**真的**去挑战他。

(3) 我**真的**不会去挑战他。

(4) a. **真的**,我不会去挑战他。

b. 我不会去挑战他,**真的**。

在例(2)—例(4)中,因句法位置不同,“真的”的语义解读也不同:例(2)的“真的”修饰限定的是动词词组“去挑战他”,表达对动作行为的确定和强调;例(3)的“真的”修饰限定整个小句“不会去挑战他”,在确定和强调的同时,还表达了言者态度;例(4)的“真的”已是独立于主句的话语标记,具有很强的互动交际功能。对此,前人已有共时及历时两方面的相关研究(参见陈颖 2010、方清明 2012、刘晨阳 2021 等)。

可见,尽管“真的”在句法上占据状语位置,但其语义功能却不尽相同。像“真的”这样的副词,并未改变命题的真值,其语境义是与否定、怀疑和辩驳相关的(参见 Grice 1989; Halliday 2004; 张则顺 2012 等)。从“制图理论”(Cartographic Approach)对结构的精细刻画分析(Rizzi 1997,2004; Cinque 1999; 蔡维天 2010 等)来看,“真的”从 VP 内状语到左缘结构(left periphery)的句法分布以及从断言到念力(illocutionary force)的意义表征,表明“真的”处于不同的功能范畴位置,而不是单纯的状语。鉴于此,有必要对“真的”句法-语义进行深入探讨,从句法角度为语篇、语用等非句法因素提供解释。

本文将通过对语言事实的描写和分析,探讨以下几个问题:

第一,同是情态副词,“真的”和“真”有何不同;

第二,依据制图理论精神,描写“真的”的句法、语义特性;

第三,基于主观化和词汇化考量,解释“真的”的句法表现。

2. 词还是语：“真的”身份测定

由于“的”字的影响，状语位置上“真的”的定性，学界观点不一：一为“形容词+助词”说，认为单音节形容词加上助词“de”后，形成的格式不能做状语，但“真的”是例外（朱德熙 1982；吕叔湘主编 1999 等）；二为“成词”说，认为“真的”已词汇化为一个独立的副词（马真 1981；陆俭明 1982；侯学超 1998；张斌主编 2001；史金生 2003；邓盾 2021）等。“成词”说目前渐占主流。

本文认为，现代汉语中的“真”有区别词和情态副词的用法，“真的”则有“的”字短语（即区别词“真”+“的”）和情态副词两种用法，我们主要讨论情态副词“真的”。情态副词“真的”是独立于“真”存在的，其本身具有词的地位。例(5)—例(6)的最小对立说明“真”和“真的”的语义有别：

（5）a. 阿 Q **真**想再见吴妈一面。

b. 阿 Q **真的**想再见吴妈一面。

（6）a. **真的**好香|**真的**好累|＊**真**好香|＊**真**好累。

b. **真的**好看|**真的**好吃|**真**好看|**真**好吃。（引自宫下尚子 2002；方清明 2012）

“真”和“真的”都含有对真实性的确认，但例(5)a 中的“真”有类似“很”的程度义，例(5)b 中的“真的”则没有。例(6)可以更清楚地说明这一问题：例(6)a 中的“好”为程度副词，“真的”可以与之共现，“真”则因具有相近的程度义而受到排斥；[1] 例(6)b“好”为词内成分，“好吃”“好看”是自身不含程度义而可受程度副词修饰的性质形容词，“真的”与“真”都可以作为其修饰成分出现。

可见，“真”与“真的”的性质不尽相同。“真的”若是副词“真”+助词“de”（书写形式为“的”或“地”）的简单组合，则其区别应仅限于音节数方面的韵律差异，分布上应是等同的，但语言事实并非如此。朱德熙（1961）指出，单音节副词之后都不能带“$的_1$”，亦说明“真的”与“真”不同。“真的”也不大可能是区别词“真”+“的”组成的短语。[2] 标志状语的结构助词的书写形式是“地”，汉语长期以来的书写习惯中“真的”并非写作“真地”，这也说明“真的”不是“真”与结构助词组成的短语。比较好的处理是将“真的”的“的”视为区分于“真”的标志，承认

"真的"的词身份,认为副词"真的"是由"真"和"的$_3$"组合而成的结构语法化而来的[参见陆丙甫(1992)、邓盾(2021)等]。

情态副词"真"与"真的"在句法和语用上也存在差异。句法上,"真的"比"真"所受限制要少,使用更加灵活,"真"的句法位置则相对固定。语用上,一方面,鞠晨、袁毓林(2021)指出,情态副词"真"对愿望句反事实意义具有一定的推动作用。我们进一步认为,"真的"对反事实意义的推动作用比"真"更弱,侧重强调言者对愿望句的真实性的确认或是对愿望实现的祈求,如例(7)和例(8)所示:

(7) a. 希望我没看错你。

b. **真**希望我没看错你。(存在反事实解读,即事实是"我看错你了")

c. **真的**希望我没看错你。(一般不做反事实解读,更强调愿望的实现或对愿望的确认)

(8) a. 我希望我是第一个穿上这件衣服的人!

b. 我**真**希望我是第一个穿上这件衣服的人!

c. 我**真的**希望我是第一个穿上这件衣服的人!

由例(7)b 和例(7)c、例(8)b 和例(8)c 的对比可知,"真"更多地作用于"希望"后接的宾语小句,"真的"更多地作用于"希望"本身。蒋严(2000)运用 Iatridou(2000)的条件句测试也表明,"真的"在简单句中只有确认、印证和强调义,在条件句前件中才有"出乎意料""殊为不易"等语义,"真的"并非违实句的特有标记。

另一方面,就确认义而言,《现代汉语虚词例释》(商务印书馆,1996)较早提出,"真"可以表示事物性质状况的程度很深。方清明(2012)认为,"真"的程度义由确认义虚化而来。起初"真"修饰形容词只是对性质的确认,后来因为"X+AP"这一格式经常用来表达程度,构式义的压制作用使得"真+AP"环境中的"真"逐渐获得了"程度义",而"确认"义逐渐退居背景状态。因此,程度义逐渐成为"真+AP"中"真"的主要意义,但必要时"真"的"确认"义可以得到激活而重现,激活需要有预设的语篇背景来完成。

总之,就"确认"义而言,"真的"无需借助语篇背景就可实现,而"真"则要依赖预设的支撑来激活,否则很难排除程度义的干扰,如例(9)和例(10)所示:

（9）你**真的**有本事！

（10）a. 你**真**有本事！

b. 没想到，你还**真**有本事！

例(10)a 的“真”主要表程度，确认义不明显；例(10)b 中的“真”由于语境的支撑而主要表确认。因此，“真的”意义和用法都不等同于“真”，是一个独立的词，并非“真”与结构助词“的”组成的短语。

厘清“真”和“真的”的差异，可以排除“真”或“的”对“真的”的分析的干扰。下文我们将讨论的重点聚焦于情态副词“真的”。

3. 情态副词“真的”的句法分布

情态副词“真的”的句法位置非常灵活，不同位置上的“真的”在语义、语用上存在细微差异。蔡维天(2007)提出状语的句法分布和语义诠释密切相关，区分了内状语和外状语——内外状语以所在小句层(IP)的情态助动词、量化副词和否定词为界(以下统称为“界标”)。界标之前(即界标辖域之外)为外状语，如询问起因的“怎么”；界标之后(即界标辖域之内)为内状语，如询问方法的“怎么”。内外状语的划分体现了“由语序调换或范域伸缩所造成的语义变化”，是对句法、语义映射机制的探寻。

我们认为，情态副词“真的”也有内外状语之分，还有独立于主句之外的话语标记。我们将用作内状语、外状语以及话语标记的“真的”分别记作“$真的_a$”“$真的_b$”和“$真的_c$”。

3.1 内状语“$真的_a$”

蔡维天(2007)指出，内状语的语义诠释围绕“伴随关系”，与小句谓语所描述的事件关系密切，必须和带有主体意识的主语共现。就作用范围来说，内状语属动词组层次的状语(VP-adverbial)。

情态副词“真的”用作内状语和外状语的区别，以例(11)—例(13)为例：

（11）a. 阿Q会**$真的_a$**挑战小D。

b. 阿Q**$真的_b$**会挑战小D。

(12) a. 阿Q很少**真的$_a$**挑战小D。

b. 阿Q**真的$_b$**很少挑战小D。

(13) a. 阿Q没**真的$_a$**挑战小D。

b. 阿Q**真的$_b$**没挑战小D。

例(11)—例(13)分别以情态助动词、量化副词和否定词为界标,呈现了内状语“真的$_a$”和外状语“真的$_b$”的差异。例(11)a的“真的$_a$”位于情态词“会”之后,强调阿Q对小D的挑战不是假装,修饰限定“挑战小D”这一动词组;例(11)b句的“真的$_b$”位于情态词“会”之前,强调“阿Q会挑战小D”这一事件的真实性,修饰限定整个小句。例(12)—例(13)同理。三组例句的“真的$_a$”句法上作用于动词组层次,语义上和“假装”对立,意义较为实在。真正进行与假装进行,是对动作行为的方式或样貌的一种描述,可以看作一种“伴随关系”(蔡维天 2007)。可见,这一位置上的“真的”基本具备内状语的一般特征。

此外,“真的$_a$”所在小句的主语若不具有主体意识,可接受度会明显下降。如例(14)所示:

(14) a. ?? 房子要**真的$_a$**塌了。

b. 房子**真的$_b$**要塌了。

例(14)a中,“房子”不具有主体意识,“真的$_a$”不满足这一语义要求,因此句子合格度较低。相较之下,例(14)b中“真的$_b$”不受主体意识的限制,句子没问题。

3.2 外状语“真的$_b$”

上述例(11)—例(14)的b句“真的$_b$”居于界标之前,修饰限定整个小句,是一种对真实性的确认。这种语义上的“真的”更常见的句法位置是在主语和谓语之间,贺阳(1992)较早提出这类“真的”的语义是表达言者针对命题的主观意识,张谊生(2014)指出这类“真的”在句法上充当高层谓语。可见,此类“真的$_b$”辖域比“真的$_a$”宽,以所在的整个小句为修饰对象;就句法地位来说,属句子层次的状语(sentential adverbial),本文处理为外状语。外状语“真的$_b$”用例很多,下面是另外一些例子,其中的“真的$_b$”分别处于比较结构、“是”字强调结构和情态词之前。

（15）a. “肯德基”**真的**$_b$ 就比佛跳墙好吃吗？拳击**真的**$_b$ 比太极好看吗？西服牛仔**真的**$_b$ 比长衫体贴舒适吗？为什么我们会如此轻易地认同陌生人和摒弃自己？（引自北京大学 CCL 现代汉语语料库，下同）

b. 教师对学生作用**真的**$_b$ 是太大了。

c. 杂志出版商会假想市场有多大，但他们**真的**$_b$ 应该考虑细分市场，而不是全部市场。

外状语“真的$_b$”与言者认识有关，表明言者态度，是一种立场标记[stance marker，参见 Fitzmaurice（2004）]。“真的”经历了词汇化的过程，其结构凝固成词之前的关键一步，是在询问和回答真实性的对话中单独成句[参见厉霁隽（2003）]，请看例（16）。

（16）土老儿叹道：“老婆是有一个的，可惜我的命硬，前两年把他克死了。又没有一男半女，真是可怜！”桂花道：“**真的**么？”土老儿道：“自然是**真的**，我骗你作甚！”（《二十年目睹之怪现状》）

“真的”起初作为省略形式单独成句时，基本上用于询问，表示说话人对真实性的怀疑，如例（16）的第一个“真的”与疑问的“么”连用。后来开始经常在对话中被使用，以对陈述的真实性进行主观确认而让对方相信，例（16）中第二个“真的”就是这种功用。长期高频使用的语境吸收，使对真实性的“确认”成为“真的”的一种语用含义。现代汉语的“真的”不再依赖于质疑真实性的上下文语境，“真的$_b$”所在的句子，可在无真实性预设的情况下完成对真实性的确认和强调，如例（17）。

（17）我**真的**$_b$ 很爱吃糖。

例（17）不需要上下文，自身似乎就带有一种预设：对方不相信“我很爱吃糖”是真的，因而需要对这一事实或命题进行强调，这种语境义包含在“真的$_b$”中。

但是，“真的$_b$”并不排斥上下文有关真实性的语境，即有预设的情况依然存在。分为两种情形：预设和“真的”所评注的命题可以相反（反预期）或相符（与预期一致），分别如例（18）—例（19）所示。

（18）出乎我们的意料，他**真的**$_b$ 带着孩子来了。

(19) 这本书听说挺难的,读了发现**真的$_b$**挺难的。

我们认为,反预期的情形是“真的”词汇化的适宜语境,因为“真的”语用上的功能是去假存真或去疑存真。在例(18)中,“真的”去除了认为“他带着孩子来”这一命题为假的预设,确认其真实性。

与预期一致的情形,则涉及两种真实。一是事态本身的客观真实性(事态上的“真”),一是认识者对事态的真实性的认识(认识上的“真”),也就是“是否见证”(张伯江 1997)。在这种情形下,常常是上文通过重复陈述相关事件,对下文真实性有正向的暗示或明示,说话人对命题的真实性已经有了正向的猜测和预判,“真的$_b$”所在的小句表达经过“见证”后形成的认识上的“真”。“真的$_b$”的语用功能或可概括为“真上加真”。

“真的$_a$”和“真的$_b$”同样以情态助动词、量化副词和否定词为界,两者意义关联密切,并非截然二分。含有“真的”的句子在界标不出现时可做两解,但整体而言更倾向于解释为外状语。以例(11)为例,在界标(情态助动词“会”)不出现时,“阿Q真的挑战小D了”既可以是对“挑战小D”这一动作真实性的强调,也可以是对“阿Q挑战小D了”这一事件真实性的确认,语义上呈现“不确定性”。

3.3 话语标记“真的$_c$”

语气副词做状语有两个常见的位置,即位于主语后和位于主语前。(杨德峰 2009)在语言的实际使用中,还存在一类话语标记“真的$_c$”,形式上是一个相对独立的单位,一般是“X#+真的#+Y”的结构形式,其中X和Y为两个结构独立、韵律完整的语段,#表示停顿。(刘晨阳 2021)

话语标记(discourse particle/marker)是“标记话语单元序列关系的独立的语言成分”(Schiffrin 1992),常常是词汇化的产物(董秀芳 2007)。Traugott (2002)指出,明确的话语标记具有标明说话人对听话人关注和认同的交互主观性的作用。话语标记“真的$_c$”语义虚化程度较高,必须强调说话人对话语所关涉的主观认知、情感态度的肯定,其主要语义不再是对命题内容中客观事实的确认。根据主句是否具有命题性,“真的$_c$”的语用功能有不同的侧重,先看例(20)。

（20）徐良：反正我觉得我就是实实在在一个人，**真的**$_{c}$，我既不像二十年前媒体宣传的那么英雄、那么伟大，也不像二十年以后人们传说的那么卑鄙、那么无耻。(《鲁豫有约》2006－07－21)

如例(20)所示，在主句有命题性时，“真的$_{c}$”强化对认识立场的肯定，同“真的$_{b}$”一样可以归为立场标记，但与主句命题的关系更远，删去“真的$_{c}$”后整个话语的命题意义基本不会有任何改变。“真的$_{c}$”表达一种很强的确认义，较之外状语而言，所表达的情态义更强。[3]

另一方面，在主句没有命题性时，“真的$_{c}$”的语用功能主要是在话语层面为言语交际中互动的构建服务，如例(21)—例(23)所示。

（21）“阿丹，你不能出院，**真的**$_{c}$，不能出院！”医生亲切而又严肃地说，“希望你能听我们的话……”(《作家文摘》)

（22）**真的**$_{c}$，你干嘛找个搞文艺的？（王朔《浮出水面》）

（23）望着母亲弓起的背影，我的心禁不住一阵阵颤抖，**真的**$_{c}$，读了十多年书，我怎么把不该忘的忘了呢？(《人民日报》1996－11－12)

“真的$_{c}$”位于祈使句中多用于否定，表达真诚的劝阻，如例(21)；位于疑问句中则表达真诚询问或感慨的语气，如例(22)和例(23)。祈使句表达指令，指令不是命题，不具有真值；疑问句(尤其指非是非问句)中询问的内容也不具备命题性。

上述“真的$_{c}$”的两项语用功能并非截然分开，而是有所交叉，可能并存。在话轮中肯定对方立场的做法，同时也有助于言语互动的建构，或者说前者是后者的途径之一，如例(24)。

（24）陈鲁豫：任贤齐已经擦汗了，他现在心里有一种交友不慎、遇人不淑的感觉。
任贤齐：**真的**$_{c}$，有一点点感觉。(《鲁豫有约》2012－02－27)

在例(24)中，任贤齐的回答将“真的”用在话轮交接的位置，同时肯定自己和陈鲁豫关于同一件事(自己“心里有一种交友不慎、遇人不淑的感觉”)的认识，将两人的立场建立起一致关系，形成积极的言语互动。

4. 情态副词“真的”的界面性

4.1 句法-语义界面关系

Chomsky(1957)提出“句法自治”假设,这是乔氏“自治的语言观”的核心命题,认为句法描写可以完全独立于意义之外。然而不可回避的事实是,语言中句法、语义、音系、篇章甚至语用确实是相互依存、相互制约的。于是,生成语法学派在之后不同时期的理论体系中以不同的方式重新关注并引入了语言的不同子系统之间的互动,界面(interface)关系研究在“句法自治”假设的基础上逐步建立起来(Chomsky 1993),其中句法-语义界面关系(syntax-semantic interface)相关研究一直占有重要地位。

句法-语义界面关注句法过程与语义过程的交接,试图在句法递归程序和语义递归程序中建立联系。一些实际的语言现象正体现着句法、语义(以及语用)子系统的互动,需要在界面关系中获得有效的解释,所具有的性质称作句法-语义界面特性,这方面的早期研究包括量化成分、疑问成分等。石定栩(2020)指出,从界面关系出发的研究解决了不少单靠句法无法处理的难题,在汉语语法研究中可以发挥重大作用,例如为分析话语标记、立场标记在汉语句子中的地位提供可行的思路和必要的技术手段。蔡维天(2007)、姚瑶和石定栩(2015)以及吴婷燕和赵春利(2018)等讨论都抓住了词语的句法-语义界面特性,利用高谓语以及左缘结构等理论的长处,找出了合理的分析方法。

“真的$_{a/b/c}$”以其语义的规律性差异隐含着句法和语义的某种对应关系,属于与句法、语义都有关涉的情态范畴,具有界面性。结合语义探讨不同位置上“真的”的句法地位,尤其是在生成语法理论框架中表达“真的$_b$”和“真的$_c$”的句法层级,具有一定的挑战性。下文分别检视“真的$_a$”“真的$_b$”和“真的$_c$”所属的句法层级。

4.2 情态副词“真的”的界面性

4.2.1 “真的$_a$”——VP 层附接语

“真的$_a$”在语义上与“假装”相对,是对命题所涉行为活动的方式或样貌的描述和认识,与命题的关系非常密切,因而位于情态助词之后。以往有研究指出，情态成分连用时的线性次序与它们跟命题关系的远近有关，"与命题关系比较疏远的情态结构线性次序上比较靠前，而与命题关系比较密切的情态结构线性次序上居后"（张和友 2016）。

Reinhart（2002）指出，选择施事者当主语的动词都可以保有一个可有可无的工具论元，蔡维天（2007）进一步提出内状语语义的"伴随性"并据此得出：句子里若出现工具附接语，其主语必然是施事者，这也解释了为什么内状语所在小句的主语必须具有主体意识。假如蔡维天（2007）的方案是合理的，那么，"真的 a"与一般表示工具的状语应具有同样的句法地位，可以将其归在动词（VP）层的附接语位置。

4.2.2 "真的$_b$"——IP 层附接语

"真的$_b$"是对命题成立的真实性的判断，与命题关系较"真的$_a$"更远，故位于情态助词之前。张谊生（2014）将"真的$_b$"归入评注性副词，认为其"构成了对整个命题的表述"，是命题的谓语，并指出评注性副词具有"动态性"，即它与其他成分的组合关系只能在动态的句子层面，不能是静态的短语层面。

王宏（2013）进一步指出，"凡是含有评注性副词的谓词性短语，基本上只能充当表述性成分——谓语和补语，而不能充当修饰性成分——定语和状语"。同样地，张小玲、袁毓林（2018）发现"真的"存在"主句现象（main clause phenomenon）"，即"一般情况下只能出现于主句中，而不能用于关系从句、宾语小句等内嵌环境中"，这些观察与我们在前面对"真的$_b$"的句法定性本质上是一致的。

不论是将"真的$_b$"归入评注性副词，或是归入"高谓语"，还是主句现象的发现，都说明"真的$_b$"在功用上是对命题真实性的确认。与"真的$_a$"相比，"真的$_b$"句法地位较高，至少位于 IP 层面。

4.2.3 "真的$_c$"——CP 层情态中心语

"真的$_c$"表达对主观的认识立场、态度立场的强化，表达的确认义较内外状语更强。删去前后对命题意义几乎没有影响，与命题的关系最远，形式上也独立于主句之外。Rizzi（1997）认为，位于句子结构最高层的 C 系统是表达句子命题内容与话语信息之间的界面，具有承载对内信息和对外信息的功能，其中对外信息传达句子的语气，以及话题、焦点等语用信息。话语标记"真的$_c$"与句外的语篇相联,与小句共同构成一个新的命题;通过加强肯定的语气强化立场、建构积极的言语互动,其语用功能与标句词(CP)层最为贴合。而话语标记"真的$_c$"可前可后,可独立于句中,位置灵活,允许移位,符合中心语(head)的特性,同时表达很强的情态义,基于"真的$_c$"的这些特性,本文暂时的处理方案为:"真的$_c$"处于CP层中的情态中心语位置。

充当话语标记的主观副词的句法地位如何处理,目前尚无定论。以上所述将内状语、外状语和话语标记"真的"分别归为VP层、IP层附接语和CP层情态中心语的做法,仅是一种可能的方案。但不可否认的是,三种位置的"真的"在相当程度上体现了句法和语义子系统较为整齐的对应关系,根据上文的研究,我们可以将"真的"的句法层级表示为(25)。

(25) [$_{CP}$ **真的$_c$**…[$_{IP}$ **真的$_b$**…[$_{VP}$ **真的$_a$**…]]]

5. 情态副词"真的"的主观化

5.1 不同位置"真的"的主观化

言者在说出一段话的同时表明自己对这段话的主观立场、态度和感情,"主观化"是指语言为表现这种主观性而采用相应的结构形式或经历相应的演变过程。(沈家煊 2001)"真的"的基本语义是"对真实性的主观确认",其句法地位的高低也对应着主观性的差异,不同句法位置上的"真的"所确认的真实处在不同层面,因而具有不同程度的主观性。结合"的"字短语"真的"来看,"真的"呈现出完整而渐变的主观化过程。

颜红菊(2006)认为"真的"认知域的主观性差异体现在分类对象的选择上,并将"真的"的分类对象分为概念、命题和话语三个层面。我们认为,区别词"真"和"的"组成的"的"字短语"真的",修饰对象一般为名词性成分,其表达的真实性是客观、实在的真实,属于概念层面,如例(26)—例(27)。

(26) 这块表是<u>**真的**</u>。

(27) <u>**真的**</u>猛士,敢于直面惨淡的人生,敢于正视淋漓的鲜血。(鲁迅《记念刘和珍君》)

情态副词“真的”由“的”字短语“真的”词汇化而来。[4] 凝固成词后，“真的$_{a}$”成为动词短语层面的内状语，其主观性增强，略有虚化，但由于语义上与“假装”相对，仍然保有较为明显的对概念真实的说明。“真的$_{b}$”是句子层次的状语，是对命题的评注，虚化和主观化程度较内状语又大大加深；主句具有命题性的“真的$_{c}$”同样含有对命题真实的说明，但具有更强的交互主观性(intersubjectivity)，开始向话语真实过渡；主句没有命题性的“真的”，如祈使句、疑问句中的“真的$_{c}$”，完全脱离概念语义而处于语用层面，通过强调真诚的态度来建构言语互动，强调话语的真实。

概念真实、命题真实和话语真实三种层面的真实处在一条主观性逐渐增强的过渡带上，内状语和话语标记分别处于两个过渡位置。如表 1 所示：

表 1　“真的”主观性的渐变

<table>
<tr><td>“的”字短语“真的”</td><td>内状语“真的$_{a}$”</td><td>外状语“真的$_{b}$”</td><td>话语标记“真的$_{c}$”
(主句有命题性)</td><td>话语标记“真的$_{c}$”
(主句无命题性)</td></tr>
<tr><td colspan="2">概念真实</td><td colspan="2">命题真实</td><td>话语真实</td></tr>
<tr><td colspan="5">主观性逐渐增强
——————→</td></tr>
</table>

5.2　从“行、知、言”三域看“真的”的主观化过程

“真的”的主观化过程是渐变的，各句法位置上的主观性并非离散的分布，同一类型句法位置上“真的”的主观性也未必完全等同，正如“我说的事是真的”“我说的事在我的认识里是真的”和“我说的话是真的”是不能截然分开的。这在语言中并非稀奇之事，吕叔湘(1962)早在谈结构上的“的”和语气上的“的”两者的分辨时就指出，语言中一方由另一方演变而来，“演变到一定程度就成为另一物，这是语言史上常有的事。困难在于：这两种情形之间，语感上是渐变的，形式上尤其是划不清界限”。

Sweetser(1990)、沈家煊(2003)将概念域分为行域、知域和言域，对应语言中的三种不同意义和功能。就三种位置上的“真的”来说，内状语所表达的概念真实与行为直接挂钩，属行域；外状语所表达的命题真实是根据所知对事件的真实性进行确认，属知域；话语标记所表达的话语真实则是做出“担保”这一言语

行为,属言域。

处在概念真实与命题真实过渡位置上的内状语,实际是可做内、外状语两解的位置(即界标成分没有出现的情况);处在命题真实与话语真实过渡位置上的主句有命题性的话语标记,实则是由于话语本身具有命题性,而在强调话语真实的同时兼有确认命题真实的效果。因此,三类"真的"的语义差别基本上可以归结到概念"三域"上,其各自的句法位置、主观性分别对应概念域中的行域、知域、言域,如表2所示:

表2 "真的"句法位置、主观性与概念域的对应

句法位置	内状语	外状语	话语标记
主观性	概念真实	命题真实	话语真实
概念域	行域	知域	言域

句法位置、主观性程度与所属概念域的对应关系很好地照应了"真的"的句法-语义的界面性,"真的"的"三域"位置可表达如(28):

(28) [$_{言域}$**真的**$_c$[$_{知域}$**真的**$_b$ [$_{行域}$**真的**$_a$]]]

同时,结合前人对"真的"的词汇化的历时研究[参见厉霁隽(2003)、陈颖(2010)、刘冬青(2010)、唐贤清、罗主宾(2014)等]来看,"真的"的分类对象经历了如(29)所示的变化。

(29) 名词性的指称对象→动作、事件(命题)→事件之间的关联(即上下文有预设的情况)→话语

相应地,"真的"的语用功能也经历了(30)中的变化。

(30) 陈述客观事实→表达主观认识→组织话语

可见,"真的"的句法层级越高,主观性越强,语义越抽象,体现着句法与非句法子系统的互动与制衡。

5.3 情态副词"真"与"真的"的主观性差异

现代汉语共时层面中的"真"与"真的"作为情态副词并存,具有一定的共

性，但在句法分布、语义功能上却也有明显差异，两者的差异其实可以从主观性上得到把握。

与“五四”之后才完成词汇化的“真的”不同，表确认的情态副词“真”出现很早，如例(31)—例(32)。

(31) 吾所学者，直土埂耳！夫魏**真**为我累耳！(《庄子·外篇》)

(32) 期年揣摩成，曰：“此**真**可以说当世之君矣！”(《战国策》)

发展到现代汉语阶段，除单音节的韵律特征造成的句法分布范围较小外，情态副词“真”对语境的依赖性更强，一般用于对语篇背景有要求的折射评注(王宏 2013)，即需要有预设，这一点与“确实”“的确”比较相似。[5]

上文第2节已经谈及，外状语“真的”在有无预设上并不受限，可以同时用于单向评注和折射评注，且预设与所评注的命题语义上可以有相符和相反两种关系。可见，由于虚化和主观化的程度更高，“真的”的适用范围更广泛。

反观“真”，其发展出程度义是主观性的减弱所致，但其主观性仍有保留。我们认为，“真”兼有确认义和程度义，确认义是背景，程度义是前景。表程度的“真”不同于“很”等一般的程度副词：“很”是专职的程度副词，表示客观陈述；“真”则因具有确认义的背景语义而依然带有主观性，表达主观评价，句类选择多为感叹句，请比较例(33)a与例(33)b以及例(34)a与例(34)b。

(33) a. 你**很**能干。

b. 你**真**能干！

(34) a. 你**很**能干吗？

b. ＊你**真**能干吗？

主观性仍然保留的另一个有力证据是，表程度的“真”同可以用作外状语的情态副词“真”“真的”在句法表现上具有相似性，同样只能存在于动态的句子层面，即只能充当谓语和补语，而不能在静态的短语层面充当定语或状语；并且同样具有主句现象，通常不能出现在内嵌环境中，如例(35)。

(35) a. 他**真**高兴。

b. 他玩得**真**高兴。

c. ＊真高兴的人。(“真”表程度)

d. ＊真高兴地玩耍。(“真”表程度)

这说明表程度的“真”确实保有确认义,并没有从情态副词“真”中完全独立出来。这也是本文将“真”仍归入情态副词而非程度副词的原因。尽管如此,情态副词“真的”的主观化程度明显高于情态副词“真”。

6. 结语

本文的研究基于共时观察和历时考量,探讨了状语位置上“真的”以及话语标记“真的”的句法、语义功能及界面特性,研究结论概括为如下三点:

(1) 状语位置上的“真的”与句法、语义都有关涉,属情态副词,在共时平面与“的”字短语(区别词“真”+“的”)不具有同一性。情态副词“真”与“真的”的分辨,除音节数不同造成的韵律差异外,还有主观化程度的差异。

(2) 情态副词“真的”最常占据的句法位置分为内状语、外状语和话语标记;其基本义可以概括为“对……的真实性的确认”,在不同的位置上呈现不同的语境义。

(3) 情态副词“真的”具有句法-语义界面特性,体现了句法和语义较为整齐的映射关系。句法地位由低到高,与命题的关系由近及远,情态义、主观性逐渐增强,语义上由实到虚,分别体现概念、命题、话语三个层面的真实,对应行域、知域、言域。这一事实符合人类认知发展的一般规律。

附注

1. 方清明(2012)等学者提出“真”已经分离出程度副词用法,但本文认为“真”的确认义尚有保留,必要时可激活,故不采取这一处理。

2. 即使把“真”看作形容词也不可行。能做状语的单音节形容词为数极少,且都是与所修饰动词直接组合,如“快跑”“细读”。“真做”,不是假做”中“真做”的“真”介于区别词“真”和情态副词“真”之间,处于灰色地带。

3. 我们对“语言与逻辑”课程的本科学生进行了语感测试,普遍认为确认义方面“真的。”强于

“真的$_b$”。

4. “的”字短语“真的”（区别词“真”+“的”）与情态副词“真的”在现代汉语中共存，所在结构可能形成句法同构。“真的一块金表”与“真的很想去”在结构上平行，前者为[“真的”（“的”字短语）+ NP]，后者为[“真的”（情态副词）+ “VP”]，两个“真的”可以看作句法的同位变体。句法同构有时造成歧义，如“真的不是假的”有两解：(1) 真的东西不是假的；(2) 确实不是假的。

5. 与之相反的是“实在”一词，排斥语篇中预设的存在，表达说话人对命题的自己的看法，仅能用于单向评注。例如：

(i) a. 我**实在**吃不下了。

b. *他说这么多菜我可能吃不下，结果我**实在**吃不下了。

参考文献

北京大学中文系 1955、1957 级语言班编 1996《现代汉语虚词例释》，北京：商务印书馆。

蔡维天 2007《重温“为什么问怎么样，怎么样问为什么”——谈汉语疑问句和反身句中的内、外状语》，《中国语文》第 3 期。

蔡维天 2010《谈汉语模态词的分布与诠释之对应关系》，《中国语文》第 3 期。

陈　颖 2010《“真的”的虚化》，《语言研究》第 4 期。

邓　盾 2021《说“的$_1$”——纪念朱德熙先生诞辰一百周年》，《中国语文》第 4 期。

董秀芳 2007《词汇化与话语标记的形成》，《世界汉语教学》第 1 期。

方清明 2012《再论“真”与“真的”的语法意义与语用功能》，《汉语学习》第 5 期。

宫下尚子 2002《关于“真”与“真的”作状语情况的考察》，《汉语学习》第 6 期。

贺　阳 1992《试论汉语书面语的语气系统》，《中国人民大学学报》第 5 期。

侯学超 1998《现代汉语虚词词典》，北京：北京大学出版社。

蒋　严 2000《汉语条件句的违实解释》，载中国语文杂志社编，《语法研究和探索》第十辑，北京：商务印书馆。

鞠　晨　袁毓林 2021《感叹副词对愿望句反事实意义的推动作用》，《世界汉语教学》第 4 期。

厉霁隽 2003《“真”和“真的”论析——句法、语义、语用功能及其语法化过程和机制分析》，上海师范大学博士学位论文。

刘晨阳 2021《互动交际中“真的”的话语标记功能》，《辞书研究》第 1 期。

刘冬青 2010《北京话“真”类语气副词的历时嬗变(1750—1950)》，《中州大学学报》第 6 期。

陆丙甫 1992《从"跳舞"、"必然"的词性到"忽然"、"突然"的区别》,《语言研究》第1期。
陆俭明 1982《现代汉语副词独用刍议》,《语言教学与研究》第2期。
吕叔湘 1962《关于"语言单位的同一性"等等》,《中国语文》第11期。
吕叔湘主编 1999《现代汉语八百词(增订本)》,北京:商务印书馆。
马　真 1981《修饰数量词的副词》,《语言教学与研究》第1期。
沈家煊 2001《语言的"主观性"和"主观化"》,《外语教学与研究》第4期。
沈家煊 2003《复句三域"行、知、言"》,《中国语文》第3期。
石定栩 2020《生成语法的界面关系研究——起源、发展、影响及前景》,《外语教学与研究》第5期。
史金生 2003《语气副词的范围、类别和共现顺序》,《中国语文》第1期。
唐贤清　罗主宾 2014《明清时期副词"真个"的句法表现和主观性分析》,《语言研究》第1期。
王　宏 2013《"实在"类情态副词的句法语义研究》,香港理工大学博士学位论文。
吴婷燕　赵春利 2018《情态副词"怪不得"的话语关联与语义情态》,《世界汉语教学》第3期。
颜红菊 2006《话语标记的主观性和语法化——从"真的"的主观性和语法化谈起》,《湖南科技大学学报》第6期。
杨德峰 2009《语气副词作状语的位置》,《汉语学习》第5期。
姚　瑶　石定栩 2015《背景命题及其触发机制》,《外语教学与研究》第5期。
张斌主编 2001《现代汉语虚词词典》,北京:商务印书馆。
张伯江 1997《认识观的语法表现》,《国外语言学》第2期。
张和友 2016《概念域、功能投射与插入语的句法结构》,《汉语学报》第2期。
张小玲　袁毓林 2018《"真(的)"的主句现象及其内嵌条件研究》,《海外华文教育》第2期。
张则顺 2012《现代汉语确信情态副词的语用研究》,《语言科学》第1期。
张谊生 2014《现代汉语副词研究(修订本)》,北京:商务印书馆。
朱德熙 1961《说"的"》,《中国语文》第12期。
朱德熙 1982《语法讲义》,北京:商务印书馆。
Chomsky, N. 1957. *Syntactic Structures*. The Hague: Mouton.
Chomsky, N. 1993. *Lectures on Government and Binding*(*7th edition*). Berlin: Mouton de Gruyter.
Cinque, G. 1999. *Adverbs and Functional Heads*. Oxford: Oxford University Press.
Fitzmaurice, S. 2004. Subjectivity, intersubjectivity and the historical construction of interlocutor stance: From stance markers to discourse markers. *Discourse Studies*, (6): 427-448.
Grice, P. 1989. The Causal Theory Perception. In Grice, P. (Ed.), *Studies in the Way of Words*. Cambridge, MA: Harvard University Press: 224-227.

Halliday, K. 2004. *An Introduction to Functional Grammar* (*3rd edition*). London: Arnold.

Iatridou, S. 2000. The Grammatical Ingredients of Counterfactuality. *Linguistic Inquiry*, 31 (2): 231-270.

Reinhart, T. 2002. The Theta System — an Overview. *Theoretical Linguistics*, 28(3): 229-290.

Rizzi, L. 1997. The Fine structure of the left periphery. In HaegemanL. (Ed.), *Elements of Grammar: Handbook in Generative Syntax*. Dordrecht: Kluwer Academic Publishers: 281-337.

Rizzi, L. 2004. Locality and left periphery. In Adriana BellettiA. (Ed.), *Structures and Beyond: The Cartography of Syntactic Structures*, *Vol. 3*. Oxford: Oxford University Press: 223-251.

Traugott, E. C. 2002. *Regularity in Semantic Change*. Cambridge: Cambridge University Press.

Schiffrin, D. 1992. *Discourse Markers*. Oxford: Oxford University Press.

Sweetser, E. 1990. *From Etymology to Pragmatics: Metaphorical and Cultural Aspects of Semantic Structure*. Cambridge: Cambridge University Press.

作者单位：清华大学中文系；北京师范大学文学院

联系方式：孙艺森 sunym21@ mails. tsinghua. edu. cn

张和友（通讯作者）：hyhm@ bnu. edu. cn

Inner / Outer Adjunct and Discourse Marking: On the Syntactic and Semantic Function of "真的"

Yimiǎo Sun, Heyou Zhang

Abstract: This paper discusses the performance of the modal adverb "真的" in the contexts with various syntactic and semantic factors. We first compare the two modal expressions "真" and "真的" to identify "真的" as a word, and then describe the syntactic distributions and semantic behaviors of "真的". Taking a cartography approach, we locate three syntactic positions for "真的": an inner adverbial position, an outer adverbial position and a discourse adverbial position. The different syntactic positions of "真的" corresponds to different semantics. The reality expressed by "真的" in three different positions is conceptual, propositional and discoursal respectively, corresponding to the three domains of content, epistemic, and speech-act. The syntactic status and subjectivisation of "真的" together reflect the interaction and balance between syntactic and non-syntactic subsystems.

Keywords: "真的", Syntax-semantics Interface, Discourse Particle, Subjectivisation, Cartographic Approach

Author's work unit: Yimiao Sun Department of Chinese Language and Literature, Tsinghua University

Heyou Zhang School of Chinese Language and Literature, Beijing Normal University

Author's e-mail: Yimiao Sun sunym21@ mails. tsinghua. edu. cn

Heyou Zhang hyhm@ bnu. edu. cn

玄应、慧琳注音差别考察*

——以日藏一卷本《四分律音义》为例

徐朝东　徐有声

摘要：日藏一卷本《四分律音义》是现存最早的玄应音义古写本之一，对比于赵城金藏、高丽藏、碛砂藏、慧琳音义等相应注音部分，发现一卷本笔误较多，碛砂本改动玄应音系较多。一卷本与慧琳注音中，我们从唐初到晚唐时期实际口语中全浊声母已经清化。慧琳与玄应不同的注音，呈现的不同语音事实有：慧琳改类隔切为音和切，端知声母都是塞音，音值差别不大；同等重韵混并、缉韵船组并入禅组、曾梗摄三四等入声字开始出现合并等，这些正是玄应代表的初唐音系到慧琳代表的晚唐五代音系之间实际语音发生的变化。

关键词：《四分律音义》注音，玄应，慧琳，唐初与晚唐，语音差异

1.

《四分律》是姚秦罽宾国僧人佛陀耶舍、竺佛念等共同翻译的一部佛家戒律书，共六十卷，译成时间大致在姚秦弘始十年（408 年）左右，收录于各版本佛藏中。唐初僧人玄应为其作音义，在《一切经音义》卷第十四，题为《四分律音义》。后慧琳收于《一切经音义》卷第五十九，这是今《四分律音义》的两个来源。

日本宫内厅书陵部藏一卷本《四分律音义》，此卷出自日本平安时代初期石山寺学僧淳佑（890—953）之笔。其与玄应、慧琳音义所收的《四分律音义》只是存在着一定程度的误写。（筑岛裕 1979：103-118）梁晓虹（2008：125）系联敦煌写卷中的俗字与一卷本《四分律音义》中的俗字，发现了二者的相通性，证明了

---

* 本文为国家社科重大招标项目“元明清民国时期官话语音语料库平台建设与研究”（编号17ZDA304）及北京语言大学研究生创新基金（中央高校基本科科研业务费专项资金）“婺源方言百年来语音演变研究（编号 22YCX001）”阶段性成果。

该本确实来源于中国。一卷本《四分律音义》著者落款处有缺,仅存“沙门”二字,与玄应《一切经音义》基本一致,是玄应的《四分律音义》部分。尽管学者对于一卷本《四分律音义》的年代归属尚有争议,但无论其是日本手写佛经之滥觞,或为平安朝初期日本人所传抄之古写本,其早于大治本、为今存《四分律音义》的最古写本之一,应无疑义。

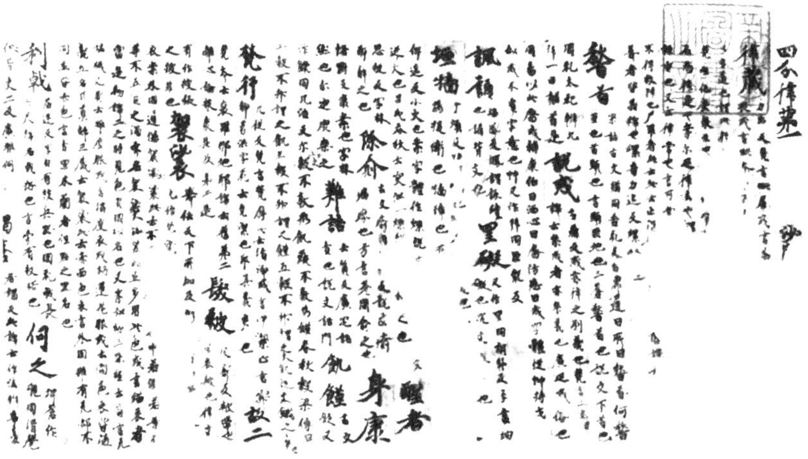

图 1 宫内厅书陵部藏一卷本《四分律音义》书影

传世本玄应音义的版本系统包括赵成金藏、高丽藏本、碛砂藏、永乐南藏本等(于亭 2007)。徐时仪(2008)《〈一切经音义〉三种校本合刊(上)》收玄应《众经音义》二十五卷,以韩国海印寺所藏高丽藏本(台湾新文丰出版公司影印本)为底本,以碛砂藏本、金藏本等刻本,敦煌吐鲁番写卷、日本奈良正仓院、宫内厅书陵部、东京大学、京都大学、石山寺等藏本及慧琳音义转录部分补正。该书所用宫内厅书陵部藏本,为原藏于奈良正仓院《圣语藏》中的大治三年(宋高宗建炎二年,1128 年)释觉严抄写本,昭和五年(1930)年归藏于宫内厅书陵部。黄仁瑄(2018)《大唐众经音义校注》以高丽藏本玄应音义为底本,参校碛砂藏、慧琳本,梳理、比刊各本文字,同时尝试探求玄应音义对音材料源语形式。传世本玄应音义语音的研究如周法高《玄应反切考》(1948)、《汉堂读书续记 · 玄应一切经音义》(1981),周祖谟(1966a)《校读玄应一切经音义后记》,王力(1982)《玄应〈一切经音义〉反切考》等诸多中日学者已对其版本、流传等做了详细考证。

目前对玄应音义的国内外研究,都没有涉及一卷本《四分律音义》,更未见有对其音韵成分的讨论。

与诸藏本藏经本如赵城金藏、高丽藏、碛砂藏以及慧琳《四分律音义》比较,一卷本《四分律音义》有不少音注、对音方面的差异,本文将讨论这些差异中的语音现象。

2.

一卷本《四分律音义》正文收383个条目,其中2个条目缺而小注存,对照其他版本可补其缺。383条在其他本都能找到,而该卷第六十卷"值(傎)蹶"之后,还附有3种不见于其他所有版本《四分律音义》的内容:紧接着原文的7个条目,均附有双行小字注释,如:遣羯磨,阿湿卑宦那婆沙也。另段的"戒律书"内容,附有双行小注(于括号内)。如:旃有五事不应作,一不得授人大或,二不得叆人依正,三不得畜沙弥,四不得受僧差,教授比丘尼,五若僧差不应教授,亦有种种。(僧中不得问答,不与差比丘对,不得说或不问乎于僧事,不得卑入聚落等。)"戒律书"后另起一列的58条梵译词的解释,如:阇稷罗酒,未孰酒。以上诸条为日僧增加的注释,不见于玄应本。

一卷本《四分律音义》383个条目,被释字有401个,音注材料415条,其中反切398条,直音17条。有些誊抄,诸藏本存在一些字形的不同,有些是因为讹误,有些是用字习惯,也有是因为"音误"造成的异文别字。我们将这些材料做些梳理。

2.1 各本反切用字脱漏、讹误

2.1.1 脱漏反切字

如:第廿一卷"噏",诸藏本作"许及反",一卷本脱"及"字,作"许反"。(为了行文简洁,我们只列被切字)

2.1.2 字形讹误

这类主要是由于誊抄或翻刻等原因而造成的文字形体上的差异,特别是抄本中字形讹误现象非常多。一卷本反切用字的字形讹误有52条。如:第一卷"梵",诸藏本作"凡泛反",碛砂藏作"扶泛凡",一卷本作"几从反",上字"几"形误,碛砂藏不误、改用並母合口字。

一卷本不误而他本字形讹误或采用不同读音的有 8 条,如:第廿八卷“厌”,一卷本及余本作“于冉反”,金藏本作“于叶反”。本条一卷本注:“于冉反,《字苑》云:眠时不祥也。山东音于叶反,字从厂音呼旱(卑)反。”金藏取其又音。《广韵》亦有此两音。

2.2 各本反切用字不同,读音相同

2.2.1 异体字类

诸藏本字形为异体字,有 17 组。如:第一卷“戟”、第廿一卷“屐”与第卌六卷“隟”切下字,诸藏本皆作“逆”,一卷本作“逆”。“逆”,汉碑《白石神君碑》即作此,敦煌俗字亦有此形体者。

2.2.2 音同字异

诸藏本切语上下字有所不同,但所拼合的音节相同、音值相同,共有 26 条,如:第一卷“罣碍”,一卷本、碛砂、慧琳本作“胡卦反”,赵成金藏、高丽本作“胡罫反”。诸藏本不协的有 5 条,一卷本例 1 条,慧琳本所独 9 条,碛砂藏所独 10 条。从此类差异看来,倘若不论手写体常见的讹误和差异,碛砂藏本、慧琳改动玄应音系较多。

我们将上述不涉及语音不同的诸藏本异同列成表 1。

表 1

	反切					非错
	脱漏	形误	异体	音同字异	异音	
一卷本	4	52	12	5	2	19
赵成金藏	0	1	6	3	2	11
高丽藏	0	1	7	3	0	10
碛砂藏	0	3	5	10	0	15
慧琳	0	5	2	9	5	16

3.

一卷本有些反切与其他藏本存在语音差异的有 5 条,涉及 5 种不同的语音现象,其中有的是一卷本独自的语音特征,如第三卷“保”,一卷本作“蒲道反”,余本作“补道反”。第廿七卷“乳哺”,一卷本作“浦路反”,诸藏本作“蒲路反”。“蒲”並母,“补”帮母。“保”上声音切上字,《篆隶万象名义》“补”,《五经文字》“卜”,王三、《广韵》等“博”都是帮母;未见全浊並母音。“哺”去声读音上字,《篆隶万象名义》、宋本《玉篇》、何超《晋书音义》、王韵、《广韵》等是“薄”,《汉书》颜氏音为“蒲”,全是並母,未见帮母去声音。一卷本仄声韵上,帮並两母已经混淆。890—953 年为中国晚唐五代时期,这种全浊声母清化很常见,但塞音、塞擦音没有遵循“平送、仄不送”的演变方向。(徐朝东 2004,2010,2019)

有 4 条反切是玄应与慧琳的不同,即唐代早晚两个不同时期语音发生了一些变化。我们着重讨论这类音异现象。

3.1 第五卷“趒踯”条,一卷本“他弔、直彫二反”,金藏、高丽、碛砂藏“他吊、直雕二反”,慧琳本“他弔、徒雕二反”

首音下字“弔”为“吊”异体,并无区别,又音上字“直”与“徒”有澄与定母之别。

“趒”,玄应音义卷九《大智度论》第五卷“趒小”条:“又作趠同,他吊反,谓趒踯也。《论》文作踔,勑格、勑角二反,跛者行踸踔也,踔非《论》旨。”

慧琳音义卷八收玄奘《大般若波罗蜜多经》第五百八十四卷“跳踯”条:“上庭寮反,《韵英》:跳,跃也。《韵诠》:跳,踉也。《仓颉》:踊也。《广雅》:上也。《说文》:蹶也,从足兆声。又音天吊反。或作趒。趒,越也,亦通。”

慧琳音义本条注释因袭玄应说解,作:“上他吊反,又徒雕反。下迟亦反。《韵集》:趒,越也。今言趒踯也。”又慧琳意义卷六十三《根本说一切有部律摄》卷一“趒坑”条:上天吊反,《韵集》云:趒,越也。《说文》云:雀行也,从辵兆声,亦作跳。”

希麟《续一切经音义》卷七《普遍光明无能胜大明王大随求陀罗尼经》卷下“趒蓦”条:“上他吊反切,《韵集》:趒,越也。《说文》从走兆声,经文从足作跳,或作跳,皆俗字。"

《篆隶万象名义》"跳"字:"徒雕反。跃也,上也。""趒"字:"达勿反。雀行,跳。"

"趒"字,《广韵》三音,"吐雕切":"雀行。""徒聊切":"《说文》曰:雀行也。""他吊切":"越也。"《集韵》多上声"土了切":"跃也"。另去声"他吊切":"越也,或从兆,亦作超、踔。"

首音去声"他吊反"(透母四等萧韵)都基本一致。又音玄应"直雕反",从慧琳改作"庭寮反""徒雕反"。切下字"寮""雕"都是四等萧韵字,慧琳上字用四等"庭"完全音和切;慧琳上字"徒"是定母一等,也是音和。"趒"异体"跳""踔""超"形,《集韵》平声:"跳"有"田聊切"(定萧四等);"超"有"痴宵切"(彻宵三等),"趠"有"丑交切"(昌肴二等)。除"跳"与"趒"有萧韵音,其他字形皆无四等全浊定母或三等澄或床读音。

一卷本及玄应又音"直雕反"是一个类隔切,慧琳是音和切。

3.2 第五十卷"鵽鸟"条,一卷本、诸藏本作"竹刮反",慧琳本作"丁刮反"

下字"刮"是二等辖韵字。

本条玄应音义作:"竹刮反。《尔雅》'鵽鸠冠雉',郭璞曰:大如鸽,似雌雉,鼠脚岐尾。为鸟憨急,群飞,出北方沙漠地也,俗名突厥雀,生蒿莱之间之矣也。"慧琳音义卷五十八《十诵律》第十二卷"鵽肉"条:"竹刮反。《尔雅注》云:今鵽大如鸽,似雌雉鼠爪,出北方沙漠地也,肉美。俗名突厥雀,生蒿莱之间如鹑大憨。憨音呼滥反。"该字在卷六十五、七十三皆音"竹刮反",卷七十九"檛刮反",卷九十九"追刮反"。切上字都是知母。

慧琳音义卷第五十九《四分律》第五十卷"鵽鸟"条:"丁刮反。《尔疋》:鵽,鸠雉。郭璞曰:大如鸽,似雌雉、鼠脚、歧尾。为鸟憨急,群飞出北方沙漠地,肉美,俗名突厥雀,生蒿菜之间大如鹑。"切上字用端母。

《汉书·司马相如传》"勺药之和具而后御之"晋灼注:"南都赋曰'归雁鸣鵽,香稻鲜鱼,以为勺药,酸甜滋味,百种千名。'文说是也。"颜师古注:"鵽音竹滑反"(知黠二等)。

"鵽",《篆隶万象名义》"贞刮反",《新撰字镜》"竹刮反",宋本《玉篇》"知刮切”，都是知母辖韵。《经典释文·尔雅音义》收“贞刮、直活二反”“丁刮反”，分别是知母辖韵、定母末韵与端母辖韵。

切三有“多活反”（端末）、“丑刮反”（知辖），王韵三种皆作“多括反”（端末）、“丁刮反”（知辖），《唐韵》“多括反，又当括反”（端末）、“丑刮反”（知辖）；《广韵》“丁括切”（端曷）、“丁刮切”（知辖）、“丁滑切”（知黠）。《集韵》“都括切”（端末）、“徒活切”（定末）、“张滑切”（知黠）、“张刮切”（知辖）。有一等端母末韵、二等知母黠韵与辖韵音。

五代僧人可洪《新集藏经音义随函录》第十五册“竹滑反”（知黠），第十六册“知刮反”、第廿五册“竹刮反”（知辖），十八册“竹滑、都括二反”（知黠、端末），第廿三册“丁刮反”（知辖），第三十册“陟刮、都活二反”（知等、端末）。

一卷本等可证玄应“鵽”原本就注为“竹刮反”，切下字“刮”为二等辖韵，切上字为知母，属于音和切，不是类隔。慧琳辖韵音切上字大多沿用知母字，只有“丁刮反”用四等端母字；玄应音义“竹刮反”与字书《玉篇》等一致，慧琳所加“丁刮反”缘自《经典释文》或王三类韵书。

《经典释文》二等被切字标音 93 次，上字用四等“丁”22 次，用“陟竹贞”等三等知母字 71 次。（邵荣芬，1995：57）辖韵音切三（5.2071）上字是“丑”，王韵用“丁”，《唐韵》“多括反”又音“当括反”都是端母末韵音，又音应误，当为辖韵“丑刮反”之讹，即“当括反＝丑刮反”，山摄一等合口字末韵与辖韵有相混的迹象。是从切三开始增加了一等末韵读音，这个“多活反”“多括反”等端母末韵音，是从二等“丁刮反”反切衍生而来，其原因是实际口语中一二等开始有混并的趋势，王三就有辖韵“刖”字用一等曷韵“割”作切下字；8 世纪后的卢藏用《春秋后语》等音注、何超《晋书音义》以及慧琳音义等材料中也有发现。

另外颜师古（641）用黠韵“滑”作辖韵的下字，是二等辖黠（删山）重韵合并；慧琳的迹象反切亦如此，如“刮，关滑反”，被切字“刮”是辖韵，切下字“滑”是黠韵；整个山摄二等互用有 79 例，占二等韵的 29%。重韵包括一等东冬、二等删山、三等支脂之等在唐代口语中应该已经合并了。（黄淬伯 2010）

“鵽”音注的材料反映了唐五代时期，同等重韵混并在口语中普遍存在，一二等韵也偶有混淆的现象。到五代可洪音中，这两种都是普遍的语音现象。

“趒”,他本上字为定母“徒”,一卷本及玄应用澄母“直”;“鵽”上字,《经典释文》知端三四等都用,玄应用知母“竹”、慧琳用端组“丁”。中古端组声母为 *t、知组为 *ȶ,说明唐初至少标准音中端知组声母音值差别不大,都是塞音。

梵汉对音中,西晋的竺法护、法矩等,东晋的法显、佛驮跋陀罗等(刘广和 2002: 152-153),姚秦鸠摩罗什,十六国时代的僧伽提婆、佛陀耶舍、昙无谶等,北朝经师,唐代玄奘(602—664)(施向东 2009: 95,103-104,119,17-19)、义净(635—713)(Coblin 1999: 71)、不空(705—774)(刘广和 2002: 10-12)、慧琳(733—817)(聂鸿音 2014: 24)、宋代施护(? —1017)(储泰松 2014: 55)等,知组为 *ṭ、端组声母为 *t,ṭ音值就是[ȶ]。

这也是“趒”“鵽”后来分化为端组与知组两个读音,如表 2 所示:

表 2

例字	上古音	中古音	后续演变
鵽	*tuat *tjuæt	*tuɑt 多活 ——	*tuɑt>tuɑʔ>tuo
		*ȶuæt 竹刮 ——	*tʃuæt>tʂuæt(唐五代)>tʂuæʔ>tʂuoʔ
趒	*diɔg	*diɛu 徒雕	*diɛu / *ȡiɛu > *diɛu>tiɛu

注 中上古音采用董同龢先生系统转写,全浊声母改为不送气

3.3 第卌卷“著褶”条,一卷本及诸藏作“时入反”,慧琳本作“寻入反”

“著褶”之“褶”,缉韵,玄应音义切上字“时”为禅母;慧琳“寻”为邪母。

玄应音义卷一《法炬陁罗尼经音义》第六卷“惓袭”条,曰:“古文戳、褶二形同。辝立反,《左传》‘凡师轻曰袭’,注云:‘掩其不俻也,又云夜战曰袭。’”慧琳音义此条完全相同。“褶”作为“袭”通假字,亦有邪母缉韵音。与“著褶”之“褶”音义都不同。

慧琳音义卷九十四《音续高僧传》第二十五卷“袴褶”条,曰:“袴褶,上音库。下音輒(端帖)。郑注《礼记》:‘褶,犹袷也’《释名》云袴褶者:褶,覆也。古今正字从衣习声也。”

《说文》:“袭,左衽袍”,段注:“小敛大敛之前衣,死者谓之袭。《士丧礼》

‘乃袭三称’,注曰:‘迁尸于袭上而衣之’。凡衣死者,左衽不纽……敛始于袭,袭始于袍。故单言袍也。袭字引申为凡揜袭之用。若《记》曰‘帛为褶’,《士丧礼》古文作袭,假借字也。《丧大记》《玉藻》用《礼》今文作褶。注曰:‘褶,袷也。有表里而无著。’许依古文《礼》,故不收褶字。凡经典重袭之义,如‘筮袭于梦,武王所用’‘祥袭则行,不袭则增,修德而改’,皆当作褶。褶义之引申。”“褶”为“袭”今之假借,则有“袭”音。

《周礼·地官·胥》“胥,各掌其所治之政,执鞭度而巡其前,掌其坐作之出入之禁令,袭其不正者”,郑玄注:“故书袭为习。杜子春云:‘当为袭,谓掩捕其不正者’”。“习”也为“袭”之借字。

《篆隶万象名义》:“褶,徒頬反(定帖)。帛,袷。”“袭,辞音反(邪缉)。因,掩,合,还。”下字“音”当依《玉篇》作“立”。“褶”,《经典释文》三见,皆音“牒”(定帖),又“特猎反”(定叶),“袭”音“习”(邪缉)。切三“褶,神执反”(船缉),王三、王二:“褶”音“神执反”(船缉),又“徒协反”(定帖)。唐初韵书“褶”并无邪母缉韵读音。

何超《晋书音义》(747)“袴褶”4见,“褶”音“神入/执反”(船缉)4次,又音“是汁反”(禅缉)1次;“习”(邪缉)1次,慧琳(789)音邪缉在此后,禅母音是从船母来的。

可洪(936—947)音义“褶”3见:第十六册:“若褶,音习(邪缉)。大袖衣也,袴也,又音十(禅缉)。”第二十六册:“著褶:音习。”第廿八册:“袴褶,上苦故反,下神十反(船缉)。袴也。新韵又载于习(邪缉)字数中。”可洪“褶”也有邪船缉禅三音,且云“新韵又载于习”,可见邪母音是一个新兴的读音。行均(997)《龙龛手鉴》:“音习,袴,又音牒,袷也。”注为邪母。《广韵》有“是执切”(禅缉)、“似入”(邪缉)、“徒协切”(定帖)三切,《集韵》同此。《增修互注礼部韵略》(1162):“褶,袴也。《广韵》音习,是。旧音拾(禅缉),误。今正”。胡三省(1256)《资治通鉴音注》“袴褶”8见,邪母7次,禅母1次。

“袴褶”之“褶”,唐代及其前代一般字书和韵书中有“徒頬反”(定帖)和“神执反”(船缉)读音,无“寻入反”(邪缉)读音。“褶”读作“袭”(邪缉),是用作“袭”假借,而赋予其“袭”读音;唐代后期[依据陈寅恪等史学家分期,天宝元年

(742)开始]“袴褶”之“褶”开始有邪母缉韵读音,而到宋代成为正音。慧琳“褶”音“寻入反”,是采用了当时新兴的读音,这个读音从“袭”的假借音义而来,加之声符“習”的影响。慧琳另音“輒(端帖)”,就是韵书的“徒頰反”(定帖),因为声母定母清化。

“袴褶”之“褶”非邪母缉韵音,唐代分为两系:切三、王韵为船母,玄应、《广韵》等则为禅母。切三缉韵有“十,是执反”与“褶,神执反”,敦煌写本 P. 3799、王三、王二也同,切三、王三、王二所据《切韵》底本缉韵有船(“褶”)与禅(“十”)母分立,“褶”应是“神执反”船母。王三帖韵“徒协反”纽下“褶,袷,又时入反”,又音“时入反”即“神执反”,这是王三中存在船禅不分的南方吴音现象。(周祖谟 1966:315-316;曹洁 2013:237)玄应到《广韵》等,“褶”皆禅母,《广韵》《集韵》缉韵只有禅母“十”纽,没有船母小韵。《韵镜》与切三相同,缉韵有船与禅小韵,船母正是“褶”;《七音略》只有禅母,没有船母,与《广韵》相同。玄应反切中船禅两母大致区分,但也有与《广韵》船禅不同的反切。(周法高 1981:189)

玄应“褶”注“时入反”是缉韵船纽并入禅纽的开始,慧琳以其假借音为正音,倒是成为后代的标准音。详见表 3。

表 3

<table>
<tr><th>例字</th><th>中古音与反切</th><th colspan="2">后续演变</th></tr>
<tr><td rowspan="3">褶</td><td>*diɛp 徒协</td><td colspan="2">>diɛp>diɛʔ>tie</td></tr>
<tr><td rowspan="2">*ʑiep 神执</td><td>>dʑiep</td><td rowspan="2">>ʑieʔ> ʂʅ</td></tr>
<tr><td>>ʑiep</td></tr>
<tr><td>褶(袭)假借</td><td>*zjep 似入</td><td colspan="2">>zjep>zjeʔ>ɕi</td></tr>
</table>

3.4 第卌三卷“激发”,一卷本及诸藏本作“经历反”,慧琳本作“经力反”

“激”的反切,玄应音义中还有“公的反”“古历反”“古狄反”,都是见母锡韵。慧琳音义中还有“经历反”“古历反”“公的反”“古狄反”“经鷁反”,也都是见母锡韵,另有“经亦反”,也用三等昔韵作下字,与“经力反”用三等职韵“力”作下字相似。

《篆隶万象名义》、宋本《玉篇》“公的反/切”，何超《晋书音义》《广韵》“古历切”、《集韵》“吉历切”，颜师古《汉书》音注“工历反”，音同字异，是四等锡韵字。《经典释文》有“古狄反”“古历反”“经觅反”“经历反”，也都是见母锡韵。

“激”入声标准音应是四等锡韵，慧琳分别用三等昔与职韵作其下字，“亦”为三等昔韵以母(喻四)字，重纽四等位置(A)；“力”是职韵单纯的三等字。慧琳音切中昔与锡韵完全合流，与职韵未全部合并。(黄淬伯 2010：117-118)但“激”，慧琳用职韵“力”作下字，这不仅是三四等合流的问题，也是曾梗摄合并的迹象。详见表4。

表4

<table>
<tr><th>例字</th><th>中古音</th><th colspan="3">韵的后续演变</th></tr>
<tr><td>激</td><td>* kiek</td><td>>iek</td><td rowspan="2">>iek</td><td rowspan="3">>iek>ieʔ>i</td></tr>
<tr><td>亦</td><td>*·jɛk</td><td>jɛk>iek</td></tr>
<tr><td>力</td><td>* ljək</td><td>jək>iək</td><td>>iək</td></tr>
</table>

4.

玄应与慧琳注音中都有全浊与清声母相混的例子，这反映了全浊声母清化至少从唐初就开始。慧琳还有端母作知母字的上字，体现了晚唐时期知母还有部分字是塞音，与端母音值差别不大。“著褶”之“褶”的读音，呈现了从唐初标准音是禅母，吴方言读船母，到晚唐采用邪母读音的变化。慧琳注音中曾梗摄入声三四等有合流的现象，这与玄应不同。从《切韵》(公元七世纪左右)时代到晚唐五代，汉语语音标准音发生了巨大的变化(黄笑山 1995：13)，玄应和慧琳的注音差别，体现的正是中古不同阶段语音系统的嬗变。

参考文献

曹　洁 2013《裴务齐正字本〈刊谬补缺切韵〉研究》，上海：上海古籍出版社。

储泰松 2014《佛典语言研究论集》,芜湖: 安徽师范大学出版社。

古典研究会 1979《古辞书音义集成》第二卷《四分律音义》,东京: 汲古书院。

黄淬伯 2010《慧琳一切经音义反切考》,北京: 中华书局。

黄仁瑄 2018《大唐众经音义校注》,北京: 中华书局。

黄笑山 1995《〈切韵〉和中唐五代音位系统》,台北: 文津出版社。

梁晓虹 2008《〈四分律音义〉俗字拾碎》,载梁晓虹,《佛教与汉语史研究—以日本资料为中心》,上海: 上海古籍出版社。

刘广和 2002《音韵比较研究》,北京: 中国广播电视出版社。

聂鸿音 2014《古代语文论稿》,北京: 中国社会科学出版社。

邵荣芬 1995《经典释文音系》,台北: 学海出版社。

施向东 2009《音史寻幽》,天津: 南开大学出版社。

王 力 1982《玄应〈一切经音义〉反切考》,《语言研究》第 1 期。

徐朝东 2004《蒋藏本〈唐韵〉异常音切考察》,《中国语文》第 2 期。

徐朝东 2010《〈妙法莲花经释文〉三种例外音切之考察》,《山西大学学报》第 4 期。

徐朝东 2019《敦煌世俗文书所见之语音现象》,《语言研究》 第 1 期。

徐时仪 2008《〈一切经音义〉三种校本合刊(上)》,上海: 上海古籍出版社。

于 亭 2007《玄应〈一切经音义〉版本考》,《中国典籍与文化》第 4 期。

周法高 1948《玄应反切考》,载《中央研究院历史语言研究所集刊》第 20 本上,北京: 商务印书馆。

周法高 1981《汉堂读书续记 · 玄应一切经音义》,载周法高,《中国语文论丛》,台北: 正中书局。

周祖谟 1966a《校读玄应一切经音义后记》,载周祖谟,《问学集(上)》,北京: 中华书局。

周祖谟 1966b《万象名义中原本玉篇音系》,载周祖谟,《问学集(上)》,北京: 中华书局。

筑岛裕 1979《〈四分律音义〉解题》,载小林芳规,吉田金彦,《古辞书音义集成》第二卷,东京: 汲古书院。

Coblin, W. 1991. A Survey of Yijing's Transcriptional Corpus,《语言研究》第 1 期。

作者单位: 徐朝东 北京语言大学文学院教授;徐有声: 北京语言大学文学院硕士研究生

联系方式: 徐朝东: tsuchaodong@ sina. com;徐有声: brentblack97@ foxmail. com

Some sound differences between Xuan Ying and Hui Lin

—Refletced by the One-Volume Version of *Sond Glosses of Four-Part Vinaya*

Chaodong Xu, *Yousheng Xu*

Abstract: The one-volume version of *Transcriptions and Glosses of Four – Part Vinaya*, which is kept in the Mausoleum Department of the Palace Hall in Japan, is the earliest version of Xuan Ying's transcriptions and glosses of *Four – Part Vinaya*. When compared to 5 other versions, it has been found that this one-volume version has many mistakes in its characters. From the transcriptions of the one-volume version and Huilin's transcriptions, we can see sound changes that occurred during the Tang Dynasty like the devoicing of voiced initials. Differences between Xuanying's and Huilin's transcriptions include: Fanqie(反切) which are Leige in Xuanying's transcriptions are changed to Yinhe in Huilin's transcriptions, many sounds that are different in Xuanying's transcriptions such as Chuan(船) and Chan(禅) of the Rime Ji(缉), and the finals of the same level of Shan(山) and Shan(删), Mo(陌) Mai(麦) and Xi(锡) have been mixed in Huilin's transcriptions. All the differences demonstrate sound changes that have happened during the Tang Dynasty. To be specific, Xuanying's transcriptions recorded the Luoyang dialect spoken at the beginning of Tang Dynasty whereas Huilin´s transcriptions recorded the Chang'an dialect spoken at the end of the dynasty.

Keywords: The One – Volume Version of *Transcriptions and Glosses of Four – Part Vinaya*; Xuanying; Huilin; Tang Dynasty; Phonological differences

Author's work unit: Department of Chinese, Beijing Language and Culture University

Author's e-mail: Chaodong Xu tsuchaodong@ sina. com

Yousheng Xu brenblack97@ foxmail. com

机器翻译和它的四个类型

冯志伟

摘要：文章介绍了机器翻译的概念、作用和发展过程。重点说明了机器翻译的四种类型：基于规则的机器翻译、基于实例的机器翻译、统计机器翻译和神经机器翻译。详细讲述了每一种类型机器翻译的思路、过程、特点和不同。基于规则的机器翻译、基于实例的机器翻译和统计机器翻译需要对于语言符号及其特征表示进行计算，寻求不同语言之间的特征对应规律，这是非常艰巨的语言特征工程。而神经机器翻译不需要规模巨大的语言特征工程，也不需要手工设计语言特征，计算机能够自动地从双语语料库中获取并计算数字化的语言特征，大大地节省了人力，同时也降低了研制机器翻译系统的语言知识门槛。这是机器翻译研究在知识获取技术上的一大进步。

关键词：机器翻译，短语结构树，依存树，噪声信道模型，神经网络，词向量

使用计算机把源语言自动地翻译成目标语言的技术，叫做机器翻译（machine translation）。

《圣经·创世纪》上说，人类本来只使用一种语言，彼此之间可以进行无障碍的交流，因此工作效率很高，于是，他们开始建造一座“巴比塔”，由于语言交流很顺畅，巴比塔越建越高，几乎到达了上帝居住的天庭。

人们建造巴比塔的壮举震惊了上帝，于是上帝让人们说不同的语言，使得他们难以交流，无法沟通，最后只好放弃了巴比塔的建造。

巴比塔的传说不足为训，但是，语言障碍的困扰，的确是人类社会的一个严重问题。据统计，现在人类社会的语言有 7 000 多种，其中母语和二语使用人数前十五的语言如后文表 1 所示。从表 1 中可以看出，使用人数最多的语言是英语，其次是汉语。但是，以英语为母语的人数只有 3.7 亿，而以汉语为母语的人数有 11 亿之多。语言的纷繁多样导致人们的交际障碍。翻译的问题日渐突出。

图 1　巴比塔

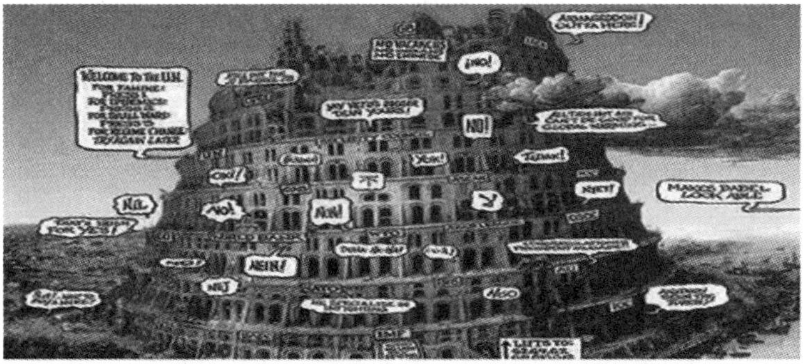

图 2　语言障碍导致巴比塔建造失败

马祖毅教授在他的专著《中国翻译简史》中说:“洪荒造塔语言殊,从此人间要象胥”,所谓“象胥”就是“翻译官”。《周礼·秋官》指出,“象胥”就是“掌蛮夷闽貉戎狄之国使,掌传王之言而谕说焉,以和亲之。若以时入宾,则协其礼与其辞言传之”。可见,“象胥”就是在外国人或少数民族人士来访时,“传王之言”,担任翻译的官员。

表 1　世界主要语言使用人数

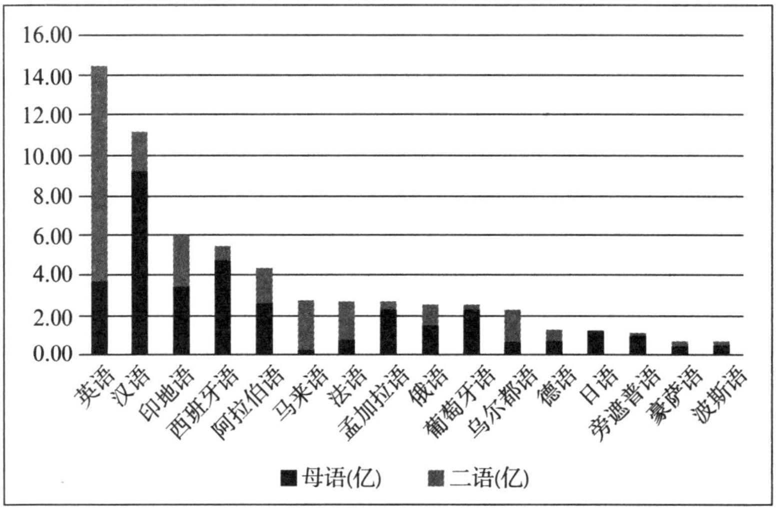

	母语(亿)	二语(亿)	共计(亿)
英语	3.72	10.80	14.52
汉语	9.20	1.99	11.19
印地语	3.44	2.58	6.02
西班牙语	4.74	0.74	5.48
阿拉伯语	2.60	1.80	4.40
马来语	0.24	2.56	2.80
法语	0.80	1.94	2.74
孟加拉语	2.33	0.39	2.72
俄语	1.54	1.04	2.58
葡萄牙语	2.32	0.25	2.57
乌尔都语	0.70	1.61	2.31
德语	0.75	0.59	1.34
日语	1.25	0.00	1.25
旁遮普语	1.00	0.18	1.18
豪萨语	0.51	0.26	0.77
波斯语	0.56	0.21	0.77

注　数据来源：SIL 发布的语言参考书 Ethnologue 网站 https://www.ethnologue.com

语言是人类最重要的交际、思维和认知工具,翻译是非常复杂的脑力劳动,为了克服语言障碍,有人提出“通用语言”(lingua franca)的设想,试图用一种“通用语言”来代替数千种不同的语言。

世界上90%的科技出版物都是英语的,国际会议大都以英语为共同的会议语言,据报道,德国有98%的物理学家和83%的化学家用英语发表他们的研究成果。在目前情况下,英语似乎可以作为“通用语言”。

但是,如果全世界的人都使用一种“通用语言”,不同语言的特点和色彩都淡化了,而且语言所蕴含的民族文化也将黯淡无光,这似乎也不是一个好办法。

在英国,尽管大家都讲英语,可是在威尔士地区,人们除了讲英语之外还讲当地的威尔士语,图3是我在威尔士加的夫看到的一个标牌,上面的威尔士语是我不认识的。这是威尔士地区为了保持他们自己的文化而做的努力。

图3 威尔士语标牌

实际上,这种多语现象(multilingualism)是普遍存在的。加拿大就使用英语和法语两种语言。比利时使用法语和荷兰语两种语言。瑞士的北部使用德语,南部使用法语,东部使用意大利语。在美国也有很多人讲西班牙语。

只要存在多语现象,不同语言之间的翻译工作就是不可缺少,非常重要的。

现在我们进入了信息网络时代,英特网(internet)最初使用的是英语,随着英特网的发展,越来越多的国家和地区开始使用英特网,英特网变成了一个多语言的网络世界。

表2是2019年在互联网(Web)上使用的最多的10种语言：英语、汉语、西班牙语、阿拉伯语、葡萄牙语、印度尼西亚语/马来语、法语、日语、俄语、德语。

表2　2019互联网上使用最多的10种语言

Top Ten Languages Used in the Web - April 30, 2019 (Number of Internet Users by Language)					
TOP TEN LANGUAGES IN THE INTERNET	World Population for this Language (2019 Estimate)	Internet Users by Language	Internet Penetration (% Population)	Internet Users Growth (2000 - 2019)	Internet Users % of World (Participation)
English	1,485,300,217	**1,105,919,154**	74.5 %	685.7 %	25.2 %
Chinese	**1,457,821,239**	**863,230,794**	59.2 %	2,572.3 %	19.3 %
Spanish	520,777,464	**344,448,932**	66.1 %	1,425.8 %	7.9 %
Arabic	444,016,517	**226,595,470**	51.0 %	8,917.3 %	5.2 %
Portuguese	289,923,583	**171,583,004**	59.2 %	2,164.8 %	3.9 %
Indonesian / Malaysian	**302,430,273**	**169,685,798**	56.1 %	2,861.4 %	3.9 %
French	422,308,112	**144,695,288**	34.3 %	1,106.0 %	3.3 %
Japanese	126,854,745	**118,626,672**	93.5 %	152.0 %	2.7 %
Russian	143,895,551	**109,552,842**	76.1 %	3,434.0 %	2.5 %
German	97,025,201	**92,304,792**	95.1 %	235.4 %	2.1 %
TOP 10 LANGUAGES	5,193,327,701	**3,346,642,747**	64.4 %	1,123.0 %	76.3 %
Rest of the Languages	2,522,895,508	**1,039,842,794**	41.2 %	1,090.4 %	23.7 %
WORLD TOTAL	7,716,223,209	**4,386,485,541**	56.8 %	1,115.1 %	100.0 %

随着互联网上的语言数据越来越多,我们开始进入大数据(big data)时代。每年数据增长40%左右,仅2011年一年的数据就有1.8 ZB之多,这些数据量已经超过了2011年以前人类历史上全部数据量的总和。而这些大数据的主要载体就是各种语言文字,语言文字的翻译成为了信息网络时代的一个突出问题。

据《2019年中国语言服务行业发展报告》统计：全球语言服务产值预计将首次接近500亿美元;中国涉及语言服务的在营企业有36万余家,语言服务为主营业务的在营企业近万家,总产值超过300亿元,年增长3%以上。

目前,全国开设外语类专业的高校数量多达上千所,其中设立有翻译硕士(MTI)和翻译本科(BTI)专业的院校分别有250余所和280余所,MTI累计招生数达6万余人。

在这种情况下,随着多语言网络世界的发展和翻译需求量的日益增长,为了克服语言障碍,采用机器翻译不失为一种可行的办法。

其实,关于用机器来进行语言翻译的想法,远在古希腊时代就有人提出了。当时,人们曾经试图设计出一种理想化的语言来代替种类繁多、形式各异的自然语言,以便于说不同语言的人们之间进行思想交流。人们曾提出过不少方案,其中的一些方案就已经考虑到了如何用机械手段来处理语言的问题。

二十世纪三十年代初,法国科学家 G. B. Artsouni(阿尔楚尼)提出了用机器来进行语言翻译的想法。

1933 年,苏联发明家 П. П. TPOЯHCKИЙ(特罗扬斯基)设计了用机械方法把一种语言翻译为另一种语言的机器,并于同年 9 月 5 日登记了他的发明。

他的翻译机由一台打字机、一个旧式胶卷照相机和包含英语、俄语、德语、西班牙语 4 种语言的卡片构成。操作人员从文本中拿出一个单词,找到相应的卡片,然后拍张照片,并在打字机上打出词的有关特征,如名词,复数,所有格等。这部打字机的按键构成了一种特征编码。然后利用胶带和照相机的胶卷制作出一帧帧单词与形态特征的组合,实现机械式的机器翻译。例如,输入英语句子"I want many persimmon(我想要很多柿子)",查询卡片,经过适当的形态变化,就可以得到德语译文"Ich will viel Persimonen"。

但是,由于二十世纪三十年代的技术水平还很低,П. П. TPOЯHCKИЙ 的翻译机没有制成,他只是获得了发明专利。П. П. TPOЯHCKИЙ 为完成此项发明努力了 20 年,直到他死于心绞痛。世上无一人知道他发明的这个翻译机,直到 1956 年两位苏联科学家才发现了他的专利。

1946 年,宾夕法尼亚大学的 J. P. Eckert(埃克特)和 J. W. Mauchly(摩希莱)设计并制造出了世界上第一台电子计算机 ENIAC,电子计算机惊人的运算速度,启示着人们考虑翻译技术的革新问题。因此,在电子计算机问世的同一年,美国洛克菲勒基金会自然科学部主任 W. Weaver(韦弗)和英国科学家 A. D. Booth(布斯)在讨论电子计算机的应用范围时,就提出了利用计算机进行语言自动翻译的想法。

1949 年,W. Weaver 发表了一份以《翻译》(*Translation*)为题的备忘录,正式提出了机器翻译(Machine Translation,简称 MT)。

机器翻译是对人的翻译过程的模拟(如图 4 所示)。

人的翻译过程是:语言 1 的说话人说话之后,通过翻译官翻译成语言 2,于是语言 2 的说话人理解了语言 1 的说话人的意思。与此类似,语言 2 的说话人说话之后,通过翻译官翻译成语言 1,于是语言 1 的说话人理解了语言 2 的说话人的意思。

机器翻译模拟人的翻译过程,使用计算机来替代翻译官,翻译器(Translator)也可以把源语言 1 翻译成目标语言 1,把源语言 2 翻译成目标语言 2。

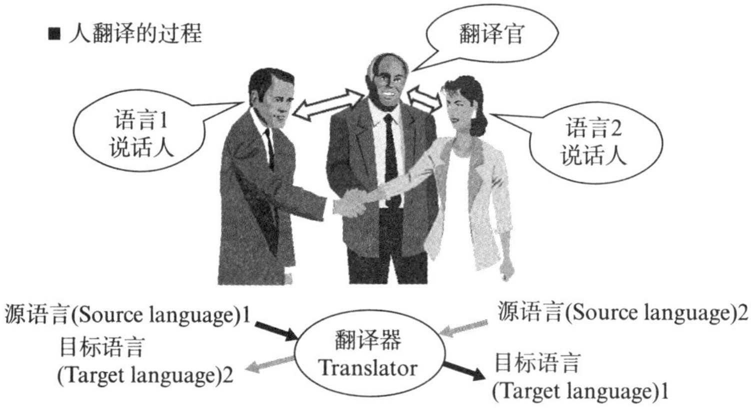

图 4　机器翻译模拟人的翻译

机器翻译的发展过程是很曲折的,几起几落,2014 年之后,出现了神经机器翻译,机器翻译的水平大大提高,已经可以投入使用。随着人工智能的发展,自然语言处理成为人工智能皇冠上的明珠,而机器翻译则成为自然语言处理中最重要的部门。(冯志伟 2004)

机器翻译大致可以分为 4 种类型: 基于规则的机器翻译,基于实例的机器翻译,统计机器翻译,神经机器翻译。如图 5 所示。

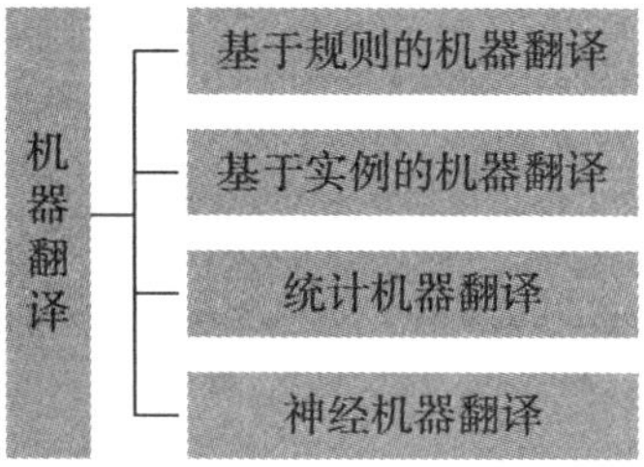

图 5　机器翻译的 4 个类型

下面我们分别加以说明。

1. 基于规则的机器翻译

早在1957年,美国学者Yngve(英格维)在《句法翻译的框架》(*Framework for Syntactic Translation*)一文中就指出,一个好的机器翻译系统,应该分别地对源语言和目标语言都做出恰如其分的描写,这样的描写应该互不影响,相对独立。

Yngve认为,机器翻译可以分为三个阶段来进行。

第一阶段:用代码化的结构标志来表示源语言文本的结构;

第二阶段:把源语言的结构标志转换为目标语言的结构标志;

第三阶段:构成目标语言的输出文本。

第一阶段只涉及源语言,不受目标语言的影响,第三阶段只涉及目标语言,不受源语言的影响,只是在第二阶段才涉及源语言和目标语言二者。在第一阶段,除了做源语言的形态分析之外,还要进行源语言的句法分析,才能把源语言文本的结构表示为代码化的结构标志。在第二阶段,除了进行源语言和目标语言的词汇转换之外,还要进行源语言和目标语言的结构转换,才能把源语言的结构标志转变成目标语言的结构标志。在第三阶段,除了做目标语言的形态生成之外,还要进行目标语言的句法生成,才能正确地输出译文的文本。

Yngve的这些主张,在这个时期广为传播,并被机器翻译系统的开发人员普遍接受,因此,这个时期的机器翻译系统几乎都把句法分析放在第一位,并且在句法分析方面取得了很大的成绩。当然,在机器翻译中,除了句法分析之外,语义分析或概念分析也是不可或缺的。

这样的方法需要"词典 + 规则",除了需要机器词典来存储源语言和目标语言的单词信息之外,还需要研制者编写句法-语义规则,因此,这是一种基于规则的方法(Rule-Based Machine Translation,简称RBMT)。

法国计算语言学家Vauquois(沃古瓦)于1968年提出沃古瓦三角形(Vauquois Triangle),又叫做机器翻译金字塔(pyramid of machine translation),用于表示基于规则的机器翻译的过程和类别。(Vauquois 1968)如图6所示:

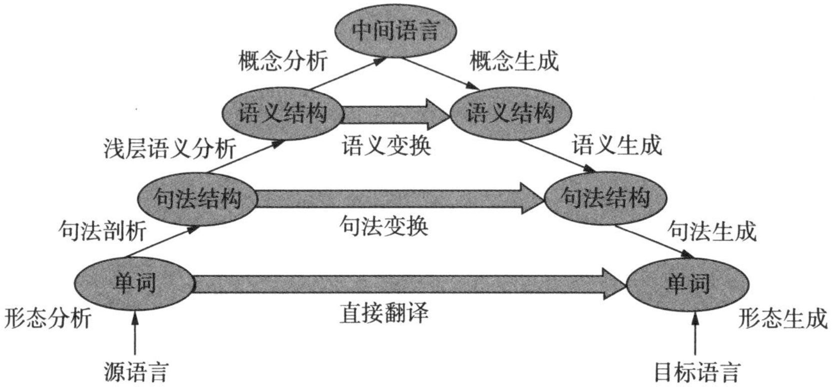

图 6 沃古瓦三角形

在沃古瓦三角形中,机器翻译从源语言开始,首先进行源语言形态分析,接着进行源语言句法剖析,然后进行源语言浅层语义分析和概念分析,分析完成后就进行目标语言生成,首先进行目标语言概念生成,再进行语义生成,接着进行目标语言句法生成,然后进行目标语言形态生成,产生出目标语言。沃古瓦三角形的顶端是中间语言(interlingua),这是独立于源语言和目标语言规范的语义表达形式。

在沃古瓦三角形中,如果从源语言出发,经过形态分析就直接进行目标语言的形态生成,产生出目标语言,这样的方法叫做直接翻译方法(direct approach)。在英德机器翻译中,直接把英语句子"I want forty kilograms of persimmons(我想要 40 公斤柿子)"中的单词翻译为德语的单词,不考虑词序和形态变化,直接生成德语句子"Ich wollen vierzig Kilogamm Persimonen"。注意,这个德语句子中的 wollen 没有进行形态变化。

如果从源语言出发,经过源语言形态分析和源语言句法-语义分析,然后在句法-语义层面进行源语言和目标语言的句法-语义变换,再进行目标语言的句法生成和形态生成,最后产生出目标语言,这样的方法叫做变换翻译方法(transfer approach)。在英德机器翻译中,对于英语句子"I bought a sweet persimmon in the store(我在商店里买了一个甜柿子)"进行形态、句法、语义分析和变换,生成德语句子"Ich kaufte eine süβe Persimone im Laden"。

如果从源语言出发，经过源语言的形态分析、句法分析和语义分析，一直分析到沃古瓦三角形的顶端，得到源语言的中间语言表示，然后从中间语言表示出发，经过语义生成、句法生成和形态生成，最后产生出目标语言，这样的方法叫做中间语言翻译方法(interlingua approach)。在英德机器翻译中，把英语句子"I want forty kilograms of persimmons"表示为中间语言，生成德语句子"Ich will vierzig Kilogamm Persimonen"。

在直接翻译方法中，源语言文本中的词是一个接着一个地进行处理的，这种方法要使用一部较大的双语词典，词典中的每一个条目相当于翻译每一个词的小程序。在变换翻译方法中，首先对输入文本进行分析，然后利用规则将源语言的分析结果变换为目标语言的分析结果，再利用这个分析结果生成目标语言的句子。在中间语言翻译方法中，首先对源语言文本进行分析，得到抽象的意义表示，这种表示形式就是中间语言，目标语言句子要根据这种中间表示来生成。

由沃古瓦三角形中可以看出，从直接翻译方法到变换翻译方法再到中间语言翻译方法，对语言的分析程度不断加深，在目标语言的另一端，对应的层次对语言的生成程度不断提高。

此外，沃古瓦三角形还表明了不同方法对变换知识的依赖程度。在直接翻译方法中，需要大量的变换知识(对每个词来说，几乎所有的翻译知识都是变换知识)。在变换翻译方法中，变换规则仅用于句法剖析树(parsing tree)或者是语义角色(semantic role)。在中间语言翻译方法中，不需要特定的转换知识。随着沃古瓦三角形的斜边的上升，所需要的变换知识程度递减，到了沃古瓦三角形顶端，就不需要进行变换了。

在基于规则的机器翻译研究中，学者们主要采用两种语法来建立规则，一种是短语结构语法(phrase structure grammar)，一种是依存语法(dependency grammar)。

使用短语结构语法可以生成短语结构树来表示句子的句法结构。例如，英语句子"The cat the dog the rat bit chased likes tuna fish(老鼠咬过的狗追赶着的猫喜欢金枪鱼)"可以分析为如图 7 的短语结构树：

这个句子具有多层嵌套，结构十分复杂，计算机造出的短语结构树正确。

使用依存语法可以生成依存树来表示句子的依存关系。例如，英语句子

“Alice saw Bob(爱丽丝看见波普)”可以分析成如图 8 的依存树:

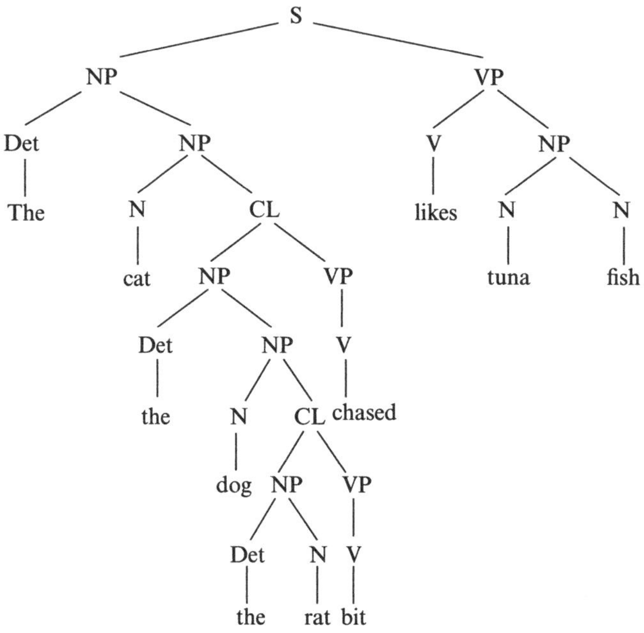

图 7 短语结构树

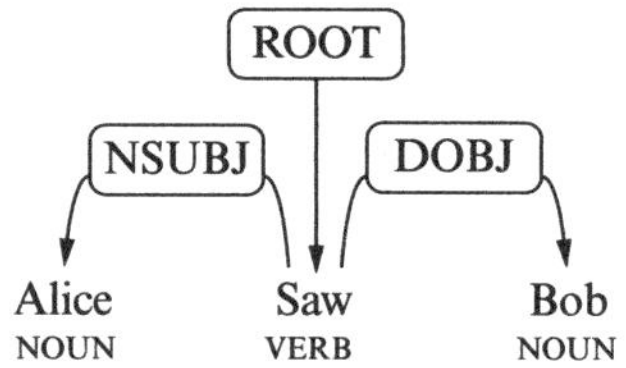

图 8 依存树

在基于规则的机器翻译研究中,学者们提出了很多新的方法,计算语言学取得了长足的进步。

1970 年,法国学者 Colmerauer(科尔迈洛埃)和他的同事们使用逻辑方法研制了 Q 系统(Q-system)和“变形语法”(metamorphosis grammar)并在机器翻译中得到应用,Colmerauer 还是 Prolog 语言的先驱者,他使用逻辑程序设计的思想设计了 Prolog 语言。

1980 年美国学者 Pereira(佩瑞拉) 和 Warren(瓦楞)提出的“定子句语法”

(Definite Clause Grammar)也是在计算语言学中使用逻辑方法的成功范例之一。

1979 年 Kay(凯伊)提出"功能合一语法"(Functional Unification Grammar,简称 FUG),1982 年 Bresnan(布列思南)和 Kaplan(卡普兰)提出"词汇功能语法"(Lexical Function Grammar,简称 LFG)。他们的研究引入了"复杂特征"(complex feature)的概念。

1983 年,冯志伟提出了"多叉多标记树形图模型"(Multiple-branched Multiple-labeled Tree Model,简称 MMT 模型),在他设计的多语言机器翻译 FAJRA(英语、法语、日语、俄语、德语的法文首字母缩写)系统中,采用了"多标记"(Multiple label)的概念,提高了多语言机器翻译的质量。"多标记"的概念与"复杂特征"的概念实质上是一致的,这些关于自然语言特征结构研究成果,都有效地克服了 Chomsky 短语结构语法的生成能力过强的缺陷。(冯志伟 1983)

1976 年,加拿大蒙特利尔大学与加拿大联邦政府翻译局联合开发了基于规则的实用性机器翻译系统 TAUM-METEO,能够提供天气预报服务。这个机器翻译系统投入使用之后,每小时可以翻译 6 万—30 万个词,每天可以翻译 1 500—2 000 篇天气预报的资料,并能够通过电视、报纸立即公布。这样的翻译效果在当时的技术条件下是难能可贵的。TAUM-METEO 系统是基于规则的机器翻译成功的范例,是机器翻译发展史上的一个里程碑。

2. 基于实例的机器翻译

基于实例的机器翻译(Example-Based MT,简称 EBMT)的思想最早是日本计算语言学家长尾真(Nagao Makoto)提出的。他在 1984 年发表了《采用类比原则进行日—英机器翻译的一个框架》一文,探讨日本人初学英语时翻译句子的基本过程,长尾真认为,初学英语的日本人总是记住一些最基本的英语句子以及一些相对应的日语句子,他们要对比这些不同的英语句子和相对应的日语句子,并由此推论出日语句子的结构。参照日本人学习外语的这个过程,长尾真认为,在机器翻译中,如果我们给出一些英语句子的实例以及相对应的日语句子,由计算机来识别和比较这些实例及其译文的相似之处和不同之处,从而挑选出正确的译文,就可以达到机器翻译的效果。

长尾真指出,人类并不通过做深层的语言学分析来进行翻译,人类的翻译过程是:首先把输入的句子正确地分解为一些短语碎片,接着把这些短语碎片翻译成目标语言的短语碎片,最后再把这些短语碎片组成完整的句子,每个短语碎片的翻译是通过类比的原则来实现的,也就是"通过类比来进行翻译"(translation by analogy)。因此,我们应该在计算机中存储一些实例,并建立由给定的句子搜索类似例句的机制,这是一种由实例引导推理的机器翻译方法,也就是基于实例的机器翻译方法。(Nagao 1989)

在基于实例的机器翻译系统中,系统的主要知识源是双语对照的翻译实例库,实例库主要有两个字段,一个字段保存源语言句子,另一个字段保存与之对应的目标语言译文,每输入一个源语言的句子时,系统就把这个句子同实例库中的源语言句子字段进行比较,找出与这个句子最为相似的句子,并模拟与这个句子相对应的译文,最后输出目标语言译文。

在基于实例的机器翻译系统中,翻译知识以实例和机器词典的形式来表示,易于增加或删除,系统的维护简单易行,如果利用了较大的翻译实例库并进行精确的对比,就有可能产生高质量译文,而且避免了基于规则的那些传统的机器翻译方法必须进行深层语言学分析的困难。这种机器翻译方法在翻译策略上是很有吸引力的。

例如,在英德机器翻译中,我们已经在翻译记忆库中存储了翻译好的句子偶对"I'm going to the theater = Ich gehe ins theater"(我到剧院去),其中"I'm going to the"的德语译文是"Ich gehe ins"。因此,如果我们要翻译英语句子"I'm going to the cinema(我到电影院去)",我们只要把英语的 cinema 翻译成德语的 Kino,直接加入到已经翻译好的片段中去,就可以得到这个句子的德语译文是"Ich gehe ins Kino"。

要进行基于实例的机器翻译需要研究如下问题:

第一,正确地进行双语自动对齐(alignment):在实例库中要能准确地由源语言例句找到相应的目标语言例句,在基于实例的机器翻译系统的具体实现中,不仅要求进行句子一级的对齐,而且还要求进行短语一级甚至单词一级的对齐。

第二,建立有效的实例匹配检索机制:很多研究者认为,基于实例的机器翻译的潜力在于充分利用短语一级的实例碎片，也就是在短语一级进行对齐；但是，利用的实例碎片越小，碎片的边界越难于确定，歧义情况越多，从而导致翻译质量的下降，为此，要建立一套相似度准则(similarity metric)，以便确定两个句子或者短语碎片是否相似。

第三，根据检索到的实例生成与源语言句子相对应的目标语言译文：由于基于实例的机器翻译对源语言的分析比较粗，生成译文时往往缺乏必要的信息，为了提高译文生成的质量，可以考虑把基于实例的机器翻译与基于规则的机器翻译方法结合起来，对源语言也进行一定深度的分析。

基于实例的机器翻译强调语言数据(language data)在机器翻译中的作用，开经验主义机器翻译研究的先河。这样的探索具有创新性。

3. 统计机器翻译

1993 年 7 月在日本神户召开的第四届机器翻译高层会议(MT Summit Ⅳ)上，英国学者 Hutchins(哈钦斯)在他的特约报告中指出，自 1989 年以来，机器翻译的发展进入了一个新纪元。这个新纪元的重要标志是，在基于规则的技术中引入了语料库方法，进行统计机器翻译(Statistical Machine Translation，简称 SMT)。这种建立在大规模真实文本处理基础上的统计机器翻译，是机器翻译研究史上的一场革命，它将会把自然语言处理推向一个崭新的阶段。

进入二十一世纪以来，语料库方法已经渗透到了机器翻译研究的各个方面，一些基于语料库的统计机器翻译系统如雨后春笋般地建立起来。统计机器翻译系统采用了噪声信道模型、隐马尔可夫模型、最大熵模型，通过机器学习的方式从大规模真实的语料库中获取翻译知识，有的统计机器翻译系统把基于语料库的方法和基于规则的方法巧妙地结合起来，取得了可喜的成绩。(Koehn 2007)

早在 1947 年，Weaver 在他的以《翻译》(*Translation*)为题的备忘录中，就提出了使用解读密码的方法来进行机器翻译，他认为翻译类似于解读密码的过程。他说：

当我阅读一篇用汉语写的文章的时候,我可以对自己说,这篇文章实际上是用英语写的,只不过它是用另外一种奇怪的符号编了码而已。现在我要进行解码。

他的这段话非常重要,广为流传,我们把英文原文写在下面(参照图9):

When I look at an article in Chinese, I say to myself. It is really written in English, but it has been coded in some strange symbols. I will now proceed to decode.

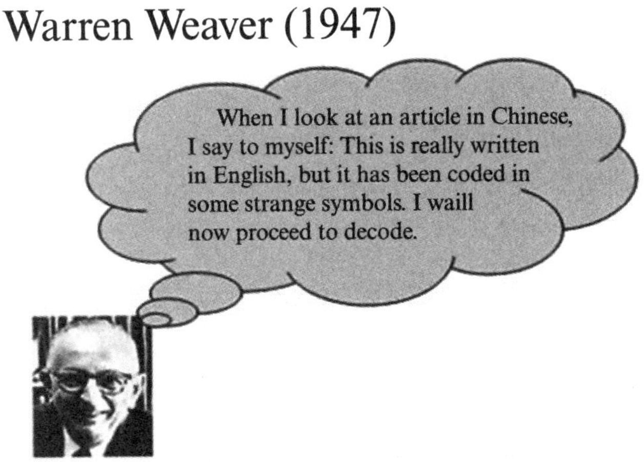

图9 Weaver 提出解读密码的方法

这段话中,Weaver 首先提出了用解读密码的方法进行机器翻译的想法,这种想法成为后来噪声信道理论的滥觞。

这种所谓"解读密码"的方法实质上是一种统计的方法,实施起来要进行大量的数学运算,Weaver 在 1947 年提出的这种方法,实质上就是想使用基于统计的方法来解决机器翻译问题。

由于在 Weaver 的那个时代,还缺乏高性能的计算机和大规模的联机语料,采用基于统计的机器翻译在技术上还不成熟。Weaver 的这种方法尽管有高瞻远瞩的洞见,却难以付诸实现。现在,这种局面已经大大改变了,计算机在速度和容量上都有了大幅度的提高,也有了大量的联机语料可供统计使用,因此,在二十世纪九十年代,基于统计的机器翻译又兴盛起来。

在 Weaver 思想的基础上,IBM 公司的 Brown(布劳恩)等人提出了统计机器翻译的数学模型。

这种基于统计的机器翻译的数学模型把机器翻译问题看成是一个“噪声信道”问题。

“噪声信道”(noisy channel)这个比喻来自二十世纪七十年代 IBM 实验室在语音识别研究中提出的模型,Jelinek(杰里奈克,1976)把这样的模型叫做“噪声信道模型”。

在这个噪声信道模型(noisy channel model)中,源语言(source)中的单词(word)经过噪声信道(noisy channel)变成了噪声单词(noisy word),语音识别的任务就是对于噪声词进行解码(decoder),猜出原来的单词(guess at original word)。如图 10 所示:

图 10 噪声信道模型

根据噪声信道模型,我们可以这样来看机器翻译:一种语言 S 由于经过了一个噪声信道而发生了扭曲变形,在信道的另一端呈现为另一种语言 T,翻译问题实际上就是如何根据观察到的语言 T,恢复最为可能的语言 S。语言 S 是信道意义上的输入(源语言),在翻译意义上就是目标语言,语言 T 是信道意义上的输出(目标语言),在翻译意义上就是源语言。

从这种观点看来,一种语言中的任何一个句子都有可能是另外一种语言中的众多句子的译文,只是这些句子的可能性各不相同,机器翻译就是要找出其中可能性最大的句子,也就是对所有可能的目标语言 S 计算出概率最大的一个作为源语言 T 的译文。

可见,统计机器翻译系统的任务就是在所有可能的目标语言 T(这里指翻译意义上的目标语言,也就是噪声信道模型意义上的源语言)的句子中寻找概率最大的那个句子作为源语言 S(这里指翻译意义上的源语言,也就是噪声信道模型意义上的目标语言)的翻译结果。

其概率值可以使用如下的贝叶斯公式(Beyes formula)得到(注意,下面公式中的 T 和 S 与上面的含义不一样,下面公式中的 T 是在翻译意义上的目标语言,S 是在翻译意义上的源语言):

$$(1)\ P(T|S)=\frac{P(T)P(S|T)}{P(S)}$$

由于等式(1)右边的分母 $P(S)$ 与 T 无关,因此,求 $P(T|S)$ 的最大值相当于寻找一个最接近于真实的目标语言句子 T 的 $\hat{T}$,使得等式右边分子的两项乘积 $P(T)P(S|T)$ 为最大,也就是:

$$(2)\ \hat{T}=\underset{T}{\operatorname{argmax}}P(T)P(S|T)$$

在等式(2)中,$P(T)$ 是目标语言的"语言模型"(language model),$P(S|T)$ 是给定 T 的情况下 S 的"翻译模型"(translation model)。根据语言模型和翻译模型,求解在给定源语言句子 S 的情况下最接近真实的目标语言句子的 $\hat{T}$ 过程,相当于噪声信道模型中解码的过程。

从翻译的意义上可以这样解释等式(2):假定有一个目标语言的文本 T,经过了某个噪声信道后变成源语言 S,源语言文本 S 是由目标语言 T 经过了奇怪编码的扭曲变形之后而得到的,机器翻译的目的,就是要把 S 还原成 T,这样一来,机器翻译的过程就可以看成是一个解码的过程,如图 11 所示。

图 11　统计机器翻译的过程是一个解码的过程

在图 11 中,$P(T)$ 是目标语言文本的语言模型,它与源语言无关,$P(S|T)$ 是在考虑目标语言 T 的条件下,源语言 S 的条件概率,它是翻译模型,反映了两种语言翻译的可能性,与源语言和目标语言都有关。

Brown 发表的关于统计机器翻译的经典性论文中,公式(2)被称为"统计机器翻译的基本方程式"(Fundamental Equation of Statistical Machine Translation)。

根据统计机器翻译的基本方程式(2)可知,统计机器翻译系统要解决三个问题:

1）语言模型 $P(T)$ 的参数估计；

2）翻译模型 $P(S|T)$ 的参数估计；

3）设计有效快速的搜索算法（解码器）来求解 $\hat{T}$，使得 $P(T)P(T|S)$ 最大。

根据这样的思想，一个统计机器翻译的框架可以表示如图 12：

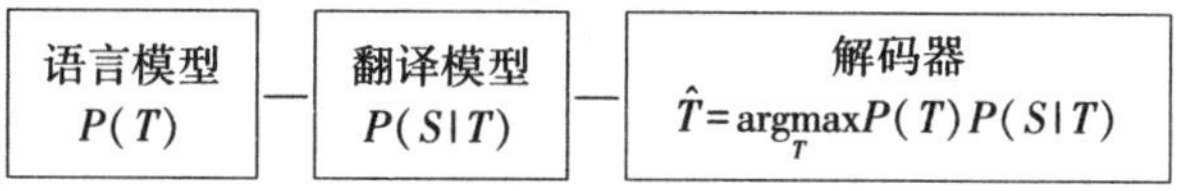

图 12　统计机器翻译系统的框架

从图 12 中可以看出，一个统计机器翻译系统应当包括语言模型、翻译模型和解码器三个部分。

语言模型 $P(T)$ 表示 T 像一个目标语言中的句子的程度，它反映了译文的流利度（fluency）。翻译模型 $P(S|T)$ 表示目标语言 T 像源语言 S 的程度，它反映了目标语言 T 对于源语言 S 的忠实度（adequacy）。

我国著名翻译家严复提出了翻译的三个标准："信""达""雅"。"信"就是译文的忠实度，"达"就是译文的流畅度，"雅"就是译文的优雅度。

1791 年，英国翻译理论家 Tytler（泰特勒，1747—1814）的《论翻译的原则》提出了翻译的三原则。（Tytler 1791）

> 1）译文应完整地传达出原作的思想。（A translation should give a complete transcript of the ideas of the original work.）
>
> 2）译文的风格与笔调和原作性质相同。（The style and manner of writing should be of the same character as that of the original.）
>
> 3）译文应与原作同样流畅。（A translation should have all the ease of the original composition.）

这三个原则，与严复的"信"（faithfulness）"达"（expressiveness）"雅"（elegance）有异曲同工之妙，严复的"信""达""雅"被美国语言学家 Nide（奈达）推崇为"翻译三原则"（for Chinese translators Yan Fu's triple principle of translation）。可见，这应当成为判定翻译质量的重要依据。

统计机器翻译的基本公式已经反映了翻译三原则中的"信"和"达"，正在逐渐向翻译的第三个原则“雅”靠拢。

鲁迅把严复“信”“达”“雅”的三个标准简化为“顺”和“信”两个标准。根据我们的常识,好的机器翻译的译文应当是流畅的,同时又应当是忠实于源语言的,就是说,既要“顺”,又要“信”。鲁迅的“顺”这个标准反映了语言模型的要求,鲁迅的“信”这个标准反映了翻译模型的要求。在统计机器翻译中联合使用语言模型和翻译模型,既考虑了译文的“顺”,又考虑了译文的“信”,其效果应该比单独使用翻译模型好,如果仅仅考虑翻译模型,由于只考虑了“信”而忽视了“顺”,就常常会翻译出一些不通顺的译文。

所以,统计机器翻译中的“翻译模型”和“语言模型”,与鲁迅提出的翻译的“信”和“顺”两个标准正好是对应的。

从实质上说,对于语言模型的概率计算是一个 N 元语法(N-gram)问题。

例如,英语句子“I saw water on the table”的二元语法的概率为:

$$P(\text{I saw water on the table}) = P(\text{I} \mid \text{START}) * P(\text{saw} \mid \text{I}) * P(\text{water} \mid \text{saw}) * P(\text{on} \mid \text{water}) * P(\text{the} \mid \text{on}) * P(\text{table} \mid \text{the}) * P(\text{END} \mid \text{table})$$

这样一来,我们要计算在前面为句首 START 时,单词 I 的概率,在前面一个单词为 I 时,单词 saw 的概率,在前面一个单词为 saw 时,单词 water 的概率,在前面一个单词为 water 时,单词 on 的概率,在前面一个单词为 on 时,单词 the 的概率,在前面一个单词为 the 时,单词 table 的概率,在前面一个单词为 table 时,句末 END 的概率;然后再把这些概率相乘,就得到这个句子的二元语法的概率。如图 13 所示。

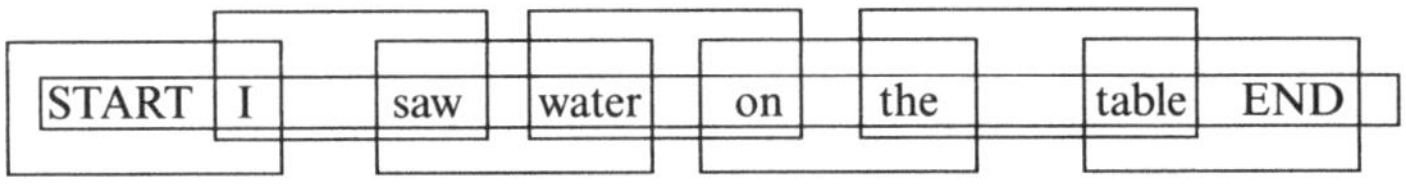

图 13 句子 I saw water on the table 的二元语法图示

句子“I saw water on the table”的三元语法的概率为:

$$P(\text{I saw water on the table}) = P(\text{saw} \mid \text{START I}) * P(\text{water} \mid \text{I saw}) * P(\text{on} \mid \text{saw water}) * P(\text{the} \mid \text{water on}) * P(\text{table} \mid \text{on the}) * P(\text{END} \mid \text{the table})$$

这样一来,我们要计算在从句首开始前面的词串为 START I 时,单词 saw 的概率,前面词串为 I saw 时,单词 water 的概率,前面词串为 saw water 时,单词 on 的概率,前面词串为 water on 时,单词 the 的概率,前面词串为 on the 时,单词 table 的概率,前面词串为 the table 时,句末 END 的概率;然后再把这些概率相乘,就得到这个句子的三元语法的概率。如图 14 所示。

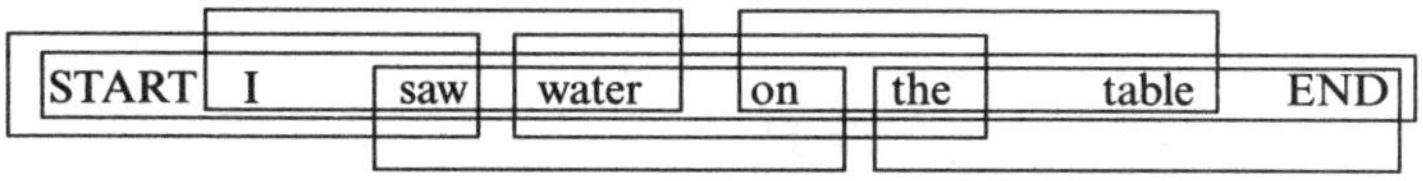

图 14　句子 I saw water on the table 的三元语法图示

显而易见,语言模型反映了目标语言中句子的流畅程度,语言模型越好,译文就越流畅,越通顺。

对于翻译模型概率的计算,关键在于如何定义目标语言句子中单词与源语言句子中单词的对应关系。这涉及双语并行语料库中单词的对齐问题(word alignmemt)。

这时,我们要根据双语并行语料库,从中计算单词之间对应的概率。

例如,在进行英德机器翻译时,我们可以从英语-德语的双语并行语料库中得到如图 15 的单词对应概率。

图 15　英语-德语并行语料库中得到的单词对应概率

从图 15 中可以看出:英语 the 对应于德语 das 的概率是 0.58,而对应于德语 Haus 的概率只有 0.02,因此,我们选择 das 为 the 的译文。英语 house 对应于德语 Haus 的概率是 0.87,而对用于德语 das 的概率只是 0.03,因此,我们选择 Haus 为 house 的译文。英语 blue 对应于德语 blaues 的概率是 0.68,而对应于德语 Haus 的概率只是 0.02,因此,我们选择 blaues 为 blue 的译文。英语 car 对应于德语 Auto 的概率是 0.75,而对应于德语 das 的概率只是 0.03,因此,我们选择 Auto 为 car 的译文。

在进行统计机器翻译时,我们要从众多的候选译文中,选择出概率最大的候选者作为对应的译文。例如,在英德机器翻译中,英语单词 leave 有众多的德语候选译文,如 verlassen、lassen、hinterlassen、abgeben、gehen 等,我们要从中选取概率最大的 verlassen 作为 leave 的译文。如图 16 所示。

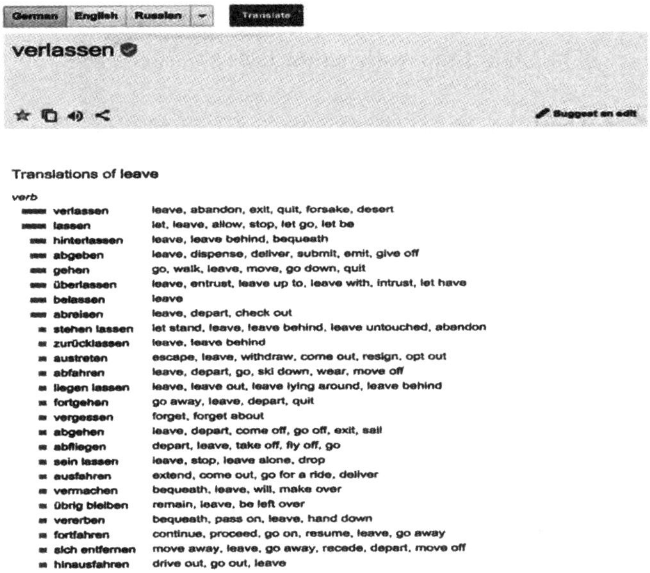

图 16　从候选单词中选取概率最大的译文

显而易见,翻译模型反映了译文对于原文的忠实程度,翻译模型越好,译文就越是准确。

翻译模型中单词的选取,实际上是一个单词对齐问题。下面,我们以英语和法语为例来讨论单词对齐中的一些方法。

在句子偶对(John loves Mary | Jean aime Marie)中,我们看到英语单词 John 生成了法语单词 Jean,loves 生成了 aime,Mary 生成了 Marie,这时,我们就说,John 和 Jean 对齐,loves 和 aime 对齐,Mary 和 Marie 对齐。

那么,怎样来发现句子中两种语言的单词之间的这种对齐关系呢? 下面我们来讨论这个问题。

假定我们有三组法语短语：la maison(房子)、la maison bleue(蓝色房子)、la fleur(花)，它们与三组英语短语相互对应：the house、the blue house、the flower。从理论上来说，在每一组中的每一个单词，都可以与同一组中另一种语言的所有的单词相对应。这种复杂的对应关系如图 17 所示。

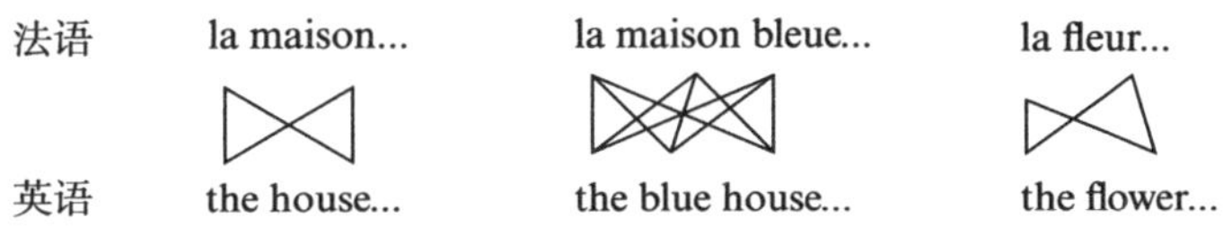

图 17　单词之间的复杂对应关系

但是，我们观察到，法语的 la 和英语的 the 在每一组中都同时出现，它们同时出现的频度最大，因此，法语的 la 应当与英语的 the 对齐。法语的 maison 与英语的 house 在两个组中同时出现，它与英语的 the 也在两个组中同时出现，但是，由于法语的 la 已经与英语的 the 相对应，法语的 maison 不可能再与英语的 the 对应，因此，我们可以判断，法语的 maison 应当与英语的 house 对齐。在第二组 la maison bleue 中，la 和 maison 都已经确定了英语的对应单词分别为 the 和 house，因此，bleue 必定与英语的 blue 对齐。在第三组 la fleur 中，既然法语的 la 已经与英语的 the 相对应，那么，fleur 必定与英语的 flower 对齐。这样，我们得到如图 18 的对齐结果。

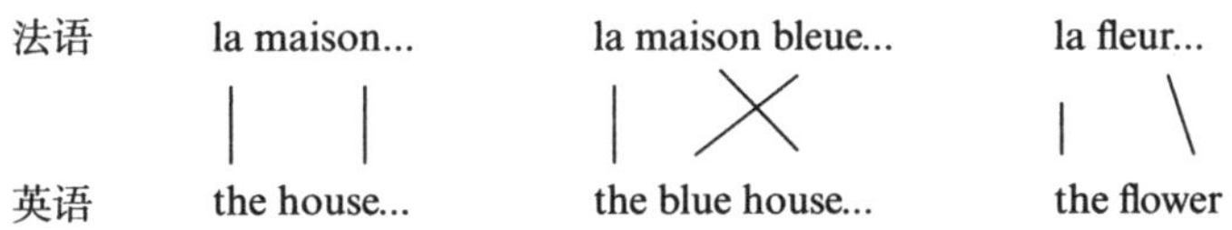

图 18　单词之间的对齐结果

在统计机器翻译中，我们使用期望最大(Expectation Maximization，简称 EM)算法来发现上述隐藏在两种语言结构后面的单词之间的对应关系，进行单词对齐。

上面是一对一的单词对齐，我们再讨论比较复杂的单词对齐情况。

在句子偶对"And the program has been implemented | Le programme a été mis en application(计划实施了)”中,单词的对齐关系如图 19 所示。

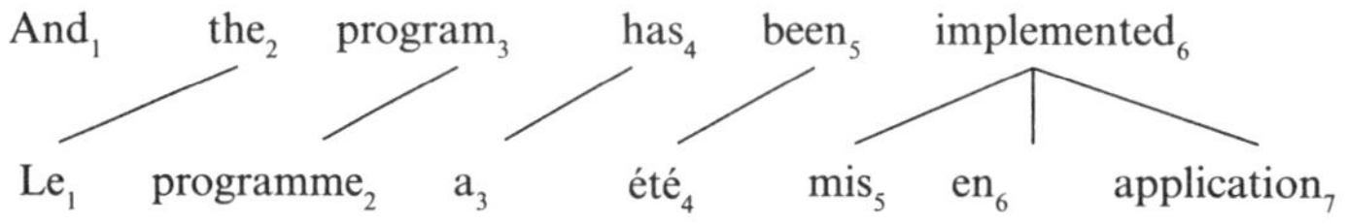

图 19　单词对齐的复杂情况

从图 19 可以看出,在法语的句子中,英语的 And 没有相应的对应单词,这是“一对零”的情况;而英语单词 implemented 则对应于三个法语单词 mis en application,这是“一对多”的情况。

如果从法语的角度来看英语,在表示这种对齐关系的时候,只要在英语的相应单词上标上法语单词的编号就行了,用 Brown 的表示方法,其对齐情况可以写为:

Leprogramme a été mis en application | And the(1) program(2) has(3) been(4) implemented(5,6,7)

由于英语的 And 在法语句子中没有对应的单词,因此,And 后面没有出现相应的数字。这是“一对零”的情况。

实际上,在两种语言的翻译中,单词之间除了“一对一”“零对一”“一对零”的情况之外,还有“一对多”“多对一”“多对多”的情况。由此可见,单词对齐是一个非常复杂的问题。

在目标语言句子 T 的长度为 l(包含 l 个单词),源语言句子 S 的长度为 m(包含 m 个单词)的情况下,T 和 S 之间有 $l\times m$ 种不同的对应关系。在使用解码器进行搜索时,要在所有的目标语言 t_1^l 中,搜索使 $p(t_1^l)\times p(s_1^m | t_1^l)$ 最大的结果,最后进行适当的变换处理之后,输出目标语言的句子。

由此可见,在统计机器翻译中,单词的对齐是一个关键性的问题。为此我们引入隐含变量 A。这个隐含变量表示单词对齐 A(Alignment),这样,翻译句子偶对(S|T)的概率,可以通过条件概率 P(S, A|T)而获得,翻译模型的公式变为:

$$(3)\ P(S|T) = \sum_{A} P(S,A|T)$$

这样一来,我们就把翻译模型 P(S|T)的计算,转化为对 P(S, A|T)的估计。

假设源语言句子 $S=s_1^m=s_1s_2...s_m$ 有 m 个单词，目标语言句子 $T=t_1^l=t_1t_2...t_l$ 有 l 个单词，对齐序列表示为 $A=a_1^m=a_1a_2...a_m$。其中，$a_j(j=1,2,\cdots,m)$ 的取值范围为 0 到 m 之间的整数，如果源语言中的第 j 个单词与目标语言中的第 i 个单词对齐，则 $a_j=i$，如果没有单词与它对齐，则 $a_j=0$。

不失一般性，我们有

$$(4)\ P(S,A\mid T)=P(m\mid T)\prod_{j=1}^{m}P(a_j\mid a_1^{j-1},m,T)P(s_j\mid a_1^j,s_1^{j-1},m,T)$$

这个等式的左边表示在给定一个目标语言句子的情况下生成一个源语言句子及其对齐关系的概率，在计算这个概率的时候，我们首先根据已有的关于目标语言句子的知识，考虑源语言句子长度的概率（等式右边的第一项），然后，再选择在给定目标语言句子和源语言句子长度的情况下，目标语言句子中与源语言句子的第一个单词的位置以及对齐的概率（等式右边乘积中的第一项），接着，再考虑在给定目标语言句子和源语言句子长度，并且目标语言句子中与源语言句子的第一个单词对齐的那个位置的情况下，源语言句子中第一个单词的概率（等式右边乘积中的第二项）。依此类推，分别计算源语言句子的第二个单词的概率，第三个单词的概率，等等。这样一来，等式 P(S,A|T) 总是可以被变换成像上面的等式那样多个项相乘的形式。（冯志伟 2015）

IBM 公司首先使用统计方法进行法语到英语的机器翻译，对于翻译模型 P(S|T)，由于 S 是法语（French），T 是英语（English），因此，他们用 P(F|E) 或者 P(f|e) 来表示，对于语言模型 P(T)，由于 T 是英语，因此用 P(E) 或者 P(e) 来表示。如图 20 所示。

图 21 是从噪声信道模型来看 IBM 公司的法英机器翻译系统的一个示例。可以假定一个英语的句子"The program has been implemented"从英语的信道（channel source E）经过噪声信道（noisy channel）之后在法语的输出信道（channel output F）中变成了一个法语的句子"Le programme a été mis en application"。从翻译的角度来看，IBM 公司的法英统计机器翻译的任务就是从源语言法语 F 的句子出发，建立翻译模型 P(F|E) 和语言模型 P(E) 进行解码，

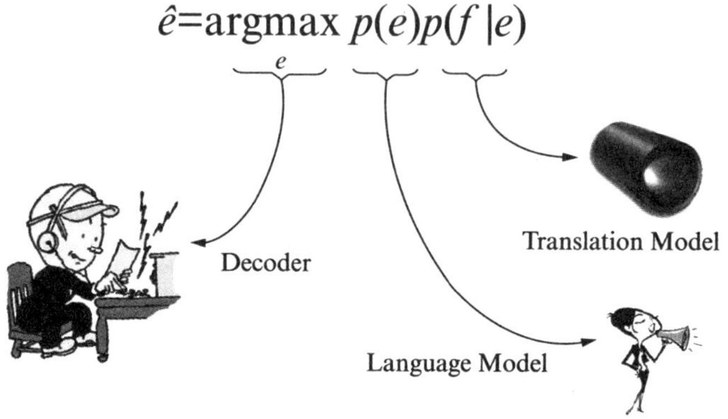

图 20 从噪声信道模型来看 IBM 公司的法英机器翻译

选出最好的英语句子作为输出,最后得到英语的译文。这个法英机器翻译系统的解码的过程如图 21 所示。

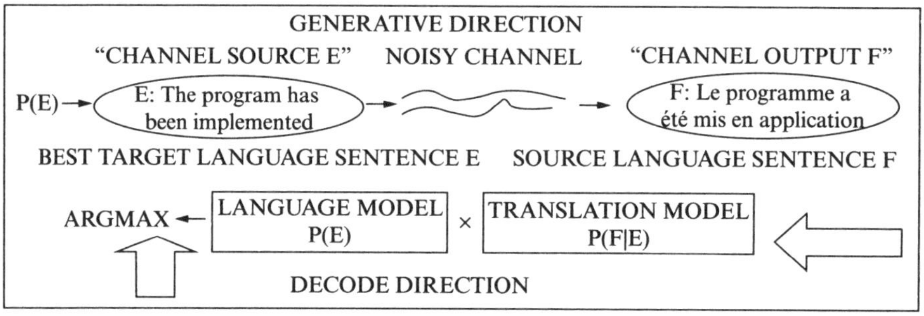

图 21 法英机器翻译系统的解码的过程

Brown 等研究者以法英双语对照加拿大议会辩论记录作为双语语料库,一共有 220 万组句子,基于统计机器翻译的思想开发了法英机器翻译系统——Candide。

Candide 系统分为分析—转换—生成三个阶段,语言的中间表示是线性的,分析和生成都是可逆的。

在分析阶段,需要对于输入的法语文本进行预处理。例如:短语切分,专名与数词检测,大小写与拼写校正,形态分析,语言的归一化等。

在转换阶段使用基于统计的方法进行解码。解码又可以分为两个阶段:在第一阶段,使用粗糙模型的堆栈搜索,输出 140 个评分最高的译文。其语言模型为三元语法，其翻译模型使用期望最大算法（EM 算法）。在第二阶段，使用精细模型的扰动搜索，先扩充对第一阶段的输出结果，再重新评分，其语言模型采用链语法（link grammar），翻译模型采用最大熵方法（MaxEntropy）。

这个基于统计的机器翻译系统 Candide 与基于规则的机器翻译系统 SYSTRAN 的结果比较如表 3 所示。

表 3 Candide 系统与 SYSTRAN 系统比较

	Fluency		Adequacy		Time Ratio	
	1992	1993	1992	1993	1992	1993
Systran	0.466	0.540	0.686	0.743		
Candide	0.511	0.580	0.575	0.670		
Transman	0.819	0.838	0.837	0.850	0.688	0.625
Manual		0.833		0.840		

表 3 是美国国防部高级研究计划署（ARPA）对几个机器翻译系统的评测结果，其中第一行是著名的基于规则的 SYSTRAN 系统的翻译结果，第二行是 Candide 的翻译结果，第三行 Transman 是 Candide 加上人工校对的结果，第四行 Manual 是纯人工翻译的结果。评价指标有两个：Fluency（流畅度）和 Adequacy（忠实度）。Transman 是 IBM 研制的一个译后编辑工具。Time Ratio 显示的是用 Candide 加 Transman 人工校对所用的时间和纯手工翻译所用时间的比例。从指标上看，统计机器翻译系统 Candide 已经超越了基于规则的机器翻译系统 SYSTRAN。

由于计算的复杂性，Candide 请了一些语言学家来帮助他们做形态分析表、语义标注、中间表达式的转换，Candide 也使用了机器词典。可见，这个基于统计的机器翻译系统也适当地吸收了一些规则方法来改善统计机器翻译的效果。

IBM 公司在统计机器翻译方面的成绩引起了学术界极大的兴趣，很多人都试图效仿 IBM 公司的做法，重复 IBM 的试验，并对它进行改进。但是，IBM 试验的工作量太大，一般的研究人员得不到 IBM 公司的源代码，在编码方面有很大的困难。于是，在 1999 年夏天，相关的研究人员会聚美国约翰斯-霍普金斯大学

(Johns-Hopkins University,简称 JHU)的夏季机器翻译研讨班,大家共同合作,重复了 IBM 公司的统计机器翻译试验,开发了一款公开源代码的统计机器翻译软件包 EGYPT 并免费传播。在研讨班上,学者们用这个 EGYPT 软件包,在一天之内就构造出一个捷克语-英语的机器翻译系统。

JHU 夏季研讨班的与会者回到了自己原来的研究单位之后,使用 EGYPT 软件包对 IBM 的系统进行改进,有力地推动了统计机器翻译的研究。在自然语言处理的领域中,出现了研究统计机器翻译的热潮。

EGYPT 软件包有 4 个模块:

(1) GIZA++:这是一个语料库工具,用于从双语并行语料库中抽取统计知识,进行参数训练。

(2) Decoder:这是一个解码器,用于执行具体的翻译过程,在噪声信道模型中,所谓"翻译"(translation)就是"解码"(decode)。

(3) Cairo:这是整个统计机器翻译系统的可视化界面,用于管理所有的参数、查看双语语料库对齐的过程和翻译模型的解码过程。

(4) Whittle:这是语料库预处理的工具。

1999 年 JHU 统计机器翻译研讨班的技术报告指出,

> "当这个解码器的原形系统在研讨班上完成时,我们很高兴并惊异于其速度和性能。90 年代早期在 IBM 公司举行的 DARPA 机器翻译评价时,我们曾经预计只有很短的句子(10 个词左右)才可以用统计方法进行解码,即使那样,每个句子的解码时间也可能是几个小时。在早期 IBM 的工作过去将近 10 年后,摩尔定律、更好的编译器以及更加充足的内存和硬盘空间帮助我们构造了一个能够在几秒钟之内对 25 个单词的句子进行解码的系统。为了确保成功,我们在搜索中使用了如下所述的相当严格的域值和约束。解码器相当有效这个事实为统计机器翻译这个方向未来的工作预示了很好的前景,并肯定了 IBM 的工作的初衷,即强调概率模型比效率更重要。"

EGYPT 软件包可在网上免费下载,为相关的研究工作提供了一个很好的研究基础,一时成为统计机器翻译研究的基准。

2003 年 7 月,在美国马里兰州巴尔的摩(Baltimore, Maryland),由美国商业部国家标准与技术研究所 NIST/TIDES (National Institute of Standards and

Technology）主持的评比中，来自德国的青年科学家 F. J. Och（奥赫）获得了最好成绩。他使用最大熵的统计方法，根据他带来的一个阿拉伯语-英语双语并行语料库和一个汉语-英语双语并行语料库，在很短的时间之内就现场构造了阿拉伯语和汉语到英语的两个机器翻译系统。顺利地把阿拉伯语和汉语翻译成英语，而他本人并不懂阿拉伯语和汉语。他的演示得到评比会议参加者的赞赏。

F. J. Och 在演示后说，两千多年前，伟大的希腊科学家 Archimedes（阿基米德）说过（参照图 22）：

> 只要给我一个支点，我就可以移动地球。（Give me a place to stand on, and I will move the world.）

图 22　Archimedes 移动地球

而在这次评比中，F. J. Och 也模仿着 Archimedes 说：

> 只要给我充分的并行语言数据，那么，对于任何的两种语言，我就可以在几小时之内给你构造出一个机器翻译系统。（Give me enough parallel data, and you can have translation system for any two languages in a matter of hours.）

F. J. Och 此言不虚，他的豪言壮语反映了新一代的机器翻译研究者朝气蓬勃的探索精神和继往开来的豪情壮志。

随着互联网的发展，在网络上可以获得大规模的语言数据资源，大大推动了网上统计机器翻译的发展，谷歌、百度、微软等公司都先后推出了网上统计机器翻译系统。

例如，微软的 Microsoft Translator 以机器学习、大数据、自然语言处理和云计算等前沿技术为基础,为网络用户提供机器翻译服务,可支持50多种语言的文本翻译,8种语言的实时语音翻译,18种语言的语音识别和输出。这个统计机器翻译系统可以不断地对训练数据中的人工译文和语言转换结果进行机器学习,在不断的学习、纠错和改错过程中,促进机器翻译系统算法的自我完善,通过统计建模和高效的算法,不断地优化机器翻译系统,使用 Microsoft Translator 这个自动翻译工具,操不同语言的用户使用手机就能进行面对面地实时交流,畅快地进行沟通。

可以看出,基于规则的机器翻译系统需要规则库的支持,基于实例的机器翻译系统需要翻译实例库和翻译词典的支持,统计机器翻译系统需要双语平行语料库和单语语料库的支持。它们赖以支持的语言资源各不相同。

4. 神经机器翻译

2016年9月,谷歌公司推出了神经机器翻译(Neural Machine Translation,简称 NMT)系统,一举把机器翻译提高到实际应用和商品化的水平,使机器翻译进入了一个新阶段。(冯志伟 2021b)

神经机器翻译使用深度学习(deep learning,简称 DL)技术,把自然语言中单词的离散符号(discrete symbols)映射为 N 维空间中的连续向量(continuous vectors),这样的连续向量也就是"词向量"(word vector)。如图23所示。

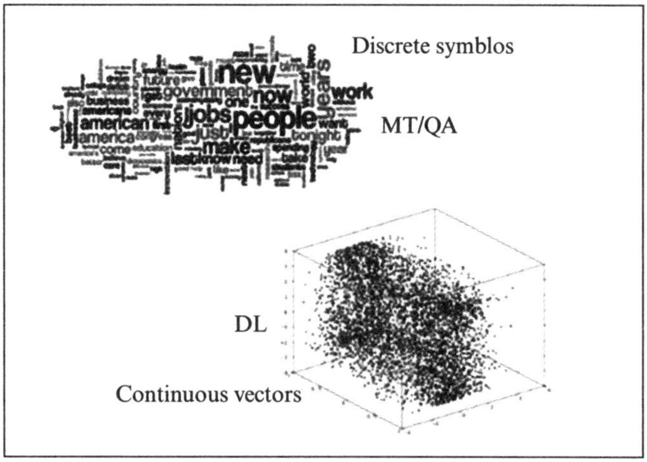

图23 把离散的单词符号映射为连续的词向量

在图 24 中，David、John、Mary、play、loves、like 等离散的单词，都映射到向量空间(vector space)中，成为不同的词向量。

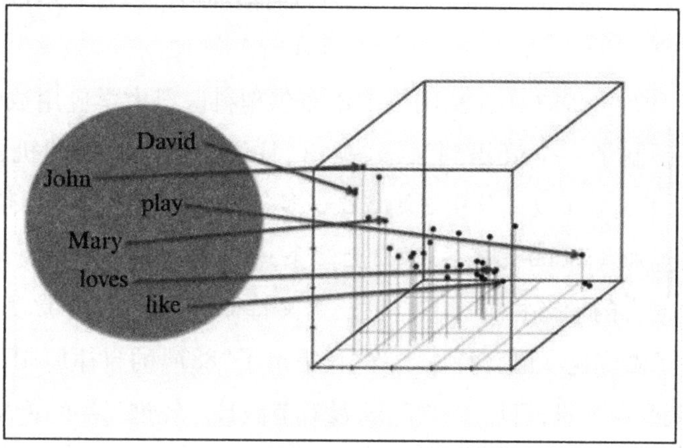

图 24　把离散的单词映射到 N 维空间中

在图 25 中，N 维空间中的词向量都表示为连续的实数值。

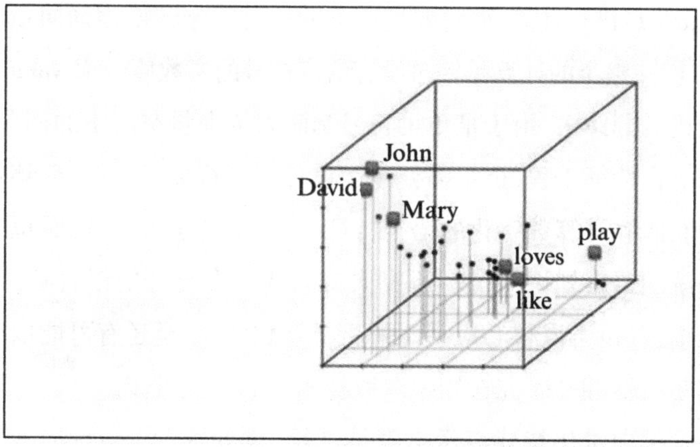

图 25　在 N 维空间中的词向量都是连续的实数值

基于规则的机器翻译、基于实例的机器翻译和统计机器翻译需要对于语言符号及其特征表示(features representations)进行计算，寻求不同语言之间的特征对应规律，这是非常艰巨的语言特征工程(language feature engineering)。基于规则的机器翻译、基于实例的机器翻译和统计机器翻译要在并行的语料库中，研究源语言符号和目标语言符号的各种特征,还要研究源语言和目标语言的符号之间对应关系的特征,这样的特征非常复杂,研究起来不仅需要有深厚的语言学功底和对语言现象的洞察力,而且耗时耗力,计算复杂性高,也难以准确地捕捉自然语言的规律。

笔者于1979—1982年在法国格勒诺布尔理科医科大学应用数学研究所自动翻译中心研制了一个汉语到法语、英语、日语、俄语、德语的机器翻译系统FAJRA,用手工编制了汉语分析规则5 000多条,法语、英语、日语、俄语、德语的转换和生成规则各3 000多条,一共2万多条,然后输入计算机反复调试和试验,涉及这六种语言的形态特征、句法特征、语义特征,这是一项非常复杂的语言特征工程。为了做好这项语言特征工程,我提出了"887"的自律原则,每天早晨8点上班,晚上8点下班,每周工作7天,没有节假日。经过三年的苦战,终于完成了预期的任务。可见这种特征工程的研制是极为艰苦的,如果没有丰富的语言知识和坚忍不拔的科研意志,是难以完成的。

神经机器翻译依靠语料库等语言资源进行工作,不需要对于语言符号(linguistic symbol)进行计算,而只要把有关的语言符号转换为词向量嵌入到向量空间中进行计算,整个的计算是针对没有语言符号的实数值(real values)进行的。

在神经机器翻译中,由于把单词符号都映射为向量空间中的词向量,不需要规模巨大的语言特征工程,也不需要手工设计语言特征,计算机能够自动地从双语语料库中获取并计算数字化的语言特征,大大节省了人力,同时也降低了研制机器翻译系统的语言知识门槛。研究人员只要占有充分的语言资源,就是根本不懂相关的语言,也可以得心应手地进行机器翻译,甚至还有可能取得突出的翻译结果。这是机器翻译研究在知识获取技术上的一大进步。

构造单词的向量化特征表示也就是进行"词嵌入"(word embedding)。"词嵌入"把自然语言中的每一个单词映射为向量空间中的一个词向量,并且在这个向量空间中形式化地定义自然语言的单词与单词之间的相互关系。(冯志伟2021a)

词嵌入的方式有两种。

一种方式叫做"连续词袋"(Continuous Bag-of-Word,简称CBOW),CBOW使

用在一个窗口中的上下文单词 w_{i-2}、w_{i-1}、w_{i+1}、w_{i+2} 的总和(SUM)来预测中心单词 w_i。如图 26 左侧所示。

另一种方式叫做“连续跳元”(Continuous Skip-gram,简称 Skip-gram),Skip-gram 使用中心词 w_i 来预测在一个窗口中的上下文单词 w_{i-2}, w_{i-1}, w_{i+1}, w_{i+2}。如图 26 右侧所示。

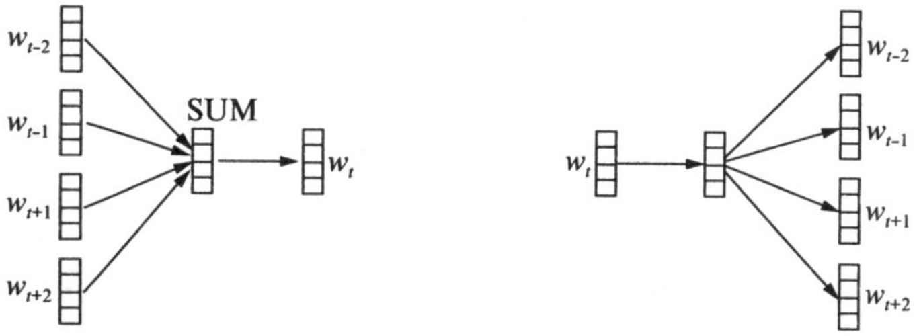

图 26 词嵌入:左侧为 CBOW,右侧为 Skip-gram

在神经机器翻译中,由于词向量可以表示源语言句子和目标语言句子的上下文信息,向量空间的维数越高,源语言句子与目标语言句子的相似度就越大,因而有效地保证了输入端的源语言句子能够在输出端翻译成与之最接近的目标语言句子,从而提高机器翻译的流畅度和忠实度。因此,“词向量”是机器翻译中的重大创新,对于机器翻译的研究具有革命性的作用。

2016 年 9 月,谷歌公司推出了基于神经网络的在线机器翻译系统 GNMT (Google Neural Machine Translation)。如图 27 所示:

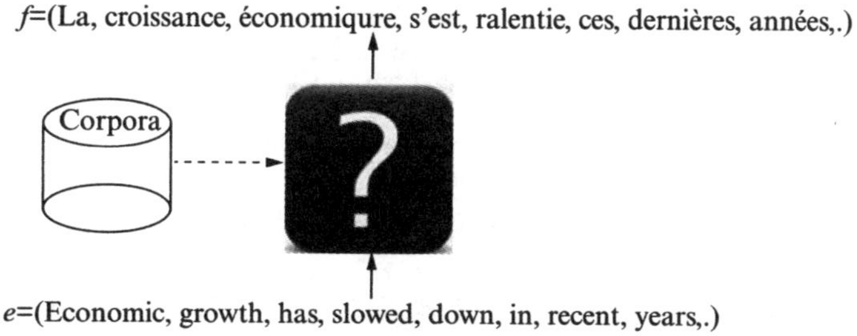

图 27 神经机器翻译系统 GNMT

这个神经机器翻译系统在英语-法语双语语料库(corpora)的基础上,通过神经网络和深度学习的方法,把英语翻译成法语。其中的翻译核心是一个黑箱

(black box)。这个黑箱就是一个多层次的神经网络。如图 28 所示。

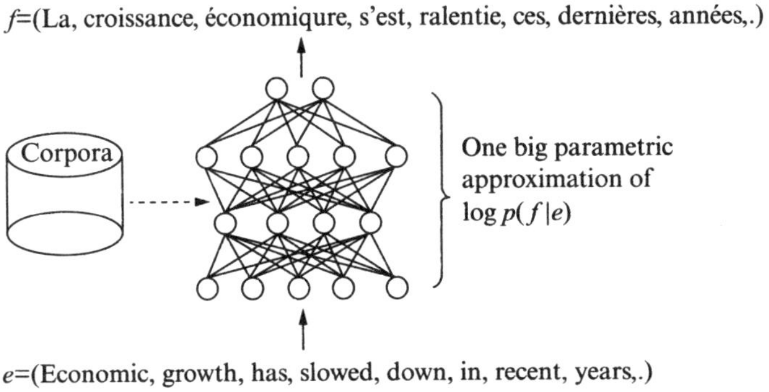

图 28 黑箱就是神经网络

这个神经网络使得法语与英语对应的概率对数 log $p(f|e)$ 的参数达到最大值,便可以得到相应的法语译文。

目前,神经机器翻译水平已经有大幅提高,谷歌公司的测试结果如图 29 所示。

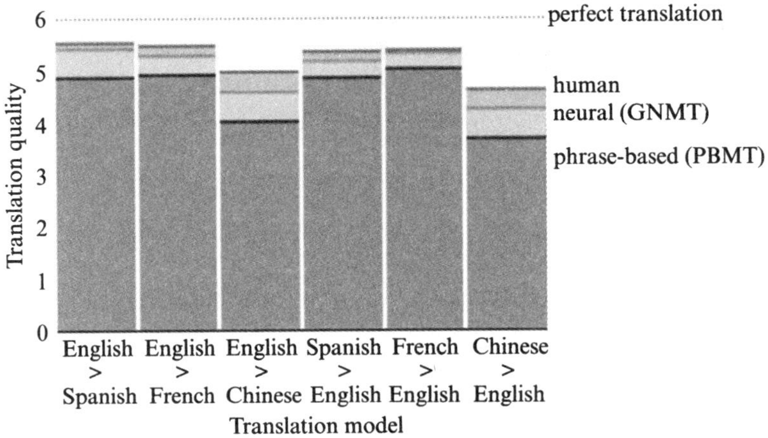

图 29 机器翻译系统效能比较

图 29 中,翻译质量分为 0、1、2、3、4、5、6 一共 7 等,0 最差,6 为完美翻译(perfect translation)。这里显示了 6 个语言对(英语-西班牙语,英语-法语,英语-汉语,西班牙语-英语,法语-英语,汉语-英语)的测试结果,PBMT 表示基于短语的机器翻译(phrase-based machine translation),也就是基于规则的机器翻

译,GNMT 表示谷歌神经网络机器翻译(Google Neural Machine Translation),human 表示人工翻译,可以看出,GNMT 已经明显地超过了 PBMT 的水平,正在一步步地向人工翻译的水平逼近。

神经机器翻译的语言模型是端对端(end to end)的语言模型,源语言输入后,由编码器(encoder)使用循环神经网络(Recurrent Neural Network,简称 RNN)或卷积神经网络(Convolutional Neural Network,简称 CNN)进行编码处理,然后直接由解码器(Decoder)输出翻译结果,如图 30 所示。

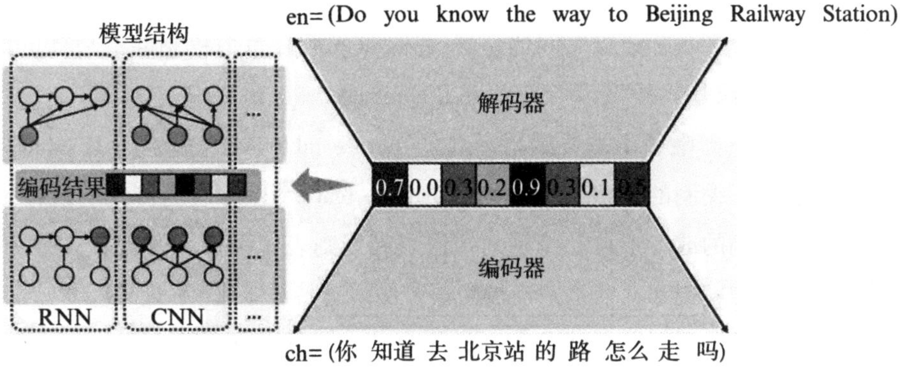

图 30 端对端的神经机器翻译

图 30 中,输入中文句子"你知道去北京站的路怎么走吗?"由编码器进行编码,经过神经网络 RNN 或 CNN 处理后用解码器进行解码,便可以得到英文译文"Do you know the way to Beijing railway station?"其间不需要经过中间环节,减少了信息传递的误差积累,实现了端对端的机器翻译,从而显著地提升了机器翻译的效率。

这种端对端的机器翻译不再依赖从数据中挖掘的带有噪声的翻译对应关系,也不再进行语言基本单元的组合,而是通过对一系列向量表示的数值运算来完成整个翻译过程。这种端对端的建模方式充分地发挥了 GPU(Graph Processing Units)等设备带来的计算能力上的飞跃,能够有效地发掘语言数据中隐含的翻译规律,从而获得了别开生面的翻译效果。

与传统的基于规则或基于统计的机器翻译相比较,神经机器翻译具有如下特点。

(1) 神经机器翻译需要设计一个大型的、多层次的神经网络,而传统的机器翻译不需要设计这样的神经网络。

(2) 神经机器翻译不需要直接地对语言符号进行计算,而只要把语言符号转换为词向量并嵌入到向量空间中进行计算,整个的计算是针对没有语言符号的实数值(real values)进行的,而传统的机器翻译需要对于语言符号及其特征表示(features representations)进行描写、分析和计算。

(3) 神经机器翻译不需要进行单词对齐(word alignment),而传统的机器翻译需要进行单词对齐。神经机器翻译使用注意力机制(attention mechanism)有助于发现源语言和目标语言之间的差异,不过这样的注意力机制并不是真正意义上的对齐,而只是一种“软对齐”(soft alignment)。

(4) 神经机器翻译不需要编制短语表(phrase table)或规则表(rule table),完全不需要手工编制的语言特征规则(language feature rules),而传统的机器翻译需要手工编制的或者半自动编制的短语表和规则表作为计算的支持,这样的语言特征规则的编制和获取是一项极为艰苦的语言特征工程。

(5) 神经机器翻译不需要研制目标语言的 N 元语法模型(N-gram model),而传统的机器翻译(特别是统计机器翻译)需要研制目标语言的 N 元语法模型来保证目标语言输出的流利度。

(6) 神经机器翻译不需要研制翻译模型(translation model),而传统的机器翻译需要研制翻译模型来保证目标语言的译文对于源语言的忠实度。

(7) 神经机器翻译不再需要计算机理解自然语言,只要有充足的语言大数据(big data)就行了,而传统的机器翻译需要计算机对于自然语言的形态、句法、语义、语用等特征进行形式化的分析或描述,获得一定程度的理解,因而在一定的程度上反映了人类的智慧。尽管神经机器翻译使用的是人类智慧的成果,但是,神经机器翻译本身却是没有智慧的。神经机器翻译表现出来的所谓“智慧”,实质上只是一种难以解释清楚的、非人类的智慧。神经机器翻译的成功实质上是语言大数据的成功。

由此可见,神经机器翻译可以完全依靠双语平行语料库的数据来进行全自动高质量的机器翻译,不需要人类语言知识的干预,摆脱了艰苦庞杂的语言特征工程，只要有大规模的、真实的语料库数据资源，即使不懂语言规则也可以得心应手地进行神经机器翻译的研制，而神经机器翻译的效果还远远超过了基于规则的机器翻译、基于实例的机器翻译和统计机器翻译，取得了事半而功倍的效果。（肖桐等 2021）

图 31 是汉语–英语神经机器翻译的一个实例。

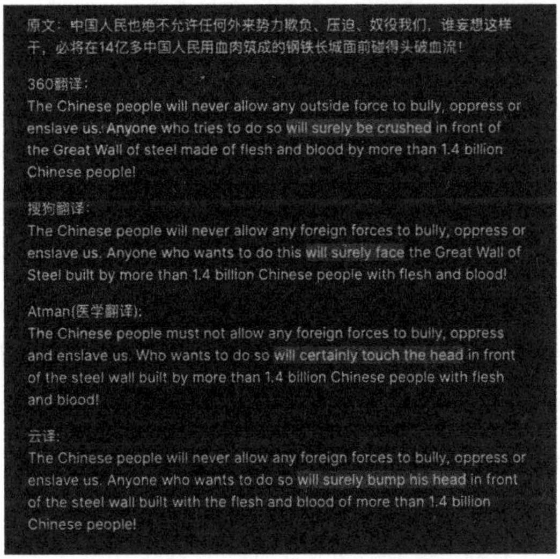

图 31　汉语–英语神经机器翻译的实例

这是同一个汉语句子“中国人民也绝不允许任何外来势力欺负、压迫、奴役我们，谁妄想这样干，必将在 14 亿多中国人民用血肉筑成的钢铁长城面前碰得头破血流”，由 360 翻译、搜狗翻译、Atman（医学翻译）、云译等神经机器翻译系统翻译得到英语译文。不难看出，译文内容正确、通顺可读，几乎可以与人的翻译媲美了。

神经机器翻译也有不完善之处，翻译中常常会出现错译、漏译和重复翻译的情况，对于多义词、成语、缩略语、专业术语、人名、地名、机构名的翻译还没有很好的解决办法，难以实现篇章范围内的指代消减，缺乏足够的在线优化能力。但是，对于一般的文本，其译文的质量已远超基于规则的机器翻译、基于实例的机器翻译和统计机器翻译，取得了突破性的成就。

不过，这些神经机器翻译的成就只是技术上的成就，而不是科学上的成就。机器深度学习技术本身和神经网络并没有给我们提供关于语言本质的深刻洞见。

最近,著名语言学家 N. Chomsky(乔姆斯基)以望九之年到美国亚利桑那大学履新,他在《人类认知的边界在哪里?》的一次访谈中说过这样的意见:

> "深度学习所做的是根据大量的例子去寻找某种模式。在某些领域这确实很有趣,但我们需要问一个问题:这是工程技术还是科学?工程技术试图构建某种有用的东西,而科学则试图理解世界的一些要素。谷歌语言剖析器(Google parser)就是一个例子,如果我们问它是否有用,那么毫无疑问它的确有用,我也使用谷歌翻译器来做翻译。从工程技术的角度上说,有一台类似于推土机的东西很有价值,但它是否能告诉你什么关于人类语言的知识呢?答案是完全不能。这个回答确实令人沮丧,因为机器学习从一开始它就完全脱离了科学。那么谷歌语言剖析器做什么呢?它收录了大量的文本(如《华尔街日报》语料库),然后探寻能在多大程度上能够对语料库中的每个句子做出正确描述。语料库中的每个句子本质上都是一个实验,你说出的每一个句子也都是一个实验,即:这句话合乎语法吗?答案通常都是肯定的,因此语料库中大部分句子都合乎语法。但若你自问:是否存在一种科学,可以毫无目的地随机实验,并试图从中得出某种结论?假如你是化学系的博士生,想要写一篇博士论文,你是否能说:"我只想毫无目的地融合许多东西,也许我会发现什么?"这会被化学系的所有人嫌弃的。科学并不在意做了上百万次的实验,而只在于找到关键实验,并据此回答一些理论上的问题。因此,工程技术从一开始就和科学渐行渐远。那么接下来只需要看谷歌语言剖析器或某个语言剖析器对某个语料库的工作是否具有成效。但另外一个问题却从未被提及:它是如何处理违反自然语言所有规则的句子的?用我提到过的结构依存来举例,假设有一种语言是依据线性距离来解读的,那么深度学习就能很容易处理它,事实上,这比处理真实自然语言要容易。但这说明它是成功的吗?不,从科学角度上说这恰恰是一种失败。这说明我们完全没有揭示语言系统的本质,因为语言剖析器反而更善于处理违反结构系统的事物。当然这并不是反对工程技术的理由,因为它的确实用。"

Chomsky 认为当前神经机器翻译的成就只是工程技术上的成就,而不是科学上的成就。他的意见很深刻,值得我们深思。

在自然语言处理的研究中,要让计算机真正理解自然语言,我们还有很长的路要走。语料库大数据和形式化的语言符号知识相互结合的双轮驱动的策略,可能是推动自然语言处理从工程走向科学的一条可行的途径。(冯志伟 2021c)

尽管学术上还存在着很多争论和分歧，机器翻译已经从人们的梦想逐步变成活生生的现实。机器翻译随着计算机的诞生而诞生，它也将随着计算机的发展而发展，只要有计算机存在，机器翻译的研究就会存在。机器翻译永远是一个与计算机共生共存的研究领域。

参考文献

冯志伟 1983《汉语句子的多叉多标记树形图分析法》，《人工智能学报》第2期。

冯志伟 2004《机器翻译研究》，北京：中国对外翻译出版公司。

冯志伟 2015《基于短语和句法的统计机器翻译》，《燕山大学学报》第6期。

冯志伟 2021a《生成词向量的三种方法》，《外语电化教学》第1期。

冯志伟 2021b《神经网络、深度学习与自然语言处理》，《上海师范大学学报》第2期。

冯志伟 2021c《双轮驱动的自然语言理解》，载胡开宝主编，《语料库研究前沿》，上海：上海外语教育出版社。

肖 桐 朱靖波 2021《机器翻译——基础与模型》，北京：电子工业出版社。

中国翻译协会 2019 中国语言服务行业发展报告(2019)，https://www.sohu.com/a/359629498_100016892。

Jelinek, F. 1976. Continuous speech recognition by statistical methods. *Proceedings of the IEEE*, 64(4): 532-557.

Koehn, P. 2007. *Statistical machine translation*. Cambridge: Cambridge University Press.

Nagao, M. 1989. *Machine translation*, Oxford: Oxford Press.

Nagao, M. 1984. A framework of a mechanical translation between Japanese and English by analogy principle. *Proc. of the international NATO symposium on Artificial and human intelligence*: 173-180.

Tytler, F. *Essay on the principles of translation*(第一版). 北京：北京外语教学与研究出版社，2008.

Vauquois, B. 1968. A survey of formal grammars and algorithms for recognition and transformation in mechanical translation. In Morrel, H. (Ed.), *International federation for information processing congress(2)*, Edinburgh: 1114-1122.

Yngve, V. H. 1957. A framework for syntactic translation. *Mechanical Translation*, 4(3): 59-65.

作者单位：黑龙江大学俄罗斯语言文学与文化研究中心；杭州师范大学

联系方式：冯志伟：zwfengde2010@163.com

Machine translation and its four types

Zhiwei Feng

Abstract: This paper introduces the concept, role and development process of machine translation. Four types of machine translation are highlighted: rule-based machine translation, example-based machine translation, statistical machine translation, and neural machine translation. The ideas, processes, characteristics and differences of each type of machine translation are described in detail. Rule-based machine translation, example-based machine translation and statistical machine translation need to calculate language symbols and their feature representations, and seek the feature correspondence rules between different languages, which is a very difficult language feature engineering. Neural machine translation does not require large-scale language feature engineering, nor does it need to manually design language features. The computer can automatically obtain and calculate the digital language features from the bilingual corpus, which greatly saves manpower and reduces the language knowledge threshold of developing the machine translation system. This is a major advance in knowledge acquisition technology for machine translation.

Keywords: machine translation, phrase structure tree, dependency tree, noisy channel model, neural network, word vector

Author's work unit: Center for Russian language literature and culture, Heilongjiang University College of Foreign Languages, Hangzhou Normal University

Author's e-mail: zefengde2010@ 163. com

不同水平的汉语学习者语块使用及其与作文质量的关系*

许宏鉴　江　新

摘要：文章考察汉语二语学习者作文中语块使用及其与作文质量的关系。以初级、中级和高级汉语学习者看图作文为语料，分析不同水平学习者作文中语块使用的特点以及语块使用与作文质量的关系。研究发现：不同水平的汉语学习者作文中语块使用频数和类型有差异，语言水平高的学习者使用的语块比语言水平低的学习者多，不同水平学习者使用的语块有不同特点；语块使用频数与作文分数有中等程度的正相关，语块使用频数越高，作文分数越高；不同汉语水平、不同类型语块使用频数和作文分数的相关程度不同。

关键词：语块使用，作文质量，汉语水平，语块类型，第二语言学习者

1. 引言

语块是由两个或两个以上的词构成的、连续或不连续的序列，它整体储存在记忆中，使用时整体提取，是一种预制的语言单位。（Wray 2002）近年来，语块的使用、习得与教学成为第二语言领域研究的热点。本文主要关注不同汉语水平的二语学习者语块使用的差异以及语块使用与作文质量的关系。

以往研究发现，不同语言水平的学习者使用的语块在数量和类型上存在差异。有些研究发现高水平的语言学习者语块使用数量要多于低水平的语言学习者（张建琴 2004；Fan 2009；Nekrasova 2009；江新，李嬖聪 2017），但另一些研究发现低水平学习者的语块使用数量不低于甚至高于高水平学习者（Hyland 2008；Pang

* 本研究得到国家社会科学基金重大项目（编号 17ZDA305）、北京语言大学一流学科团队支持计划（编号 GF201906）的资助。通讯作者：江新。

2009;Wei *et al*. 2011;宗晓丽 2013)。在语块使用类型上,以往的研究还考察了二语者不同类型语块的使用和语言水平的关系,有的研究者对母语者和二语者进行比较(Durrant *et al*. 2009;Pang 2009;宗晓丽 2013),还有的研究者比较了不同语言水平的二语者(赵铮 2013;Bestgen *et al*. 2014;周玥 2015),均发现语言水平不同,语块使用类型有差异。值得注意的是,这些研究的局限性在于语料大都来源于不同题目或主题,语块使用的差异可能受到题目和主题差异的影响。

有学者对语块使用数量与学习者口语产出水平之间的关系进行研究,发现语块使用总体数量和语言产出水平相关,包括学习者的口语语块使用数量和口语水平(丁言仁,戚焱 2005;毛澄怡 2008)、口语表达流利性(原萍,郭粉绒 2010)相关。同时,有学者发现流利性与各类语块的相关程度不同,汉语口语流利性成绩与框架语块、口语习用语语块呈很强的正相关,与常用搭配语块有中等的正相关,而与固定语块的相关性不显著。(赵铮 2013)有的研究者考察二语学习者作文中语块使用数量和作文水平之间的关系,发现二者存在不同程度的相关(丁言仁,戚焱 2005;Hsu 2007;张溪 2013;Bestgen et al. 2014),而且二者的相关程度与语块类型有关系。如 Hsu(2007)发现学习者作文中的"动词+形容词"及"形容词+名词"类语块与作文分数都有正相关,而张溪(2013)发现汉语、阿拉伯语、西班牙语母语背景的英语学习者托福作文成绩和名词类语块、形容词类语块、介词类语块和连接词类语块、基于从句的语块有较低程度的相关,和副词类语块、代词类语块、数词类语块、基于句子的语块无显著相关。

总体上看,由于研究的数量比较少,目前学界在语块使用与学习者语言产出水平关系的问题上还没有达成共识。而且,以往研究大多是考察英语作为第二语言学习者的语块使用,很少涉及汉语二语学习者。目前关于汉语作为第二语言学习者的语块加工、习得的实证性研究非常少,迄今为止在国内只看到少数几项研究(例如郑航等 2016;高珊 2017;房艳霞 2017,2018),关于不同水平学习者语块使用的研究只有一项(江新,李嬖聪 2017)。汉语和英语语块有很大差异,例如,汉语中由虚词构成的语块数量较多,汉语中有很多固定结构组成的语块,有大量的成语和歇后语,而英语中较少;两种语言中的语块在形式上并不对应,一种语言中的语块翻译后在另一语言中不一定是语块(李玲 2011)。因此,针对汉语语块的学习和使用研究具有独特的价值。而且,以往的大多数研究使用的语料或者来自不同题目的文章,或者来自不同写作任务和条件。理想的研究是让被试在同等条件下就同一题目进行写作。英语语块研究中有一些研究者采用了这样的操作方式(Fan 2009;李亮 2012),但迄今为止我们还没有看到基于相同任务和题目的作文语料来考察汉语二语学习者语块使用及其与作文水平关系的研究。

针对不同水平学习者汉语语块使用及其与作文质量之间关系进行研究,不但有助于我们了解汉语语块习得、使用、发展的过程和影响因素,也能为语块教学提供依据。本文研究的具体问题为:(1)不同水平的汉语学习者作文中语块使用频数、类型是否有差异?(2)语块使用频数与作文质量之间是否相关?(3)不同类型的语块使用频数与作文质量的相关程度是否不同?

2. 研究方法

2.1 被试

本研究的被试为在某大学学习汉语的98名外国留学生。其中初级汉语水平学生39名,中级35名,高级24名,年龄范围为18岁到26岁。98名学生中除1名学生来自日本外,其余学生大都来自中亚、西亚、南亚、非洲等使用拼音文字的国家(其中6名学生来自朝鲜、1名学生来自韩国)。根据被试所在的自然班划分其汉语水平,即将在初级班、中级班和高级班学习的学生分别划分初级、中级、高级水平。自然班编班时以学生在月考、期中、期末等各次考试综合成绩和学生任课教师的评定为依据。

2.2 测试任务

采用看图限时自命题写作任务收集语料。给学生呈现3幅图片和4个词(公园、画、摘、送),要求学生在15分钟之内完成一篇自命题作文,字数不少于60字。图片内容是学生熟悉的生活场景。

2.3 语块的分类、提取和统计

2.3.1 语块的分类和提取

本研究在参考前人研究(Nattinger *et al.* 1992;Howarth 1998;刘运同

2004;周健 2007;钱旭菁 2008;李慧 2008,2013;王又龙 2013;薛小芳,施春宏 2013;李嬖聪 2016)的基础上,按照以下标准对语块进行分类和提取。(1) 语块的分类。将语块分为熟语、习惯用语、常用搭配、短语框架和句子框架。其中熟语包括成语、谚语、歇后语和专有名词等;习惯用语指功能等同于词而不能分开的词语组合,如“没想到、总之”,或者具有一定的语用功能的短语,如“那时候、也就是说”,还包括句子级别的套语,如:“真不好意思! 祝你生日快乐!”;常用搭配指经常共现的词的组合,包括动宾结构(如“保护环境”)、量名结构(如“一朵花”)等;短语框架和句子框架分别指具有空槽、可以填入成分的短语和句子框架结构,它们具有生成性(李慧 2008),前者如“又……又……”,后者如“因为……,所以……”。(2) 语块的提取。成语语块依照《成语大词典》(《成语大词典》编委会 2015)确定,惯用语依照《现代汉语谚语歇后语惯用语规范词典》(李行健 2011)确定。固定组合、高频常用搭配和框架式语块依靠母语者的语感及其在北京语言大学 BCC 语料库(荀恩东等 2016)多领域库中出现的频次来确定。首先由本文第一作者根据语感对所有作文的语块进行提取,初步确定语块。同时请另一名汉语母语者(大学汉语教师)根据本文提供的语块界定规则对随机选出的 50 篇作文进行语块提取。对两名母语者从这 50 篇作文中提取的语块数量进行相关分析,结果显示二者存在很强的相关(r=0.779,p<0.001),同时,对两人所提取的语块进行比较的结果显示,所提取的语块和分类有很高的一致性,表明根据母语者语感提取语块的结果是稳定可靠的。依靠语感初步确定语块之后,查询这些语块在 BCC 语料库多领域库中出现的次数,将出现次数在 100 次以上的语块确认为最终进入统计分析的语块。

2.3.2 语块统计

对作文中正确使用的语块数量(含重复语块)进行统计。由于不同被试作文的长度不等,为了客观反映学习者语块使用情况,我们统计了语块使用标准频数。语块使用标准频数可以反映单位长度作文中语块使用的数量,标准频数越高,单位长度作文中的语块数越多,其计算公式为:语块使用标准频数=正确语块总数/作文字数∗100。下文简称“使用频数”。

2.4 作文评分

由本文第一作者和两名对外汉语教师(对本研究目的不知情)分别对所有作文进行独立评分。三名评分人均具有10年以上对外汉语教学经验,具有丰富的写作课教学和HSK作文阅卷经验。参考贝晓越(2009)、陈晓湘,李会娜(2009)、刘东虹(2003)等人的研究制定评分标准,要求评分人从是否按照要求完成作文、内容、语言、语法和通顺等角度进行综合评分,满分15分。三名评分人的评分一致性很高($\alpha=0.904$)。以三名评分人给出分数的平均值作为作文分数。

3. 结果

3.1 初级、中级和高级学习者作文中语块使用的差异

3.1.1 初级、中级和高级学习者语块使用的差异

初级、中级和高级学习者语块使用频数见表1。方差分析结果显示,汉语水平的主效应显著[$F(2,95)=19.821, p<.001, \eta^{2p}=0.280$]。事后多重比较结果显示,高级学习者语块使用频数显著高于初级学习者($p<.001$)和中级学习者($p<.01$),中级学习者语块使用频数显著高于初级学习者($p<.01$)。

表1 初级、中级和高级学习者作文中语块使用频数的平均数和标准差

汉语水平	平均数	标准差
初级($n=39$)	7.26	2.16
中级($n=35$)	9.32	2.81
高级($n=24$)	11.46	2.92
全体($n=98$)	9.02	3.06

3.1.2 初级、中级和高级学习者各类语块使用的差异

初级、中级和高级学习者作文中各类语块使用比例见表2。从不同语块类型使用比例看,常用搭配使用比例最大,其次是句子框架和短语框架,习语和固

定组合使用比例最小。而且,不同水平被试都有类似的结果。从不同水平被试看,除了初级学习者使用句子框架的比例大于中、高级学习者之外,其他类型语块使用比例在不同水平间比较一致。

表 2 初级、中级和高级学习者作文中各类语块所占比例(%)*

语块类型	初级(n=39)	中级(n=35)	高级(n=24)	全体(n=98)
熟语	3	2	3	2
习惯用语	4	9	10	8
常用搭配	47	51	49	49
短语框架	21	21	21	21
句子框架	26	17	17	20

* 因四舍五入,初级百分比之和为 101%。

初级、中级和高级学习者各类语块使用频数见表 3。

表 3 初级、中级和高级学习者作文中不同类型语块使用频数的平均数和标准差

语块类型	初级(n=39)		中级(n=35)		高级(n=24)	
	平均值	标准差	平均值	标准差	平均值	标准差
熟语	0.21	0.44	0.16	0.45	0.33	0.60
习惯用语	0.28	0.45	0.80	0.82	1.18	1.15
常用搭配	3.38	1.76	4.76	2.42	5.60	2.18
短语框架	1.49	1.12	1.97	1.39	2.43	1.26
句子框架	1.89	1.34	1.63	1.01	1.89	0.82

习惯用语使用频数的方差分析结果显示,语言水平效应显著[$F(2,95)=9.767, p<.001, \eta^{2p}=0.153$]。事后多重比较结果显示,高级学习者显著高于初级学习者($p<.001$),中级学习者显著高于初级学习者($p<.01$)。

常用搭配使用频数的方差分析结果显示,语言水平效应显著[$F(2,95)=$

8.863, $p<.001$, $\eta^{2p}=0.140$]。事后多重比较结果显示,高级学习者高于初级学习者($p<.001$),中级学习者高于初级学习者($p<.01$),但高级、中级学习者差异不显著($p>0.05$)。

短语框架使用频数的方差分析结果显示,语言水平效应显著[$F(2,95)=4.306$, $p<.05$, $\eta^{2p}=0.064$]。事后多重比较结果显示,高级学习者高于初级学习者($p<.01$),但高级和中级学习者之间、中级和初级学习者之间差异不显著($ps>0.05$)。

熟语和句子框架使用频数的方差分析结果显示,语言水平效应不显著[$F(2,95)=0.871$, $F(2,95)=0.627$, $ps>0.05$]。

3.3 语块使用频数与作文分数的相关

语块使用频数与作文分数的相关系数见表 4。

表 4 各类语块使用频数和作文平均分数的相关

被试	所有语块	熟语	习惯用语	常用搭配	短语框架	句子框架	习惯用语
全体($n=98$)	0.55**	0.09	0.35**	0.41**	0.31**	−0.27	0.35**
初级($n=39$)	0.44**	−0.04	0.25	0.48**	0.10	−0.08	0.25
中级($n=35$)	0.33	0.15	0.25	0.08	0.24	0.14	0.25
高级($n=24$)	0.004	0.11	−0.06	0.005	0.10	−0.06	−0.06

* $p<.05$, ** $p<.01$

从总体上看,被试语块使用频数与作文分数有正相关,即语块使用频数越高,作文分数越高。

从不同语块类型看,熟语、常用搭配、短语框架的使用频数与作文分数有正相关,但固定组合、句子框架的使用频数与作文分数不相关。

从不同水平被试看,初级水平被试语块使用频数与作文分数有正相关,但中级、高级水平被试语块使用频数与作文分数不相关。

对于初级水平被试,除了常用搭配的使用频数与作文分数显著相关外,其余各类语块使用频数与作文分数相关不显著。

4. 讨论

4.1 不同水平汉语学习者语块使用存在差异

4.1.1 不同水平学习者语块使用频数的差异

本研究发现,不同水平的汉语学习者作文中语块使用频数存在显著差异,高级学习者使用语块比中级学习者多,中级学习者使用语块又比初级学习者多。我们认为,这主要是因为随着汉语学习时间增加,学习者的语言输入中语块数量逐步增加,学习者掌握的语块的数量也逐步递增。根据联结主义理论的观点,语言规则的习得是随着真实语言的大量输入通过统计学习而获得的,是自己浮现出来的。(Rumelhart *et al.* 1986)随着学习者学习时间的增长、汉语输入的增多,经常一起出现的共现结构自动浮现出来,这里就包括大量的语块,学习者会将它们当作整体进行学习和记忆。学习时间越长,汉语输入越多,语块浮现得也越多,因此,高水平学习者写作的时候就会更多地使用语块。

这个研究结果与前人关于英语的大多数研究结果(张建琴 2004;Fan 2009;Nekrasova 2009)一致,与汉语的研究也一致(江新,李嬖聪 2017)。这可能表明,与英语二语学习者类似,汉语二语学习者随着语言水平的提高,作文表达中所使用的语块也随之增多。本研究要求不同水平学习者就相同题目进行写作,并且考虑到不同被试的作文长度对语块使用数量的影响,可以更加客观地比较不同水平被试语块使用的差异。

但本研究的结果与 Wei *et al.* (2011)的研究结果不一致。他们通过语料库分析发现中国高级英语二语学习者博士论文中所使用的四词英语语块比学术期刊中专业作者使用得更多。我们认为,这可能与该研究只考察四词语块、所搜集文章的题目不一致有关,还可能和其文体是学术论文有关。学术论文通常要遵从一定的语言规范,二语学习者还没有很好地掌握这些语言规范,只能机械地套用学术文章的写作格式和用语,因此出现二语学习者使用语块的数量多于母语者的情况。本研究的结果与宗晓丽(2013)的结果也不一致,该研究发现汉语二语学习者使用的语块总数略高于母语者(作者没有进行统计检验),但问题在于母语者语料来自中国电视谈话节目,二语学习者语料来自汉语课堂话语语料,而课堂话语常常针对某些固定的搭配或者语言点进行练习,因此所产出的语块数量可能会多于自然表达。

从表 1 可见,学习者语块使用频数的标准差比较大,说明学习者语块使用的个体差异比较大,这与丁言仁、戚焱(2005)的研究结果是一致的。从表 2 可见,中级和高级学习者语块使用频数的标准差明显大于初级学习者,这说明中、高级学习者语块使用个体差异更大,可能是因为初级学习者使用语块能力普遍不高,而中、高级学习者汉语水平本身差异比较大,语块使用的差异也就更大。

4.1.2 不同水平学习者不同类型语块使用存在差异

本研究发现,随着汉语水平的提高,习惯用语、常用搭配和短语框架的使用频数也随之增加,但熟语和句子框架的使用频数没有显著增加。这与赵铮(2013)、周玥(2015)的研究结果相近。赵铮(2013)发现随着汉语学习者语言水平上升,口语表达中常用搭配语块的使用呈现出较为均衡的正向线性增长趋势。周玥(2015)发现高水平汉语学习者作文中习惯用语类语块的使用显著优于低水平学习者。这可能和不同类型语块输入量有关。在学习者的语言输入中常用搭配、习惯用语的数量多,短语框架作为课堂学习的重要知识点需要进行大量学习和练习,但熟语和句子框架语块数量少,使用频率都非常低。

虽然不同水平学习者各类语块使用占比基本一致,但是所使用的语块具有不同特点。初级和中级学习者作文中几乎没有出现熟语,高级学习者开始少量使用,但也仅限于一些成语,如“百花齐放”“风和日丽”“五颜六色”等。固定搭配也是汉语学习者作文中使用较少的语块,但是从初级到中高级还是呈现了逐步增多的趋势。初级和中级学习者作文中只出现了“为什么”“有一天”等基本的套语语块;中级学习者使用的有所增加(出现了“看样子”“了不起”),高级学习者使用的更加丰富,出现了“总之”“也就是说”这样的具有语篇功能的语块。

常用搭配语块在三个水平中都是使用比例最大的语块类型,但是三个水平学习者使用的常用搭配语块有不同的特点。初级学习者使用的多是动宾结构(如“摘花”)、名量搭配(如“一朵花”)、形名搭配(如“美丽的花”“可爱的孩子”);中级、高级学习者除此之外还使用了状中结构,如“到处跑”“仔细地观察”“乖乖地听话”等。

初级学习者使用句子框架的频数和比例比中级和高级学生高,但是对其所用句子框架进一步分析发现,他们所使用的句子框架语块都是"因为……所以……""但是……"这样最基本的关联词语,而且重复率高。如"因为……所以……"及单独使用的"因为……"和"所以……"就有29次,占所使用句子框架语块总数(80次)的36%;中级学习者使用了21次,占总数(65次)的32%;高级学习者只使用了13次,占总数(73次)的18%。初级和中级学习者在词汇知识不丰富的时候,为了表达篇章结构的意义,反复使用所掌握的关联词语,而高级学习者则通过使用同义词进行替代,而且能避免不必要的使用,因此使用频数和重复使用次数不多。

初级和中级学习者的短语框架也表现出重复使用和集中使用现象,如"……的时候"初级学习者共使用了12次,占总数(57次)的21%,中级学习者共使用了12次,占总数(75次)的16%,而高级学习者共使用了5次,只占总数(83次)的6%。在多项研究中(王立非,张岩 2006;毛澄怡 2008;Pang 2009;张溪 2013;江新,李嬖聪 2017)都发现了水平较低的学习者重复使用相同语块的现象。

4.2 汉语二语学习者语块使用与作文分数密切相关

本研究发现,学习者作文中语块使用频数和作文分数呈现中等程度的正相关,作文中语块使用频数越高,作文分数越高。这个结果与前人对于英语的研究(丁炎仁,戚焱 2005;Hsu 2007;张溪 2013)结果一致。这可能表明,虽然汉语语块和英语语块有不同的特点,但是在语块使用数量和作文质量的相关上还是一致的。我们认为,之所以语块使用频数越高,作文分数越高,主要是因为:(1)语块可以整体储存、加工和提取,使用语块可以减轻学习者的记忆、加工负荷,使学习者在限时写作的情境下把更多的精力放在文章结构内容的组织上,而文章的结构布局是文章质量好坏的重要因素;(2)语块不仅包含丰富固定的语言材料,而且包含使用这些语言材料的场景语用信息,使得学习者可以得体地使用这些语言材料,使学习者的语言更地道;(3)语块的组块化特征减少了语法临时组织的工作,减少了出现语法错误的可能。

本研究还发现,语块使用频数和作文分数的相关程度与学习者的汉语水平有关,初级学习者的语块使用频数和作文分数密切相关,但中、高级学习者的语块使用频数和作文分数不相关。这和李璧聪(2016)对中、高级学习者的研究一致。这可能是因为初级水平的语言学习者和儿童一样,在习得的初始阶段常常将较长的词语序列作为一个整体进行理解和表达,随着语言水平的提高,对语言的分析逐渐增多(Nattinger *et al.* 1992; Wray 2002),就可以创造性地使用语言,其作文质量不仅仅取决于语块使用数量多,而更多体现在其他方面。

本研究发现,不同类型语块使用频数与作文分数有不同程度的相关,这和前人的研究结果(Hsu 2007;张溪 2013;赵铮 2013;Bestgen *et al.* 2014;Granger *et al.* 2014)一致。本研究发现,从学习者整体来看,常用搭配、短语框架、熟语的使用和作文分数密切相关,这些语块使用得越多,作文质量越高,但固定组合、句子框架的使用和作文分数不相关。这个结果和赵铮(2013)、李璧聪(2016)的研究结果基本一致。赵铮(2013)发现汉语二语学习者框架语块、习语语块、常用搭配与汉语口语流利性成绩显著相关,而固定语块与其流利性的相关不显著,李璧聪(2016)也发现框架语块与作文水平是相关的(尽管相关较弱)。与这两个研究稍有不同,本研究把框架语块分为短语框架和句子框架,发现短语框架使用与作文分数相关,但句子框架语块使用和作文分数不相关。我们认为,后者不相关可能是由于句子框架语块重复使用程度过高造成的。与此类似,固定组合在学习者作文中很少出现,使用占比非常低,因此与作文分数也没有相关。

5. 结语

本文的研究结果显示,不同汉语水平的学习者作文中语块使用的频数和类型有差异,高水平学习者作文语块使用频数高于低水平学习者,不同水平学习者使用的语块有不同特点;语块使用频数与学习者的作文质量密切相关,语块使用频数越高,作文分数越高;语块使用频数和作文分数的相关程度随学习者汉语水平、语块类型而发生变化。

上述研究结果提示我们,要重视语块的教学,以提高学习者的作文水平。同时,要注意根据不同水平学习者语块使用的特点进行语块教学。

值得注意的是,本研究被试的国家来源比较复杂,将来的研究要考虑母语背景对汉语二语学习者写作中语块使用及其与作文水平的关系的影响。而且,本研究以横向研究的方法考察不同水平汉语二语学习者的作文,将来可以对同一批被试在不同时期作文中的语块使用情况进行纵向研究,以便更好地了解二语学习者语块使用的发展变化。最后,本研究中作文字数较少,在将来的研究中可增加作文的长度,以增加写作中语块使用的稳定性。

参考文献

贝晓越 2009《写作任务的练习效应和教师反馈对不同外语水平学生写作质量和流利度的影响》,《现代外语》第4期。

陈晓湘 李会娜 2009《教师书面修正性反馈对学生英语写作的影响》,《外语教学与研究》第5期。

《成语大词典》编委会 2015《成语大词典》,北京:商务印书馆。

丁言仁 戚 焱 2005《词块运用与英语口语和写作水平的相关性研究》,《解放军外国语学院学报》第3期。

房艳霞 2017《汉语第二语言学习者语块教学的实验研究》,北京语言大学博士学位论文。

房艳霞 2018《提高语块意识的教学对汉语第二语言学习者口语产出的影响》,《世界汉语教学》第1期。

高 珊 2017《母语者和第二语言学习者汉语阅读中语块加工优势的眼动研究》,《世界汉语教学》第4期。

江 新 李嬖聪 2017《不同语言水平和母语背景的汉语二语者语块使用研究》,《解放军外国语学院学报》第6期。

李嬖聪 2016《汉语二语学习者语块使用及其发展研究》,北京语言大学硕士学位论文。

李 慧 2008《现代汉语"V单+NP"语块研究》,北京语言大学博士学位论文。

李 慧 2013《基于关联类型的汉语语块分类体系探讨》,《西华师范大学学报》第2期。

李 亮 2012《中高级阶段汉语学习者口语语块输出情况考察与分析》,复旦大学硕士学位论文。

李 玲 2011《英汉语块对比研究》,《山东农业大学学报》第3期。

李行健 2011《现代汉语谚语歇后语惯用语规范词典》,北京:华语教学出版社。

刘东虹 2003《词汇量在英语写作中的作用》,《现代外语》第2期。

刘运同 2004《词汇短语的范围和分类》,《湖北社会科学》第9期。

毛澄怡 2008《语块及其在英语学习者会话中的使用特征》,《解放军外国语学院学报》第2期。

钱旭菁 2008《汉语语块研究初探》,《北京大学学报》第 5 期。
王立非 张 岩 2006《基于语料库的大学生英语议论文中的语块使用模式研究》,《外语电化教学》第 4 期。
王文龙 2013 对外汉语初级阶段语块构建研究,北京大学博士学位论文。
薛小芳 施春宏 《语块的性质及汉语语块系统的层级关系》,《当代修辞学》第 3 期。
荀恩东 饶高琦 肖晓悦 臧娇娇 2016《大数据背景下 BCC 语料库的研制》,《语料库语言学》第 1 期。
原 萍 郭粉绒 2010《语块与二语口语流利性的相关性研究》,《外语界》第 1 期。
张建琴 2004《中国高、中、初级英语学习者词汇短语使用的对比研究》,《外语界》第 1 期。
张 溪 2013《不同母语背景学生英语作文中词块使用情况研究》,山东大学博士学位论文。
赵 铮 2013《汉语语块和留学生汉语口语流利性的相关性研究》,南京师范大学硕士学位论文。
郑 航 李 慧 王一一 2016《语境中语块的加工及其影响因素——以中级汉语学习者为例》,《世界汉语教学》第 3 期。
周 健 2007《语块在对外汉语教学中的价值与作用》,《暨南学报》第 1 期。
周 玥 2015《外国留学生语块使用情况考察》,北京语言大学硕士学位论文。
宗晓丽 2013《基于课堂话语语料库的中级阶段外国留学生汉语语块习得研究》,南京师范大学硕士学位论文。
Bestgen, Y. & Sylviane, G. 2014. Quantifying the development of phraseological competence in 12 english writing: An automated approach. *Journal of Second Language Writing*, (26): 28-41.
Durrant, P. & Norbert, S. 2009. To what extent do native and non-native writers make use of collocations? *International Review of Applied Linguistics in Language Teaching*, 47(2): 157-177.
Fan, M. 2009. An exploratory study of collocational use by ESL students — A task based approach. *System*, 37(1): 110-123.
Granger, S. & Yves, B. 2014. The use of collocations by intermediate vs. advanced non-native writers: A bigram-based study. *International Review of Applied Linguistics in Language Teaching*, (52): 229-252.
Howarth, P. 1998. Phraseology and second language proficiency. *Applied Linguistics*, 19(1): 24-44.
Hsu, J. 2007. Lexical collocations and their relation to the online writing of Taiwanese college English majors and non-English majors. *Electronic Journal of Foreign Language Teaching*, 4(2): 192-209.
Hyland, K. 2008. Academic clusters: text patterning in published and postgraduate writing. *International Journal of Applied Linguistics*, 18(1): 41-62.

Nattinger, R. & Jeanette D. 1992. *Lexical phrases and language leaching*. Oxford: Oxford University Press.

Nekrasova, M. 2009. English L1 and L2 speakers' knowledge of lexical bundles. *Language Learning*, 59 (3): 647-686.

Pang, P. 2009. A study of the use of four-word lexical bundles in argumentative essays by Chinese English majors—A comparative study based on WECCL and LOCNESS. *CELEA Journal*, 32(3): 25-45.

Rumelhart, E. & McClelland, L. 1986. *On learning the past tenses of English verbs. Parallel distributed processing: explorations in the microstructure of cognition*, *Vol. 2*. Cambridge, MA: MIT Press.

Wei, YY. & Lei, L. 2011. Lexical bundles in the academic writing of advanced Chinese EFL Learners. *RELC Journal*, 42(2): 155-166.

Wray, A. 2002. *Formulaic language and the lexicon*. Cambridge: Cambridge University Press.

作者单位：北京语言大学心理学院

联系方式：许宏鉴,江　新：jiangxin@blcu.edu.cn

The use of Chinese chunks in second language learners with different proficiency and its relationship with the quality of composition

Hongjian Xu, Xin Jiang

Abstract: The present study investigated the use of chunks in written composition among learners of Chinese as a second language (CSL). Beginning, intermediate and advanced CSL learners were asked to write a composition according to 3 given pictures. We analyzed the relationship between the frequency of the chunks used in the compositions and their marks, and the usage of each type of the chunks as well. The results showed that: (1) There is a significant increase from beginning level to intermediate level and from intermediate level to advanced level for the frequency of chunks learners used in their compositions, the chunks used in the compositions of different level CSL learners have different characteristics; (2) There is a moderate and positive correlation between the frequency of the chunks and the scores of the compositions; (3) The correlations between the frequency of the chunks used by CSL learners of each level and their compositions' scores are diverse, and the correlations between the frequency of the each type of the chunks and the compositions' scores are different as well.

Keywords: the use of chunks; quality of composition; Chinese Proficiency; types of chunks; L2 learners

Author work unit: School of Psychology, Beijing language and Culture University

Author e-mail: jiangxin@ blcu. edu. cn

亚洲的尾助词：一种区域性特征的建立

弗拉基米尔·潘奥夫(Vladimir Panov)(著)　夏　昀(译)*

摘要：文章介绍了亚洲语言中被称为"(句)尾助词"[(sentence-) final particles,可简称为FPs]的成分的区域性研究成果。尾助词是这一区域诸多语言的一个重要组成部分。在个别语言的描写中,它们以不同的标签被报告。但是,它们尚未成为大规模区域研究的对象。文章讨论了亚洲语言中尾助词表现出的典型形态句法和功能特点,以及这些特点的变异参数。基于53种语言构成的样本和尾助词的6种样本功能类型(sample functional types),文章探究了亚洲类型尾助词的区域分布。文章指出,不同的尾助词同言线覆盖了不同的地理范围,而其中某些重合部分则使我们能够讨论宏观区域(包括东亚、东南亚和东北亚)内的一种非常典型的结构现象。

关键词：尾助词,东亚,东南亚,东北亚,语言区域,认知情态,语旨力,言告范畴,传信范畴

1. 引言

1.1 综论

众所周知,"尾助词"[1]这个标签是某些语言中一个特定的描写术语,用于描写某些语言中(尤其是那些东亚和东南亚的语言中)比较特殊的词类。日语、汉语(普通话和粤语)和泰语的尾助词是较有特色且研究得较充分的案例。这些语言中尾助词的典型用法如例(1)—例(3):

---

* 衷心感谢原作者潘奥夫先生授权我翻译此论文。译文初稿是译者的语言类型学课程作业。在翻译的过程中,曾就文中相关问题向潘奥夫先生请教,他一一耐心给予了回复。译文初稿完成后,导师张赪教授进行了仔细的审阅和校订。此外,文中部分术语的译法得到了廖香玉、许典琳、申盛夏等学友的指点。在此一并致谢！原文可能存在的问题已在译注里标明,除此之外,译文里的错漏均由译者自负。

(1) 普通话(汉藏语系;中国)：

tā *mǎi* *fángzi* ***le*** ***ma***[2]

3SG 买 房子 FP FP

‘他买房子了吗?’ (Li & Thompson 1989/1981：239)

(2) 日语(日本语系;日本)

Sore *dake* ***ka*** ***ne***

只 它 FP FP

‘只有它,是吗?’ (Alpatov *et al*. 2008：464)

(3) 泰语(台-卡岱语系;泰国)：

pay *nây* ***khráp***

去 哪里 FP

‘你去哪?’(男性的询问)

klàp *bâan* ***khâ***

去 家 FP

‘我回家。’(女性的回答) (Smyth 2002：126)

在例(1)普通话中,“了”的功能是标示一种新的、可能出人意料的事态,“吗”则是一个极性问(polar question,简称为PQ)标记。在例(2)日语中,极性问用ka标记,ne则编码听话人的存在以及礼貌式(politeness)。同日语一样,例(3)泰语中的khráp和khâ也编码听话人;此外它们还区分了性别。所有的这些语言里,尾助词都是其语言结构中的一个显著部分。它们在口语中(特别是非正式对话中)尤为典型。

“尾助词”这个标签有时也用于欧洲语言,最常见的是日耳曼语(参看Hancil *et al*. 2015a中的诸多研究)。有些从个别语言角度描写亚洲尾助词的作者,也援引过相关和(或)相邻语言的比较性材料(如Person 2000：58-66;Dej-Amorn 2006：7-31)。目前已有一些(但并不多)研究把尾助词看成一种跨语言现象,其中一部分还讨论了它们的地理分布(见2.2节的简述)。

本文从类型学及区域性视角审视亚洲乃至整个欧亚大陆的尾助词。本文的观点是,在亚洲的一个区域内可以发现尾助词具有一些典型的共性。本文提出了一系列相关标准以便我们能够了解尾助词系统的跨语言变异,并进一步观察了尾助词的一些特定功能类型的地理分布。本文的目标是建立并初步划定亚洲尾助词的同言线。形成其现状的具体语言接触机制超出了本文的范围,留待将来研究。

1.2 样本和方案

本文是一个基于语言样本的宏观区域(macro-areal)研究,这意味着我们没有考虑该区域内的大多数语言。此方案与微观区域(micro-areal)的研究方法是相对的,因为后者力求理想地涵盖一个区域内的所有语言。宏观区域抽样可与考古发掘前的铲探(shovel test pits)类比,而微观区域研究法则与严格意义上的挖掘(excavations)相似。考古学内的铲探和语言学里的宏观区域[①]抽样可用来了解某一遗址的整体地貌或某一区域的语言概观,并帮助学者对他们可能期望得到的结果做出一些预测。而挖掘和微观区域研究关注的则是最终的精细图像。这两种方案相辅相成。图 1 阐明了宏观和微观区域取样的实质;黑点表示样本中包含的语言,而白点表示排除在外的语言。

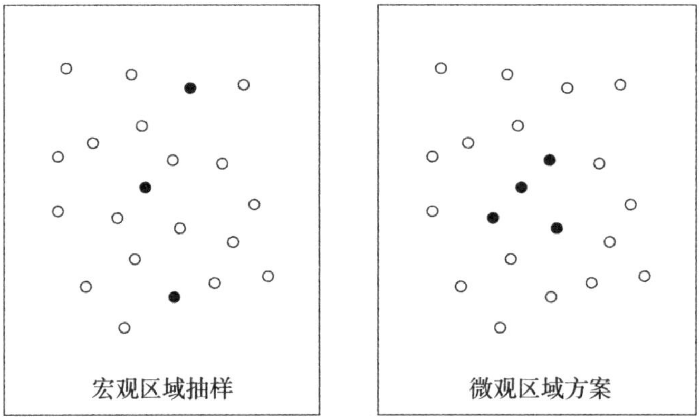

图 1 宏观区域和微观区域

本研究的目标之一是说明尾助词的一组功能类型在亚欧大陆的地理分布具有明显的区域性倾向。但本研究在方法上与一些著名的语言区域研究略有不同。Haspelmath(2011: 1493)在对标准平均欧洲语(Standard Average European)

① 本文页注为译者按,尾注为原文注释。原文此处写的是 micro-areal(微观区域),但按文意应该是 macro-areal(宏观区域)。

的研究成果中列出了他所主张的用于确定区域性语言特征的相关标准。为了证明某个结构特征具有区域性，需要说明：

ⅰ. 该特征见于某一确定区域内的诸多主要语言；

ⅱ. 在地理上与之毗邻的其他语言缺少该特征；

ⅲ. 处于不同地域的相关语言缺少该特征；

ⅳ. 该特征不见于世界上的大多数语言。

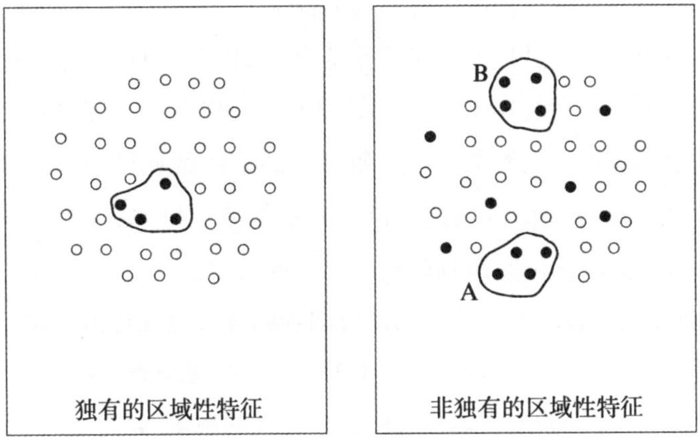

图 2　类型学上独有的和非独有的区域性特征

尽管(ⅲ)和(ⅳ)的重要性已成为很多语言学家的共识，但对本研究的目的而言，它们是次要的。在笔者看来，只有(ⅰ)和(ⅱ)在确定某一特征的区域性时比较关键，而(ⅲ)和(ⅳ)可以作为有利的补充性论据，但不是必需的。图 2 阐明了两种情况。黑点表示具有特征 F 的样本语言，白点表示缺少该特征的语言。第一种情况里，F 是世界上某个地区特有的。第二种情况里，它并非唯一的，但拥有该特征的语言却密集于特定区域内，这也可支持 F 具有区域性特点。在此情况下，判定区域性的主要标准是与该区域直接毗邻的语言缺少 F，即使在世界别处发现了有 F 的语言并形成其他区域性集群。[3] 至于(ⅲ)，情况较为复杂。一方面，某些系属(genera)的语言可能全部属于该区域[如本文中的汉语族(Sinitic)语言]。另一方面，某个系属的特定语言远离了该区域，其中原因可能是多样的。例如，说具有 F 特征语言的人新近迁移到其他地区，F 可能会保留一段时间，但这与格局本身的区域性并不矛盾。在本文的样本中，所有的突厥语都分布在一个广袤的地区上，它们都有表极性问的尾助词。新加坡的标准普通话(被普遍缺乏尾助词的南岛语包围)则有非常接近中国标准普通话的尾助词系统。

本研究选择的语言样本包括处于亚欧大陆的语言——该地区出现了具有特定性质(详见2.3至2.5节)的尾助词——也包括紧邻该地区的语言。但该区域本身不是均质的,其同言线表现出非常复杂的重叠(详见3.3节)。

本文的样本是根据 *Glottolog* 网站(Hammarström *et al.* 2018)提供的谱系分类原则来构建的。所有语言的名称都与 *Glottolog* 上的一致。

这并非一个遍及全世界的定量类型学研究,因此没有严格遵守不同语系应一视同仁的要求。本文的样本中囊括了相关地区现有的全部语系,但并不是所有语系在文中都得到了同等关注。为解释尾助词的区域性,本文突出强调了东北亚的语言(例如通古斯语和蒙古语)。本项区域性研究在很大程度上是由笔者对布里亚特尾语尾助词的田野调查研究所推动的。(Panov 2016)文中有多个布里亚特语的例子,它们来自笔者的田野调查以及布里亚特语料库[4]。

东北亚地区的语系中语言数量相对较少,因而这些语言在样本中所占比例相对较高。另一方面,像汉藏语系这样一个庞大的系属,涵盖了广袤区域内的数百种语言,但本文用仅含少数语言的次样本(sub-sample)来代表它,这些语言的尾助词系统在文献中都有很充分的描写。笔者尝试根据 *Glottolog* 的分类来呈现汉藏语系的主要次系属(subgroups),但并未找到对所有次系属内语言的充分描写。南亚语系中包括了越南语,它代表了"常见的"南亚语系类型,其尾助词系统得到了很充分的描写(Le, 2015);也包括卡利亚语(Kharia),它是描写得最充分的蒙达语族(Munda)语言(Peterson 2011),并且蒙达语族语言与南亚语系的核心成员有重要的结构差异。在本研究中,南岛语处于外围位置;标准印尼语代表"岛屿"类型,毕语(Bih)代表东南亚大陆类型,回辉话(Tsat)代表"汉文化圈(Sinospheric)"语言[毕语和回辉话都属占语群(Chamic)]。同处外围的印欧语系语言亦如此,虽然有些语言如新加坡英语具有一些典型的"亚洲式"尾助词,但这些尾助词都是直接从周边语言中借来的。完整的语言样本列于表1。语系根据地理位置(从东到西)排列,语系下的次系属和次系属里的语言则按字母顺序排列。图3显示了这些样本语言的大致位置。

表 1　样本①

语系（family）	次系属（subgroup）	语言名称	缩写	*Glotto* 码	来源	国家	
楚科奇-堪察加诸语	楚科奇语支	楚科奇语	Ch	chuk1273	Skorik（1977）	俄罗斯	1
	伊捷尔缅语支	伊捷尔缅语	It	itel1242	Volodin（1976）	俄罗斯	2
远东语孤立语	北海道-千岛群岛阿依努语群	北海道阿伊努语	Ai	Hokk1250	Tamura（2000） Bugaeva（2012）	日本	3
	尼夫赫语	尼赫夫语	Ni	gily1242	Panfilov（1965）	俄罗斯	4
	尤卡吉尔语族	南部（科雷马）尤卡吉尔语	Yu	sout2745	Maslova（2003）	俄罗斯	5
日本语系	日语族	日语	Ja	nuc1643	Alpatov *et al*.（2008），Shimada & Nagano（2017），Saigo（2001）	日本	6
朝鲜语系		韩语	Ko	kore1280	Martin（1992），Sohn（2001［1999］），Pak（2004），Kim（2019），Kim & Aleksova（2003），Delancey（1997）	韩国、中国、俄罗斯	7

① 为了使表格内容更加醒目，我们在翻译时略去了以下所列语言的英文名称。读者可在本文最后的附录里找到相关语言的原英文名。另注意，文中语言的谱系分类是以 *Glottolog* 网站的数据为基础的，这个网站的谱系分类信息与国内学界传统上的认识有一些不同，比如“阿尔泰语”在国内多数研究中一般看成一个语系，但 *Glottolog* 采纳了较前沿的研究成果，将“阿尔泰语”看成一个语言联盟，而把“通古斯语”“蒙古语”“突厥语”等都处理为独立的语系。关于反对“阿尔泰语”构成一个语系的论证，读者可参看 Vovin 于 2005 发表的 *The End of the Altaic Controversy* 一文，刊于 *Central Asiatic Journal*, Vol. 49, No. 1（71-132 页）。

续表

语系(family)	次系属(subgroup)	语言名称	缩写	*Glotto* 码	来源	国家	
汉藏语系	藏语支	拉萨藏语	Ti	tibe1272	Delancey(2003) Tournadre & Dorj (2005), Vokurová(2008)	中国	8
		仓洛语	Tsh	tsha1245	Andvik(2010)	不丹、中国、印度	9
	羌缅语群	缅甸语	Bm	Nucl131	Soe(1999)	缅甸、孟加拉国、泰国	10
		羌语	Qi	qian1274	LaPolla(2003)	中国	11
	迪玛尔语群	迪玛尔语	Dh	dhim1246	King(2009)	印度 尼泊尔	12
	喜马拉雅语支	雷布查语	Le	lepc1244	Plasier(2007)	不丹,印度、尼泊尔	13
	克伦语支	东克耶(里)语	Ka	east2342	Solnit(1997)	缅甸、泰国	14
	那加语支	阿沃-那加语(蒙森-阿沃语)	Ao	aona1235	Coupe(2007)	印度	15
	泛达尼语群	伽隆语	Ga	galo1242	Post(2007)	印度	16
	木卢语支	阿奴语(孔措语)	Hk	anuu1241	Wright(2009)	缅甸	17
	怒语支	怒语(阿依语)	Nu	nung1282	Sun & Liu(2009)	中国 缅甸	18

续表

语系(family)	次系属(subgroup)	语言名称	缩写	*Glotto* 码	来源	国家	
汉藏语系	汉语族	粤语	Ca	cant1236	(Matthews & Yip 1994), Luke (1990), Kwo(2006)	中国	19
		普通话	Ma	mand1415	Li & Thompson(1989[1981]), Fang(2018)	中国、韩国，等等	20
	土家语支	北部土家语	Tu	nort2732	Brassett *et al.* (2006)	中国	21
通古斯语系	中东部(通古斯)语支	乌德盖语	Ud	udih1248	Nikolaeva & Tolskay(2001)	俄罗斯	22
	中西部(通古斯)语支	赫哲语	Na	nana1257	Avronin(1961)	俄罗斯，中国	23
	鄂温语群	鄂温语	Ev	even1260	Malchukov(1995)	俄罗斯	24
	西北部语(通古斯)支	鄂温克语	Ek	even1256	Nedjalkov(1997)	中国、蒙古、俄罗斯	25
蒙古语系	喀尔喀-布里亚特语支	蒙古语	Mg	halh1238	Janhumen (2012), Kullman & Tsyrempil(2001[1996])	蒙古、中国	26
		布里亚特语	Bu	russ1264	Sanzheyev(1962) Panov(2016)	俄罗斯	27
	卫拉特-卡尔梅克语支	卡尔梅克语	Km	kalm1243	Bitkeyev *et al.* (1983), Say (2009)	中国 俄罗斯	28
南岛语系	占语群	毕语	Bi	biha1246	Nguyen(2013)	越南	29
		回辉话	Ts	tsat1235	Thurgood *et al.* (2014)	中国	30

续表

语系(family)	次系属(subgroup)	语言名称	缩写	*Glotto* 码	来源	国家	
南岛语系	马来语群	印尼语	In	indo1316	Sneddon(1996)	印尼	31
台—卡岱语系	仡央语支	仡佬语	Gl	gela1261	Li *et al.* (2014)	中国	32
	侗台语族	泰语	Th	thai1264	Smyth(2002),Cooke(1989)	泰国、柬埔寨、缅甸	33
南亚语系	蒙达语族	卡利亚语	Kh	Khar1287	Peterson(2011)	印度、尼泊尔	34
	越语支	越南语	Vi	viet1252	Le(2015)	越南	35
苗瑶语系	苗语支	绿苗语	GH	hmon1264	Dej-Amorn(2006)	中国、老挝、缅甸、泰国、越南	36
突厥语系	北西伯利亚突厥语支	多尔干语	Do	dolg1241	Li(2011)	俄罗斯	37
	钦察语支	哈萨克语	Kz	kaza1248	Abish(2014)	中国[5]	38
		鞑靼语(喀山)	Ta	tata1255	Greed(2014),Sabirov(2006)	俄罗斯	39
	乌古斯语支	土耳其语	Tr	nucl1301	Kornfilt(1997),Yilmaz(2004),Corcu-Gü(2006)	土耳其	40
乌拉尔语系	彼尔姆语族	贝谢尔曼乌德穆尔特语	Be	bese1243	Zubova(2013),Arkhangelskiy(ms.)	俄罗斯	41
	萨摩耶德语族	恩加纳桑语	Ng	ngan1291	Wagner-Nagy(2018)	俄罗斯	42
		苔原涅涅茨语	Nts	nene1249	Nikolaeva(2014)	俄罗斯	43

续表

语系(family)	次系属(subgroup)	语言名称	缩写	*Glotto* 码	来源	国家	
印欧语系	亚美尼亚语族	东部亚美尼亚语	Ar	Nucl1235	Dum-Tragut(2009)	亚美尼亚、俄罗斯、格鲁吉亚、伊朗	44
	日耳曼语族	新加坡英语	SE	—	Gupta (1992), Ler Soon Lay (2005)	新加坡	45
	印度-雅利安语族	印地语	Hi	Hind1226	Kachru(2006)	尼泊尔	46
		尼泊尔语	Ne	nepa1254	Bal(unpublished)	尼泊尔	47
	伊朗语族	普什图语	Pa	nucl1276	David(2014)	阿富汗、巴基斯坦	48
		塔吉克语	Tj	taji1245	Perry(2005), Ido(2005)	塔吉克斯坦、乌兹比克斯坦	49
东高加索语系	莱兹金语支	莱兹金语	Lz	Le*zg*1247	Haspelmath(1993)	俄罗斯 阿塞拜疆	50
	纳克语支	印古什语	Ln	ingu1240	Nichols(2011)	俄罗斯 阿塞拜疆	51
西高加索语系	切尔克斯语支	阿迪格语	Ad	adyg1241	Smeets (1984), Arkadiev & Letuchiy(2011)	俄罗斯、土耳其、约旦	52
南高加索语系	格鲁吉亚-赞语支	格鲁吉亚语	Ge	nucl1302	Hewitt(1995)	格鲁吉亚	53

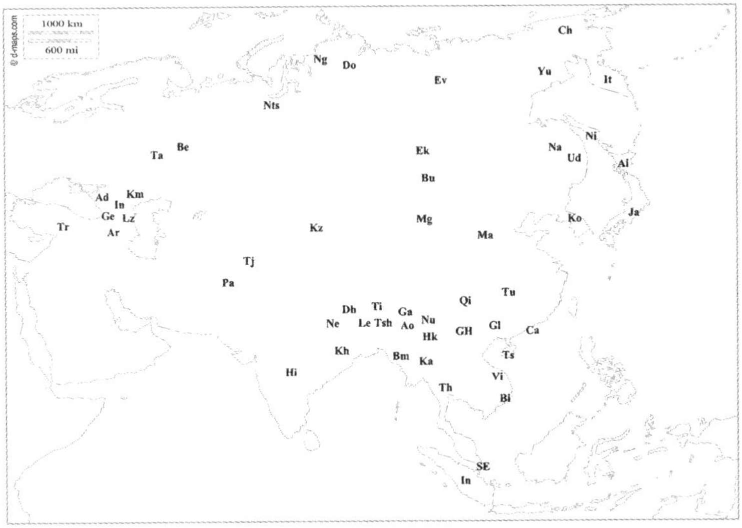

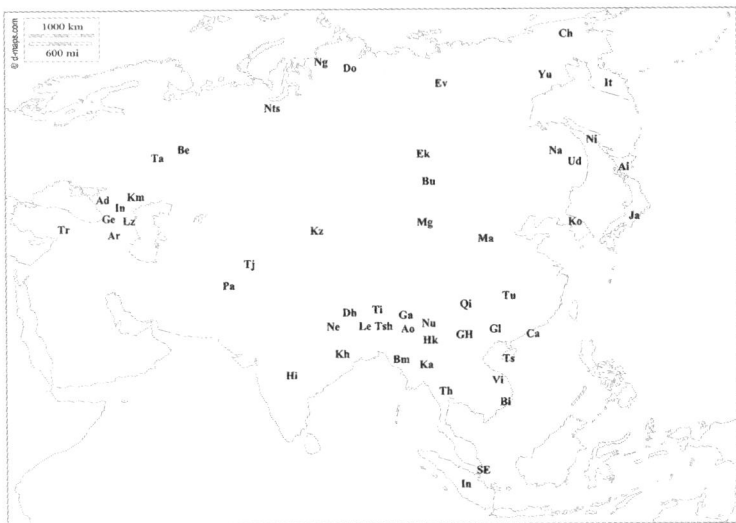

图3 样本[6]

大体上,本文会以别人的描写工作为基础来做类型学概括。笔者能意识到数据来源有不可避免的缺陷,也注意到了对这种跨语言比较方式的批评(例如,Cristofaro 2013)[7]。除了布里亚特语之外,一些普通话和土耳其语的例子也取自母语者:这些例子并没有注明出处。

文章结构安排如下:第 2 节阐释了本文所采用的跨语言比较的一般观点,给出了关于研究对象的定义,对其做了说明并讨论了可能的变异范围;第 3 节将分析尾助词的区域性;结论部分(第 4 节)总结了成果并讨论了可能的研究视角。读者可在网上的附录①中找到一个表,其中包含第 3 节里分析过的助词,并注明了其来源和精确页码。

---

① 承蒙潘奥夫先生告知,论文原文在 *Linguistic Typology* 官网线上发表时(相关链接为:https://doi.org/10.1515/lingty-2019—2032),因期刊的编辑工作出现了一些疏忽,导致线上附录未能正常发布。潘奥夫先生后通过邮件将附录文件发给了译者。译者已将其存入了网盘中,公开下载链接为:https://cloud.tsinghua.edu.cn/f/16da75f6be6e413ba173/?dl=1。读者可自行下载查阅(原文附注 7 和附注 16 提到的“补充数据表”和“线上补充材料”也是指这个附录)。

2. 亚洲式尾助词：定义

2.1 作为一种类语言(languoid)[①]相关描写范畴的“亚洲式尾助词”

正如 Moravcsik(2016;另见 Dahl 2016)所言,他反对 Haspelmath(2010a)关于比较概念的论文,而认为互不独立的语言最好用相同的描写性术语来描写,并提供一个变异范围。本文讨论的就是这类情况。

一组相互依存的语言可以称为“类语言”(Cysouw & Good 2013)。类语言内各语言的相互依存可能是由谱系上的关联或地域上的趋同造成的。在本文的案例中,类语言表现为亚洲地区的诸语言,这些语言因长期多层次的语言接触而相互依存。为了避免“毫无根据地夸大事实”(Gil 2016：451),类语言最好用与类语言相关的描写范畴(Gil 2016：456)及其变异范围来描写。类语言相关描写范畴的理念假定：如果一组语言相互依存,且某个范畴可用于描写每种语言里的现象,同时该范畴也是一个比较性的概念,那么这些语言就可以用相同的术语来描写。笔者将本文涉及的类语言相关描写范畴称为“亚洲式的尾助词”(Asian-style final particles)。简捷起见,下文会称其为“亚洲尾助词”(Asian FPs)。

2.2 既往的研究

笔者了解到,至少有两种明确的尝试是从跨语言角度来定义亚洲尾助词的。Goddard 的手册(2005：141-146)把这类助词称为“语旨助词”(illocutionary particles)。它们“表达了说话者对他/她说的话‘此时此刻’的情感、想法和愿望。这类词经常出现在句子[更准确地说,是话语句(utterances)]末尾,因而也称为‘句末助词’”(Goddard 2005：144)。

在《尾助词》(*Final Particles*)这本书的绪论中(Hancil *et al.* 2015b：13-16),作者针对亚洲尾助词提出了更详细的观点。它们被明确定义为一个区域性的跨

---

① 据译者目力所见,目前国内的类型学研究很少用到 languoid 这个术语。大致说来,它是对“语言(language)”这一概念的进一步泛化。它不考虑语言之间的谱系关系,而将一组有联系的(可能是谱系关系,也可能是区域联系)方言、语言、语族、语系等统括为一个超集,称为 languoid。具体可参看 Cysouw 和 Good 于 2013 年发表的 *Languoid, Doculect and Glossonym: Formalizing the Notion “Language”* 一文,刊于 *Language Documentation and Conservation*,第 7 期 331－359 页。从词形结构上看,languoid 包括词根“langu”(语言)和词缀“-oid”(“类似……的”),我们将其暂且翻译为“类语言”。

语言研究范例(pattern)。作者主要从类型学的角度区分了亚洲语言的尾助词和欧洲语言的尾助词。在他们看来,亚洲语言尾助词的主要功能是表达说话人对命题的态度(认知状态、信息来源,等等),并将命题置于交际语境(communicational context)中(例如,说话人对听话人的态度)。相比而言,欧洲语言的尾助词则表达命题如何与先前的语篇单位(结果、反驳等)建立联系。

Goddard(2005)和 Hancil *et al*. (2015b)提到了东南亚大陆的一些语言:普通话、日语、韩语、新加坡英语和中国的洋泾浜俄语。Hancil *et al*. (2015b: 15-16)认为,语调(intonation)在东南亚和东亚语言的中作用有限[因为不少东南亚和东亚语言的音位性声调(phonological tones)较为突出],而且这些语言缺乏形态变化,所以话语助词在其中得以广泛使用。

后文将为亚洲尾助词下一个更精确的定义,同时给出一组参数,笔者认为这些参数与该地区尾助词系统的跨语言变异有关。并且,笔者还大大扩充了之前亚洲尾助词研究中涉及的样本语言的数量(见引言部分)。

2.3 定义

依照 Haspelmath(2018)的观点,亚洲尾助词是一个"混合"(hybrid)概念。这意味着尾助词的跨语言定义应该包括形式(形态句法)和功能/语义两方面标准。

笔者首先将给出较简短的定义,然后再展开讨论,聚焦每条所列标准的一致性程度及其变异范围,同时也会介绍一些辅助概念。笔者认为给出以下两个定义并不困难:定义 1 论及典型的亚洲式尾助词,定义 2 则给出了该地区一般语言中典型尾助词系统的标准。这两条定义与文献中"尾助词"这一术语的典型用法相符。

定义 1 典型的亚洲尾助词

A. 形态句法上,典型的亚洲尾助词具有"无差别依附(promiscuous attachment)"的特征。它通常是黏着的(bound),且韵律上有缺损(deficiency),可融入句子主要的语调轮廓(intonation contour)中。其辖域(scope)涵盖了基本的话语单位而非单个句子成分。它出现于这些单位的末尾。

B. 功能上,亚洲尾助词通常表达以下领域的意义:传统上所谓的语旨力(illocutionary force)或句子语气(sentence mood)、认知情态(epistemic modality)、传信范畴(evidentiality)、意外范畴(mirativity)、言者-听者关系[言告范畴

(allocutivity),包括礼貌式以及对说话人和听话人性别的区分]。

定义 2 典型的亚洲尾助词系统

该区域的语言通常平均拥有十几个尾助词。多个尾助词连用形成的群集(clusters)里很少有超过三个尾助词,但这个群集里也可能包含一些其他的语法成分。

2.4 对定义 1 的说明及其变异范围

2.4.1 形态句法特征

2.4.1.1 无差别依附(promiscuous attachment)

本文归为“尾助词”的成分可以出现在不同词类(parts of speech)之后。这是一个非常重要的标准,因为这可使我们能够把尾助词同谓词居后(predicate-final)语言里的动词词缀和系词(copulas)区分开。动词词缀只与动词词根一起出现,系词不与定式动词共现,但尾助词却能出现在各类谓词之后。[8] 基于此,本文排除了如拉萨藏语中的 yin、red 和 yod 等之类的成分,尽管它们与尾助词有不少相似之处,但它们却要求动词名词化(Tournadre & Jiatso 2001)。另一方面,本文也囊括了与韩语陈述标记“-ta”类似的成分,因为“-ta”能与动词性和形容词性的谓词共现(Sohn 1999/2001: 284)。当然,也可能存在某些搭配限制;但关键在于尾助词并非只与典型的动词性谓词共现。[9]

2.4.1.2 黏着性(boundness)

尾助词通常是“黏着形式”(bound form),而不是“自由形式”(free form),正如 Bloomfield(1933/1970: 160)所言:“从不单说的语言形式是一种黏着形式;其他的都是自由形式。”换言之,自由形式可以形成完整的(可能会有省略)语句(Haspelmath 2013: 213),而黏着形式则不能。

典型的例子里,尾助词出现的最简环境如下所示:

(4) 布里亚特语(蒙古语系;俄罗斯)

a. *hain* ***daa***

好 FP

‘谢谢你’(字面意义:“那不错。”)

b. * ***daa***!

布里亚特语中的言告范畴助词 daa 无法作为单独成句。但情况并非总是如此。至少样本中的某些语言里,有言告范畴功能(而非其他功能)的尾助词有时是可以单独成句的,如泰语例(5)和土耳其语例(6):

(5) 泰语(台-卡岱语系;泰国)

mɛ̂ɛ ***cǎa***

妈妈 FP

'妈妈?'

cǎa

FP

'怎么了,亲爱的?' (Cooke 1989: 7)

(6) 土耳其语(突厥语系;土耳其)

a. *Hoca-m* *bilgisayar-ım* *bozul-du* *ya*

老师-POSS. 1SG 电脑-POSS. 1SG 损坏-PT. 3SG FP

'老师,我的电脑坏了。' (Corcu-Gül 2006)

b. **Ya!**

FP

'嘿,你呀!'

特定的尾助词是否能独立使用,语法书里很少有报告。但在土耳其语中,独立使用以及出现在非句末位置的情况似乎都很常见。(Yılmaz 2004: 68)不过在泰语中这些用法是次要的[可根据 Cooke(1989)所举的多个例子来判断]。第3节的区域分析只包括那些明显倾向于附加在基本话语单位(elementary discourse units,见 2.4.1.5 小节)之后的尾助词。

尾助词一般无法与任何焦点或数量标记结合。笔者只发现了一个有违于这条规则的例外,即布里亚特语和蒙古语中的尾助词可以通过添加焦点标记 le 来实现焦点化。

(7) 布里亚特语(蒙古语系;俄罗斯)

Tüi-geze *xele-deg-gyj* ***jum*** ***le***

这样-CIT 说-HAB-NEG FP FOC

'我们(用布里亚特语)可不是这么说的。'

然而对这种用法的解释并不十分清楚：可能整句话而非仅仅是尾助词都在焦点辖域内。尾助词的焦点化功能在文献中没有得到太多的关注，并且也属于很次要的功能。

2.4.1.3 简短性(shortness)

样本语言中大部分尾助词都是单音节的。东南亚大陆的语言尤是如此，它们一般都有较明显的单音节倾向。因而在这些语言中，尾助词的平均音长与词根相比没有很大的差别。

在诸如汉语普通话、藏缅语以及“阿尔泰语[10]”这类非单音节语言中，尾助词的平均音长比词根短，且接近于传统上所谓的词缀(affixes)、附置词(adpositions)等其他类型的黏着形式。这些语言中大多数尾助词仍是单音节的，但也有更长的形式。存在最长尾助词的是通古斯语系语言，三音节尾助词很常见；试看以下书面满语(literary Manchu)的例子[11]：

(8) 满语(通古斯语系；中国)

tere	*min-i*	*waka*	***dabala***
这	我-GEN	错	FP

‘当然，这是我的错。’ (Gorelova 2002：371)

对于第3节的区域性分析而言，音长并不起决定性作用。

2.4.1.4 韵律缺损(prosodic deficiency)

有一个明显的跨语言倾向，即与韵律最完整的单位相比，尾助词在韵律上是有缺损的。缺损的标准在不同语言中不尽相同。例如，在汉语普通话以及东南亚大陆的诸多语言中，许多(但未必是所有)尾助词缺少声调标记(换言之，只带“轻声”)：

(9) 普通话(汉藏语系；中国)：

nǐ	*chī*	*fàn*	*le*	*ma*
你	吃	饭	FP	FP

‘你吃了吗？’

在不少突厥语系和蒙古语系语言中，如土耳其语和布里亚特语，有两个标准在标记“单词”的结尾方面起作用，即重音(stress)与元音和谐(vowel harmony)

(土耳其语和布里亚特语都有末尾重音)。然而,"末尾"重读音节后面的成分是否遵守元音和谐规则却有差别:一些重读后的语素(morphs)会发生元音和谐,一些则不会,还有一些会有变异。土耳其语疑问词 mI 不重读但会发生元音和谐。布里亚特语的尾助词 daa 紧跟在句子的最后一个(重读)音节之后,它本身不重读。但 daa 是否有元音和谐则取决于说话人和语体(Panov 2016: 105),而它在标准蒙古语里的同源词却总会发生元音和谐。(Kullmann & Tsyrempil 1996/2001: 335)

最后,有些语言的尾助词在声调、单词重音或元音和谐等方面并没有表现出多少韵律上的不完整。在这类情形中,所谓缺损可能仅在于无法给尾助词附加短语重音(phrasal accent):它们几乎总是**融入主要的语调轮廓里**(incorporated into the main intonation contour)。这是亚洲尾助词的一个重要特征,由此可将它们与表面上类似的现象(如一些欧洲语言里的尾助词)区别开来。例如,德语口语中的附加疑问句(tag questions)用助词"oder(或者)"来标记,但这个助词有自己的调形(升调),可据此把它与句子的其他部分分开(书面语中通常用逗号标记):

(10) 德语(印欧语系;德国)

Du	*komm-st*	*mit*,	***oder***?
你	来-2SG	和	**FP**

'你来了,是吗?'

东南亚大陆语言中,尾助词保留声调区分但却融入整个句子主要语调轮廓的情况很常见。

同黏着性一样,尾助词的韵律特征也不常见于语法书的报告。因此我们只能讨论初步的观察和大体的倾向。第 3 节将不考虑韵律标准。

2.4.1.5 末尾位置及其辖域

所谓"末尾",与何相关?具体语言的描写一般会强调"末尾位置"是这组助词的显著特征。但实际情况却很令人困惑:尾助词之"尾"是什么末尾?个别语言的描写者经常会提及"句末助词""小句末尾助词"或"话语句末助词",但却未给出更深入的解释或例子。Hancil *et al*. (2015a)的编纂者们使用了"尾助词"这个短标签来规避任何术语上的说明，本文遵循了他们的做法。

不过这里也可以给出一些有趣的观察。的确，亚洲尾助词的典型用法是用在书面句子的末端或口语句子的结尾。然而某些描写却提供了一些例子，说明实际情况并非如此。在粤语中，言告范畴助词 la 主要用在句末，如例(11)a；但它也出现在枚举的每项之后，如例(11)b：

(11) 粤语(汉藏语系；中国)

a. *Lei si-haa daagodinwaa bei keui* ***la***

你 尝试-ASP 打电话 给 他 PT

'试试打电话给他。'('你试下打电话畀佢①')

b. *jumou-kau la, bingbambo la, tennis* ***la***

羽毛球 PT 乒乓球 PT 网球 PT

'……羽毛球啦、乒乓波啦、网球啦'('羽毛球啦、乒乓波啦、听尼士啦')

(Luke 1990: 7)

布里亚特语中，言告范畴助词 daa[其句末用法可参看例(4)a]可以用在枚举中，如例(12)a；也可在提前的话题性成分后出现，如例(12)b：

(12) 布里亚特语(蒙古语系；俄罗斯)

a. *Manda xuu juume amtatai: buuza* ***daa***, *xušuur* ***daa***,

我-DAT 每 事物 美味的 布乌扎 FP 呼梳乌尔 FP,

šülen ***daa***

汤 FP

'我每个都喜欢：布乌扎、呼梳乌尔②还有汤。'

b. *Ežym* ***daa*** *xain exener* ***geeše*** ***daa***

母亲-POSS.1SG FP 好 女人 FP FP

'(你知道)我母亲是个善良的女人!'

据报告，至少泰语和越南语里也有类似的用法。

另一个有争议的问题是内嵌小句(embedded clause)里出现尾助词的限制

① 粤语例句的粤语正字写法是译者另外补上的。

② "布乌扎"(buuza)和"呼梳乌尔"(xušuur)是两种布里亚特食品的名称。

[因此“句末助词”(sentence-)和“小句末尾助词”(clause-final particles)两个标签之间存在术语性的含混]。要解决这一困惑,需要先回答一些另外的问题,其中最重要的是主句(main clause)、从句(subordinate clause)以及一般性小句(clause)的跨语言定义(即比较性概念,comparative concepts)[12]。

且举一例。布里亚特语在这方面颇为复杂。尾助词无法与副动词的内嵌小句(converbal embedded clauses)搭配,如时间从句例(13)b;不过尾助词可在由引语标记引导的引语从句中使用,此时引语标记出现在尾助词之后如例(13)a:

(13) 布里亚特语(蒙古语系;俄罗斯)

a. *Iime* *baina* ***xa*** ***jum*** ***daa*** *geed* *xelebe*
这样 是 **FP** **FP** **FP** CIT. PT 说. PT. 3SG
‘他/她说,当然,事情就是这样。’

b. * *Iime* *baina* ***xa*** ***jum*** ***daa*** *medeed* *garaa*
这样 是 **FP** **FP** **FP** 知道. CV 走. 出去. PT. 3SG

c. *Iime* *baina* *medeed* *garaa*
这样 是 知道. CV 走. 出去. PT. 3SG
‘他/她发现事情真相后就出去了。’

此外,布里亚特语里不同的尾助词对从句的兼容程度也不同。认知情态(epistemic modality)助词 jum 的核心意义是表达说话人的真实性承诺(truth commitment),它似乎比言告范畴助词 daa 更能兼容从属性谓语:

(14) 布里亚特语(蒙古语系;俄罗斯)

a. *Iime* *baina* ***jum*** *geze* *mede-ne-b*
这样 是 **FP** CIT. PR 知道-PR-1SG
‘我知道事情就是这样。’

b. * *Iime* *baina* ***daa*** *geze* *mede-ne-b*
这样 是 **FP** CIT. PR 知道-PR-1SG

以上诸例中,尽管话语句末尾仍是尾助词最显著的位置,但它实际上可以出现在主句、内嵌句、提前的话题以及枚举项后面。这方面的限制,不同的语言乃至同一种语言的不同助词都各有特点。不过有两点是一致的:(1) 尾助词总是后于而非先于它们辖域内的单位；（2）尾助词辖域内的单位更像话语句（utterance）/句子（sentence）/小句（clause）而非短语。笔者认为，至少对布里亚特语和粤语的例子而言（但其他语言中也可能有类似的情况），尾助词语义和句法上所辖成分的本质可用“基本话语单位”（elementary discourse units，以下简称为 EDU）来描述。这个概念是 Kibrik 和 Podlesskaya（2009）在研究俄语口语话语时提出的，并且 Kibrik（2011）在文章中给它赋予了类型学意义。其所列语法单位（句子、小句、话题、枚举项）在传统句法类型学中并不同质，但在口头话语里却有不少共通之处。正如 Kibrik（2011：280）所说：

> 口头话语并非连续不断的语流，而是由一系列“量子”（quanta）构成的——换言之，它是一段段、一层层、一份份、一点点、一阵阵产出的。

以下所列是 EDU 的特性：

> —整体的调形（tonal contour）：在叙述性的话语中，通常从给既定说话人声音的基本频率水平开始，然后上升，最后降至说话人频率范围的最低水平。
>
> —重音中心所在：典型的如述位（rhematic）重音。
>
> —典型的响度（loudness）模式：接近末尾时会降低。
>
> —典型的节拍（tempo）模式：开始时会加快，接近末尾时会减慢。
>
> —典型的停顿（pausing）模式：换气/计划性（breathing/planning）的停顿出现在 EDU 边界，而非其内部。

“述位重音”特征在小句性的 EDU 上较为典型，但也有一些更小的、次小句性（subclausal）的 EDU；话题可视为次小句性 EDU 的一个下位类（Kibrik 2011：286）。[13] 遗憾的是，目前从语法书中难以推断出相关信息，因此可能需要借助语料库或调查问卷做更专精的跨语言研究。所以这里给出的观察是初步的。

此外还需要提及一个关于亚洲的尾助词位置的论题。在许多例子中，尾助词到底处于 EDU 末尾还是仅加在谓词之后是个问题。谓词常出现在小句末尾，但并不必然如此。样本中的 VO 语言，如汉语族或东南亚大陆的语言，情况很清楚：尾助词严格地出现在其辖域内单位的末尾（通常是一个句子），即使谓词后面有宾语，如例（15）［同例（1）］：

(15) 普通话(汉藏语系;中国)

tā *mǎi* *fángzi* ***le*** ***ma***

3SG 买 房子 FP FP

'他买房子了吗?' (Li & Thompsons 1981/1989: 239)

但在描写为 OV 语序的语言里,情况就不是很明确了,这些语言中的尾助词是直接与谓词相邻的。亚洲的 OV 语言,其谓词居后的严格程度并不相同。至少对通古斯语系语言来说,我们认为它们只是谓词居后占主导,而非严格的谓词居后语言。在乌德盖语中,如果谓词不处于句末,则尾助词会跟随谓词一起"移动",如例(16):

(16) 乌德盖语(通古斯语系;俄罗斯)

Na *xokono-li-ge* ***gune*** *uti* *omo*

也 呻吟-INC-PRF EV① 那 一

'那个也开始呻吟了。' (Nikolaeva & Tolskaya 2001: 463)

这意味着乌德盖语中的这个"尾"助词并非处于句子或 EDU 的末尾,而是与邻谓词相邻并跟在谓词之后。土耳其语中,如果疑问的辖域是整个语句,那么极性问助词"mı/mi/mu/mü"的位置是句子和谓词的末尾,如例(17)a。这是最常见的一种情况。但它也可以用作焦点问句助词,在此情况下,它直接加在焦点化的成分之后,如例(17)b:

(17) 土耳其语(突厥语系;土耳其)

a. *Hasan* *Ankara-ya* *git-ti* ***mi***?

哈桑 安卡拉-DAT 去-PT FP

'哈桑去了安卡拉吗?'

b. *Hasan* *iş-in-e* ***mi*** *git-ti*?

哈桑 工作-3SG-DAT FP 去-PT

'哈桑走是去工作吗?' (Kornfilt 1997: 438)

做类型学研究时,为确定的单位分派确定的标签可能略显武断;重要的是得

① "EV"没有在原文的缩略语表中列出,应该是 evidential(传信范畴)的缩写。

做出明确的选择。对本文的例子而言，问题在于是否应该把类似乌德盖语或土耳其语［如例（16）—例（17）］的助词视为与普通话或泰语尾助词完全不同的现象。笔者认为不应如此。首先，多数情况下的助词仍然出现在 EDU 或小句的末尾。像上面那种违背规则的情况很少见。虽然与 EDU 末尾的位置相比，尾助词在句法上可能与后置的谓词有更多联系，但这些位置实际上很可能是一致的。话题化［如例（12）］和焦点化成分［如例（17）］之后的位置也仍然是 EDU 末尾，因为这类成分在句法和韵律上都有高度的自主性。最后，这些助词也满足了"无差别依附"这一关键标准。

2.4.1.6 强制性（obligatoriness）

本项跨语言的区域性研究没有考虑相关尾助词的强制性标准。这有几方面原因。首先，存在一个重要的、尚未解决的定义性问题，即对尾助词（及其他话语相关成分）而言，什么可以算是"强制性"并不清楚。例如，说布里亚特语的人报告说，在某些交际语境中，不带尾助词的句子是可以接受的，但并不自然。第二，在资料来源中，这方面未得到很好的反映。第三，随着时间的推移，这个参数似乎非常不稳定。不过需要指出的是，本文研究的某些尾助词确实是强制出现的（如韩语的陈述标记"-ta"），但其他大多数尾助词并非如此。这应该成为一个单独研究的课题。[14]

2.4.2 功能特性

2.4.2.1 引言

尾助词是语言里的口语形式，并且常出现于对话中，这是它们最直观的特点。在某些例子里（如日语），尾助词几乎完全排斥书面语，但却在口语中广泛使用。个别语言的描写通常会调用为口语话语分析而设计的理论框架［如关联理论（Relevance Theory）和会话分析（Conversational Analysis）等］，给出的解释有时相当复杂。

笔者并不怀疑依靠这些理论框架得到的见解，它们确有助于理解具体语言中尾助词功能的微妙之处。很大程度上，本文也是在这些研究成果的基础上进行跨语言概括的。但是，诸多有关特定语言中尾助词功能的洞见，通常并没有理论框架作支撑（framework-free）（本着 Haspelmath 2010b 的精神）。出于跨语言

比较的目的,笔者认为像下面这样的描写比较令人满意,尽管它们显然并没有涵盖尾助词用法的每个细节:

> 句末助词"na"对语句进行强调。这个助词表示说话人意图说服听话人相信语句的真实性或相信从语句中推测出的某些含义(Andvik 2010: 466)。

在一篇文章中列出所有亚洲语言尾助词的所有可能含义是不可能的,即使对样本中的所有语言来说也不可能。但笔者发现,典型亚洲尾助词的功能域(functional domain)是十分明晰的。下面将讨论亚洲尾助词的功能域特点,但不采取任何既定的(理论)框架。关于每个功能域,下文还会举例说明该地区语言用尾助词表达的一些常见(recurrent)意义。列出的具体意义并非详尽无遗,但代表了最典型的情况。

2.4.2.2 尾助词的功能域:一般性问题

定义1B中列举了亚洲尾助词的相关功能域。尽管这些功能域在文献中被标记为不同术语,且在类型学中被分开研究[可参看一些经典论著,如Aikhenvald(2004)关于传信范畴的研究,以及Palmer(1986)关于情态的研究],但是有很好的证据显示它们中的多数存在语义和历时上的关联。具体语言里的许多标记显示具有一个以上、传统上分属不同领域的功能,且有跨语言证据表明可通过一个历时过程将这些功能系联起来。Nuyts和van der Auwera(2016)最近编纂的手册中收集了情态同其他范畴之间存在众多相互联系的证据[特别是该手册中Malchukov & Xrakovskij(2016)编写的那一章]。尾助词能在特定的句法位置形成群集也是一个不错的论据,可以支持我们将它们的功能域放在一起讨论,当然,能在话语中共现也并不一定就意味着其语义之间存在密切联系。下文首先将分别讨论亚洲尾助词的每一个典型功能域,然后更细致地探究这些功能域之间的交叉以及与其他范畴的联系。

2.4.2.3 语旨力

用作所谓语旨力或句子语气的显性标记,是亚洲尾助词非常典型的特点。在Aikhenvald(2016)中,以下意义被列入此功能域:表态(statement)、命令(command)和疑问(question)。NIkolaeva(2016: 68-80)做了一个更细致的区分:

陈述(declarative)、疑问(interrogative)、祈使(imperative)、希求(optative)、感叹(exclamative)。从研究目的考虑，本文采取了后一种分类。

2.4.2.3.1 疑问

样本中大部分语言都有极性问标记。较为罕见的情况是，特殊疑问句(*wh*-questions)强制使用尾助词来标记，或将其作为可能的手段之一。该地区最典型的例子是极性问句使用尾助词来标记如例(18)—例(19)，同时特殊疑问句是零标记的：

(18) 怒语(汉藏语系；中国)

Nan *goma* *jelpo-ga* *mewaktsa* *manggi* ***mo***

2SG 以前 王-LOC 妻子 NEG.COP **FP**

'你以前不是君王的妻子吗？' (Andvik 2010：466)

(19) 回辉话(南岛语系；中国)

*ha*³³ *zi*²¹ *zai*²¹ *kai*³³ *ŋawʔ*²⁴ ***teʔ***²⁴

2SG 觉得 简单 **FP**

'你觉得这简单吗？' (Thurgood *et al.* 2014：221，转引自 Zheng 1997：105)

某些语言使用两个不同的助词来分别标记极性问，如例(20)a 和特殊疑问句，如例(20)b：

(20) 布里亚特语(蒙古语系；俄罗斯)

a. *Sai* *uuxa* ***gu***=*ş*

茶 喝-FT **FP**-2SG

'你喝茶吗？'

b. *Juu* *uu-xa*=***b***=*şi*

什么-ACC 喝=FT=**FP**=2SG

'你喝什么？'

日语则使用相同的助词来标记极性问句和特殊疑问句：

(21) 日语(日本语系；日语)

a. *kêki* *wa* *ari-masu* ***ka***

蛋糕 TOP 存在-POL **FP**

'你有蛋糕吗？'

b. *kore* *wa* *nan* *desu* ***ka***
这是 TOP 什么 COP **FP**
'这是什么?'[15]

也有一些比较独特的疑问标记,如普通话里的"呢",它标记一个疑问句与先前话语里的话题有关联:

(22) 普通话(汉藏语系;中国)
tā *yào* *chī* *shénme* ***ne***
3SG 想要 吃 某物 **FP**
'(这样的话),他想吃什么呢?' (Li & Thompson 1981/1989: 305)

2.4.2.3.2 陈述

尾助词的另一个典型功能可以定义为陈述句完结的标记,口语中的此类显性标记在欧洲的书写传统中是用句点表示的。尽管并非所有语言都有此类标记,但它们广泛分布于本文讨论的整个区域中。一个"经典(canonical)"的例子是韩语,它的陈述标记是强制出现的:

(23) 韩语(朝鲜语系;韩国)
Na-nun *cemsim-ul* *mek-ess-**ta***
我-TOP 午饭-ACC 吃-PST-**FP**
'我吃了午饭。' (Pak 2004)

在某些语言中,陈述标记高频出现,但并不强制使用:

(24) 怒语(汉藏语系;中国)
ŋ *mã* ***ŋɯ*** *p^{h}u-p^{h}u-**ɛ***
他 脸 DEF 黄-REDUP-**FP**
'他的脸很黄。' (Sun & Liu 2009: 117)

古藏语的陈述标记"-o"加在一个长小句链(long clause chain)中的最后一个小句上,这与藏语特有的书面语篇组织形式有关。(DeLancey 2003: 266)

2.4.2.3.3 祈使和希求

在本文讨论的区域中,强制性地使用尾助词来表达命令并不常见;祈使语气通常是零标记的，或用与词根联系密切的语素（词缀）来表示。但样本语言（特别是藏缅语族语言）中也确实发现具有施行命令（imperative-enforcing）功能的非强制性助词。它们一般表达某些另外的区分（如礼貌式），但只能附加到祈使句上。羌语是一个典型的例子：

（25）羌语（汉藏语系；中国）

ʔũ	*qa-tɕ*	*dʐy*	*de-ʐge-n-**pa***（请求）
ʔũ	*qa-tɕ*	*dʐy*	*de-ʐge-n-**pu***（请求；较礼貌的）
2SG	1SG-本	门	DIR-开-2SG-**DTV**

‘给我开下门，可以吗？’ （LaPolla 2003：178）

对任何一种样本语言来说，此类助词是否能与非动词性的谓词共现并不清楚。因此探究尾助词地理分布的第3节将不考虑这组意义。

2.4.2.4 认知情态

认知情态表达确信度。Boye（2016：117）列出了如下的认知情态范畴（按说话人的确信度从高到低排列）：“肯定（certainty）”“认知必然（epistemic necessity）”“或然（probability）”“可信（likelihood）”“认知可能（epistemic possibility）”“怀疑（doubt）”“不可信（unlikelihood）”“认知不可能（epistemic impossibility）”。除了以上序列靠右部分的范畴（怀疑、不可信和认知不可能），其余意义在亚洲尾助词中都颇为常见。

2.4.2.4.1 肯定

许多个别语言的描写都提到了具有表达说话人对命题真实性的肯定或类似功能的尾助词，试看一个雷布查语的例子：

（26）雷布查语（汉藏语系；印度，不丹，尼泊尔）

hík-nu	*ʔátí*	*tho-hát*	***pá***
鸡-ABL	蛋	放-PRF	**FP**

‘这只鸡刚下了一个蛋。’ （Plaisier 2007：135）

不同的确认性助词之间有一个重要区别，即说话人对听话人反应的期望。在仓洛语中，用 na 是以预期听话人不同意为前提的例（27）a，而另一个助词

“me”则在预计听话人会赞同说话人时使用例(27)b:

(27) 仓洛语(汉藏语系;不丹,尼泊尔)

a. *rok-te* *khepu* *dut-ka* *lai* *a-khan* *gila* ***na***

3P TOP 魔鬼-LOC 行为 做-REL COP **FP**

‘他们在干魔鬼般的勾当呢。’ (Andvik 2010: 467)

b. *ming-gi* *nyan-pe* *manggi* ***me***

眼睛-AGT 听-INF NEG. COP **FP**

‘我们不是用眼睛听的,不是吗?’ (Andvik 2010: 465)

汉语助词“吧”的显著功能之一也是期望听话人能肯定说话人的看法:

(28) 普通话(汉藏语系;中国)

tā *hěn* *hǎo* *kàn* ***ba***

3SG 很 好 看 **FP**

‘他/她很好看吧。’(意义近似于:“他/她很好看,你不同意吗?”)

(Li & Thompson 1981/1989: 310)

有一些尾助词的核心功能之一是表达对说话人的高度肯定(有时在描写中称为“认定”,confirmation),它们在大多数样本语言中都存在。布里亚特语的确认性尾助词 jum 也可以在表达一般性的真理(如规律或谚语)时使用:

(29) 布里亚特语(蒙古语系;俄罗斯)

xudal *oxor* *xyl-tei* ***jum***

谎言 短 腿-COM **FP**

‘谎言总是站不住脚的。’

2.4.2.4.2 其他认知情态功能

上面定义为“认知必然”“或然/可信”以及“认知可能”的功能在样本语言中常用一个更概括的标记表示,这类标记会带有一些其他的意义(通常属传信范畴)。所有的这些功能似乎融合在了同一个标记里,如雷布查语的 lyok:

(30) 雷布查语(汉藏语系;印度,尼泊尔,不丹)

hó *pel-nón* ***lyók.***

2S　是．累-RES　**IFR**

‘（你今天刚回来！）你一定很累吧。’　（Plaisier 2007：134）

值得注意的是，表陈述和认知肯定的标记有时难以区分。正如 LaPolla 所言，“在陈述句中，可以在句末加上‘/-ya/’（带降调）这个助词来强化表态”：

（31）羌语（汉藏语系；中国）

ʔũ　*lu-s*　*ŋuə-**ya***

2SG　来-NOM　COP-**FP**

‘你一定得来！’　（LaPolla 2003：172）

2.4.2.5 传信范畴

根据经典的定义，传信范畴指示信息来源。（Aikhenvald 2004：3）专门表传信范畴意义的尾助词并不常见：某些尾助词常用于表传信，但它们还兼有其他功能，通常是认知情态方面的（见 2.4.2.4 节）。不过专门表传信意义的尾助词也在样本中得到了证实。怒语中有一个用于将来时、表听说（hearsay）的标记：

（32）怒语（汉藏语系；中国）

ŋɳɯŋ　*kʰɛn vɛn-ɛ-**ua.***

他们　蔬菜 买-IND-FUT. **HS**

‘（听说），他们会去买蔬菜。’　（Sun & Liu 2009：80）

像布里亚特语中 xa 这样的通用标记更加常见。除表认知推理外，它还用于标示各类二手信息。在例（33）a 中，xa 标记从所听说事态中的一些物质痕迹推出的结论；在例（33）b 中，xa 用在故事（narrative）的第一句话后：

（33）布里亚特语（蒙古语系；俄罗斯）

a. *Tere*　*xun*　*xolo-ho：*　*jere：*　***xa***

这　男人　远-ABL　到达. PST　**FP**

‘（我想），这个男人一定是从很远的地方来的。’

b. *urda*　*erte*　*sag-ta*　***jum***　***hen***　***xa***

以前　早　时间-LOC　**FP**　**FP**　**FP**

‘它（故事）发生在很久以前。’

这种通用性的间接证据标记在这一区域颇为典型。

2.4.2.6 意外范畴

“意外范畴”这一术语是由 Delancey(1997)提出的,用于标记意料之外的信息或与期望相悖的事态。“意外”是应该看成其他范畴(如情态或传信范畴)下的一个次类,还是应该单独处理,类型学家的意见并不统一。此处不讨论这一争议的细节;Delancey 本人(2012)仍然坚持认为“意外”这个术语有效。在本文的样本中,意外事态常用尾助词标记。Plaisier(2007: 136)把雷布查语的尾助词 yamba 定义为“发现助词”(discovery particle),它在词源上是由动词 yam(“知道”)的屈折词干 yam 和后置词 ba(“当,在”)构成的:

(34) 雷布查语(汉藏语系;印度,不丹,尼泊尔)

go	*nóng-bá-re*	*hu*	*mák-nón-tho*	***yâmbá***
1S	去-当-DFF	3SG	死-RES-EXH①	FP

‘当我到那里时,我得知他已经死了。’ (Plaisier 2007: 136)

布里亚特语中,类似的意义由表“真实性承诺”(jum)和表“二手信息”(xa)两种标记的组合表达。有意思的是,这种解读只有当这两个尾助词按上述顺序出现时才存在,否则意义会有所不同。(Panov 2016: 112)

2.4.2.7 言告范畴

“言告范畴”这个术语在类型学中并不常见。Antonov(2013, 2015)最近的研究把“言告范畴”定义为一个类型学概念。从跨语言的角度来看,言告范畴可理解为:标记听话人的存在,尽管他/她可能并非动词的一个论元(Antonov 2015: 56),通常具有吸引听话人注意的语用效果。这类标记是东亚、东南亚和东北亚地区语言的特色。

亚洲地区的某些语言里,言告范畴高度语法化。日语里表礼貌性言告的语素是动词复合体核心的一部分,它只附加在动词性谓词之上(并非“无差别依

① 这里的 EXH 是 exhaustive auxiliary 的缩写。在后面的“缩略语”部分,我们将这个术语译为“穷尽性助词”。它表示动作或行为已经完结,侧重于事件的终止。具体可参看 Plaisier(2007: 118)的 *A Grammar of Lepcha*。

附”）。因此它不是尾助词。用较为传统的术语来说，它是一个典型的“词缀”：

（35）日语（日本语系；日本）

a. *Keeki=wo* *tabe-ta*

蛋糕=ACC 吃-PRF

‘我/你/他/她吃了蛋糕。’（中性动词；亲昵体）

b. *Keeki=wo* *tabe-**mash**-ita*

蛋糕=ACC 吃-AL. **RSP**-PRF

‘我/你/他/她吃了蛋糕。’（中性动词；礼貌体） （Antonov 2013：321）

但同样在日语中，类似的意义可用一些非强制性的尾助词加上额外的语调来表达。试看以下的例子：

（36）日语（日本语系；日本）

a. *ginesu* *wa* *oishii* ***ne***

吉尼斯 TOP 美味 **FP**

‘吉尼斯（一种啤酒名）很美味呢。’

b. *ginesu* *wa* *oishii* ***yo***

吉尼斯 TOP 美味 **FP**

‘吉尼斯很美味吧。’ （Saigo 2011：10）

对 yo 和 ne 的作用有不同的理解。一种认为 yo 在期望听话人会同意时使用，而 ne 在预计听话人不同意时使用（实际上，Saigo 在书中提出的解释要复杂得多）。但这两个助词显然都是以听话人为中心的（addressee-oriented），涉及言告范畴这一比较性概念，因为它们“表明说话人渴望听话人参与到谈话中，并确认说话人与说话人在一块儿”（Izuhara 1992：164，转引自 Saigo 2011：48）。此外，这两个助词都具有对事实进行承诺的认知意义。

除标示听话人存在之外，言告范畴尾助词往往会引入额外信息，诸如说话人/听话人在性别、年龄、社会地位、礼貌性/熟识度等方面的差异，以及语体（speech level）特点。

2.4.2.8 其他功能

还有一些其他功能通过某些与尾助词很相似的标记表达。这里不妨提一下体(aspect)标记——例如,在很多藏缅语族语言中,体范畴使用类似尾助词的标记表达。但是,这些标记并不能"无差别依附",而只能出现在动词后面。其他类型的标记有表指示(deictics)的,如越南语(Le 2015: 45-68)或土家语(Brassett *et al*. 2006: 81, 119-124),但表指示的尾助词在本文的样本语言中比较特殊。第3节将不涉及表体貌、指示或祈使的尾助词。

2.5 对定义2的说明:尾助词系统及其群集(clusters)

该地区语言中,尾助词的数量可能从几个(鄂温语)到几十个(泰语)不等。但数量在5至15之间的尾助词系统似乎最为常见。在这方面,日语或布里亚特语的尾助词系统反映了平均而典型的情况。列于3.3.2节的所有功能域在这两种语言中都可用尾助词系统来表示。

尾助词也能连用并形成群集。此类群集中的尾助词,其确切数量因具体语言而异,很少有语法书明确地讨论过这个问题。不过,样本中似乎没有一种语言只允许存在一个尾助词。布里亚特语可允许4个尾助词在同一个群集中连用:

(37) 布里亚特语(蒙古语系;俄罗斯)

Xyn	*zoboxo*	*tuli-xъ-je*	*naһ an*	*soo-goo*	*xuu-l*	*yze-deg*
人	遭受-FT	伤痛-FT-ACC	年龄	在-RP	所有的-FOC	发现-HAB
jum	***geeşe***	***xa***	***daa***			
FP	FP	FP	FP			

'(也有这样的情况)一个人在他的一生中会了解各种各样的苦难和痛楚。'

不过此类群集里通常还可包含一些其他的语法成分,而这些成分并不满足我们对亚洲尾助词的定义。它们的功能类型在不同语言中也经常出现,但较为零散,且在分布上也没有显示出明显的区域倾向。同尾助词在句末群集里共现的语法成分所具有的功能包括:句子否定(sentential negation)、主语人称(即一致关系,agreement)标引(indexes)、焦点标记、时体标记(markers of tense and aspect)、系词(copulas)、标句词(complementizers)(如果尾助词出现在从句中的话)等。但遗憾的是,样本中只有少数语言的句末群集得到了详细描写,关于这些成分相对顺序的描写更是如此。表2展示了一些语言的句末群集,有关其中成分相对顺序的资料是比较易查阅到的。

通常，上文列出的意义（笔者并不认为它们是典型的尾助词意义）是由与动词联系更紧密（相对典型的尾助词而言）的标记来表达的。一些例子很有意思：同样一个标记，用作体标记时与动词联系更紧密，而用作尾助词时具有更抽象的意义。试看汉语“了”和布里亚特语 hen 的用法（详见表 2）：

表 2　布里亚特语、阿奴语、汉语普通话中句末群集的结构

a. 阿奴语（汉藏语系；缅甸，Wright 2009：81）						
1	2	3	4	5	6	7
主语一致	状语	体	语气（mood）	时	语气	礼貌式

b. 布里亚特语（蒙古语系；俄罗斯，基于 Panvo 2016：113）							
1	2	3	4	5	6	7	8
句子否定	认知情态及其组合形式；意外范畴标记	不连续过去时标记（discontinuous past）	附加问标记（tag question marker）	极性问助词；特殊疑问助词	源于系词的确认性助词	主语人称/数标引	言告范畴助词

c. 汉语普通话（汉藏语系；中国，Paul & Pan 2017：51）①				
	1	2	3	4
功能域	时体	焦点	语旨力	认知情态以及交际层面
功能	标记与现实相关联的状态，且带有意外范畴意义（句尾的“了”）；表达近过去时（recent past）（“来着”）	表达“仅仅”（“而已”）	表达建议（“吧$_1$”）；表示希望得到听话人的确证（“吧$_2$”）；用于极性问（“吗”）	用于舒缓口气（“啊”）表示温和（gentle）的提醒（“欸”）；表示不耐烦（“呕”）；表达武断（dogmatic）的断言（“嘿”/“嘛”）；表达一种认知推理（“吧$_3$”）

① 原文的表格没有的汉语例词。我们根据 Paul 和 Pan（2017）的分析以及赵元任《汉语口语语法》（吕叔湘译本）、朱德熙《语法讲义》中相关章节的讨论（译者按：Paul 和 Pan 的论文在诸多细节上也是以赵元任和朱德熙两位学者的分析为基础的），将各项功能对应的具体例词补了出来（已用斜体表示）。但限于空间，此处并没有给出相关的例句，读者可参看 Paul 和 Pan（2017）以及《汉语口语语法》的第 8.5 节和《语法讲义》的第 16 章。

(38) 普通话(汉藏语系;中国)

a.

tā	*mǎi*	***le***	*fángzi*
3SG	买	PFV	房子

'他/她买了房子。'(中性的,可预测的)

b.

tā	*mǎi*	*fángzi*	***le***
3SG	买	房子	FP

'(事实是)他/她买房子了。'(意料之外的)

(39) 布里亚特语(蒙古语系;俄罗斯)

a.

elite	*uran*	*zoxjoolşon*	*1889*	*on-oi*	*mai-n*	*juhen-de*
著名的	艺术	作家	1899	年-GEN	五月-GEN	九-LOC
*tyre-**hen***	***jum***					
产生-PFV	FP					

'这位著名的作家出生于 1899 年 5 月 9 日。'

b.

egeel	*ende*	*angiin*	*mederel*	*zosoomni*	*tyryyşʙnxijee*
就	这里	层级-GEN	感觉	在内-1SG.POSS	首先
tyrөө	***hen***				
产生.PST	FP				

'就在那一刻,我内心产生了一种阶层感(class feeling)。'

在例(38)a 中,汉语"了"的功能是标记完整体(perfective),而在例(38)b 中,它是一个表意外范畴的标记。在例(39)a 中,布里亚特语的 hen 加在动词词根上,起到了标记完整体的作用。而当它以尾助词形式出现时,具有标记不连续过去时(discontinuous past)的功能。(Plungian & van der Auwera 2006)

大多数东亚、东南亚和东北亚的语言并不强制使用语法性的论元标引[此处是就 Haspelmath(2013)的观点而言的]。藏缅语的三个分支[基兰特语(Kiranti)、库基钦语(Kuki-Chin)、羌语]有着复杂的、可能共同继承自祖语的论元结构标引,这些标引与动词联系紧密,因而可以视其为"形态"。它们的起源和性质有很大争议。(参见 van Driem 1993;Delancey 2010;Bickel 2000)多数突厥语、某些蒙古语(可参见表 2b 中的布里亚特语)以及蒙达语也都有主语标引,这些标引处于距离谓词更加外围的位置,仅与谓词有松散的联系(例如 Peterson

2011：37-39）。在这些例子中，主语论元标引可与尾助词一起出现在句末群集中，且在群集中占据的位置可能并不相同。在阿奴语（汉藏语系木卢语支）中，主语论元标引（只区分数范畴而不区分人称范畴）占据谓语之后的第一个位置（见表2a）。而在布里亚特语中，主语的人称/数标引占据句末群集中倒数第二个槽位（slot），且只位于言告范畴助词 daa 之前。

句末群集里成分的相对顺序是一个非常有趣的类型学问题，不过这超出了本文的研究范围。考虑到具体语言的描写能提供的相关信息较为稀缺，目前进行这方面研究会是一项非常复杂的任务。不过若仅就本文的样本和可用的描写资料而言，也不妨做一个初步的观察，即至少在某些语言（布里亚特语、普通话、日语）中，言告范畴尾助词倾向于占据最靠后的槽位。

3. 区域性维度[①]

3.1 引言

现在回到本文标题和引言（第1节）中强调过的问题。

如前几节所示，那些在东亚、东南亚和东北亚语言的文献里标注为尾助词的单位，它们的形态句法表现和功能以广泛的跨语言变异为特点。但如果说我们讨论的是不同语言中性质迥异的对象，这无疑也是夸大其词。

下文将更细致地研究尾助词的某些特定功能在这片大陆上的地理分布。为此，笔者将讨论那些在形态句法上可以无差别依附、强烈倾向于出现在 EDU 末尾、黏着性明显、并伴有音变现象［相关音变现象曾在对定义1的说明中（2.4.1小节）提及］的尾助词。例如，本文并不排除类似韩语“结句词”或土耳其语疑问标记的成分：直观上看，所有的这些成分都比较“相似”。处于 EDU 末尾的位置一般默认是这类成分的显著特征，而其他位置则是边缘性的或“有标记的”（marked）。另一方面，本文排除了类似土耳其语传信范畴标记的“-mIş-”的成分（Kabak &Vogel 2001），因为它只加在动词上。相应地，本文也排除了类似卡利

① 由于原文编辑工作的失误，本节的原文中存在一些数据错误，译者与潘奥夫先生沟通后，在译文中对相关数据做了全面更正。

亚语极性问助词的标记,因为当它们以整个语句为其辖域时,显示了位置的自由性(Peterson 2011：234)：而从 2.4.1.5 小节所描写的某些类型的语言单位来看,尾助词必须是处于末尾的。

3.2　区域性研究所选的功能及其特征值

本文描写的亚洲尾助词功能域范围确实非常广泛,在一个区域性研究中无法顾及所有可能的意义。所以需进行筛选。基于此,笔者只选取了具有上述形态句法特征的助词所表达的一小部分意义。我们有两个选择标准。首先,功能或意义应该易于定义;关于这些功能或意义在跨语言范围内的存在,语言学家们对此至少应该有一些共识。其次,语法书中应该有关于这些功能的描写。如果前一个标准得到满足,而它们在语言中的功能又是明显且容易确定的,那么语法书里就更可能存在相关描写。由此,本文选定了尾助词的六种①功能类型,它们是:(1) 极性问(Polar question,简称 PQ);(2) 陈述或高度肯定(declarative or high degree of certainty,简称 DE);(3) 间接知识(indirect knowledge,简称 IK);(4) 意外范畴(mirative,简称 MI);(5) 言告范畴(allocutive,简称 AL);(6) 性别/礼貌式(gender/politeness,简称 GP)。下文将对这些功能进行说明,同时给出每种类型尾助词的地理分布图,并对这些地图做分析。有一些功能已在第 2 节的讨论中预先排除,如:祈使助词、体标记和指示性助词。

确定一种语言是否具有某些特征,这在一定程度上自然是主观的,因为实际的语言材料已经历了双重筛选——语法书作者的描写,以及笔者自己对语法书所提供数据的理解。[16]

地图的图例如下:同图 3 一样,图 4 至 11 中的语言用表 1 规定的缩写来标注;为使地图更明晰,海岸线已删除;语言缩写名称外边的圆圈表示该语言中存在一个或多个该类型(即在相关节次中讨论的类型)的助词。笔者采用这一方案而非传统的同言线来为特征绘图,理由曾在引言部分(1.2 节)谈到过:当一个区域里的所有语言都能囊括进来时,用不间断的线绘制特征地图更为合理,但本文在此做的仅是"铲探"工作。

---

① 原文这里写的是"五种"(five functional types),可能有误。

3.2.1　极性问(PQ)标记

按本文的理解,极性问与是非问是同义的。极性问是一种预期答案为“是”或“否”的疑问。(Dryer 2013)如果一种语言的一个(或多个)尾助词至少可以用作表极性问的一种可能手段,那么便可认为这种语言里存在一个 PQ 尾助词。PQ 值不必是相应尾助词唯一的功能特征值。例如,日语中的 ka 可以标记所有类型的疑问句,也包括特殊疑问句。但重要的是,标记极性问是该尾助词的显著功能之一。图 4 是可以显示此类尾助词分布的地图。

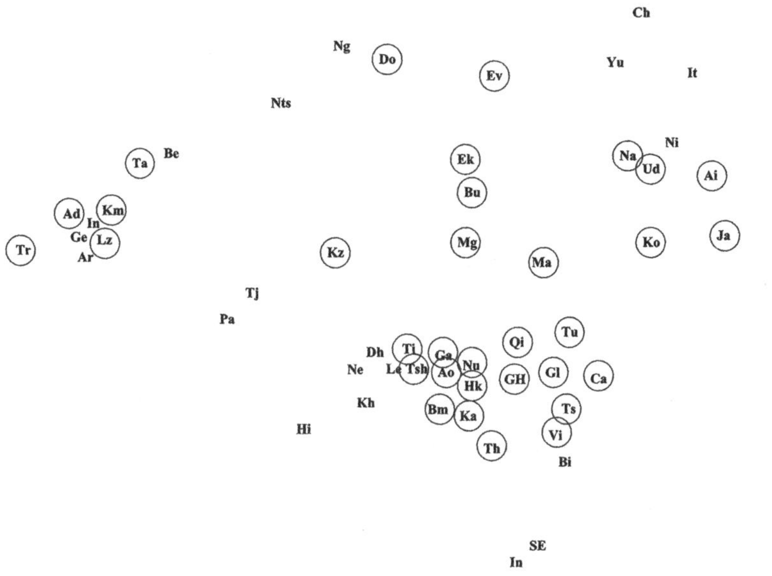

图 4　极性问(PQ)

在本文所选的六种尾助词同言线中,用于标记极性问的同言线覆盖范围最广(33 种语言)。与本节分析的表达其他功能类型的尾助词相比,此类助词在欧亚大陆的地理分布要更为人们了解,这一点可专门参看 Hölzl(2018)。

可以看出,PQ 同言线几乎覆盖了整个东南亚、东北亚和东亚地区。不过重要是要明确哪些语言未显示具有 PQ 尾助词,我们发现有这样几个地区:(1) 南亚和中亚,包括喜马拉雅地区最西部的藏缅语族语言、印度-雅利安语族语言和卡利亚语(属蒙达语族);(2) 样本中的两种伊朗语族语言,即塔吉克语和普什图语,尽管布哈拉地区的塔吉克语有一个从乌兹别克语(属突厥语系)里借来的PQ助词(Ido 2005: 79);(3) 东南亚诸岛和沿海地区的三种语言:标准印尼语(属南岛语系)、新加坡英语(属印欧语系)和毕语(属南岛语系占语群);(4) 俄罗斯联邦中远东地区的“古西伯利亚语系”(“Paleosiberian” families)语言;(5) 北西伯利亚和西西伯利亚的乌拉尔语系语言。相反,长期与日语接触的阿伊努语有PQ尾助词。样本中的高加索地区的语言没有显示出明确的区域性特点,有PQ助词的语言与没有PQ助词的语言都能从中发现。考虑到高加索地区的语言非常密集,这个问题还有待于更细致的微观研究。

除区域因素外还可观察到谱系倾向。所有突厥语、蒙古语和通古斯语都有PQ尾助词。对突厥语系语言而言,样本中除多尔干语外的所有语言,都有一个共同的助词(mI)。蒙古语系语言中的PQ尾助词存在两个变体:uu(如蒙古语和卡尔梅克语)和gu[如布里亚特语,以及样本之外的哈穆尼堪语(Khamnigan),参见Hölzl 2018: 224]。后者在形式上与样本中四种通古斯语里的助词一致,因此可能是借用的,但借用的方向尚不确定。不过如Hölzl(2018: 287)所言,布里亚特语和哈穆尼堪语的gu可能是不久之前从鄂温克语里借来的。尽管卡尔梅克语远离了蒙古语系语言共同的故乡,但它仍保留了助词uu。蒙古语系语言中gu和uu这两个助词几乎都出现在句末。而通古斯语系语言则把疑问助词放在焦点化成分之后,中古蒙古语(Middle Mongolian)也是这样,倾向于把疑问助词放在句末位置似乎是蒙古语中较晚出现的一种现象。(Hölzl 2018: 221)

使用PQ尾助词也是韩语和日语的特点。日语的PQ尾助词在结构上与蒙古语系的PQ尾助词有相似的历时发展,这一点已得到证实:在古日语中,疑问助词ka也广泛用于焦点化成分之后。(Hölzl 2018: 168)因此,样本中所有可能归入“阿尔泰语系”或“泛欧亚语系”的语言,无论它们是否存在谱系关系,都具有PQ助词,尽管助词的年代(ages)有所差异。

除了“印度文化圈(Indospheric)”里的迪玛尔语和雷布查语外,样本中的所有汉藏语系语言都显示具有PQ助词。至少,土家语直接借用普通话尾助词(“吗”)应该是可能的。(Brassett *et al.* 2006: 87)而历史上的古汉语已有PQ尾助词“乎”。(Huölzl 2018: 256)

3.2.2 陈述或高度肯定的（说话人对命题真实性的承诺）显性标记（DE）

从语法性的语义来看，通常认为这两类意义分属不同的功能域（分别属于“句子语气”和“认知情态”）。但正如2.4.2.4.2小节所述，这些意义有时会合并在一起而难以区分。因此，笔者将这两个含义视为同一个参数。图5呈现了相关地图。

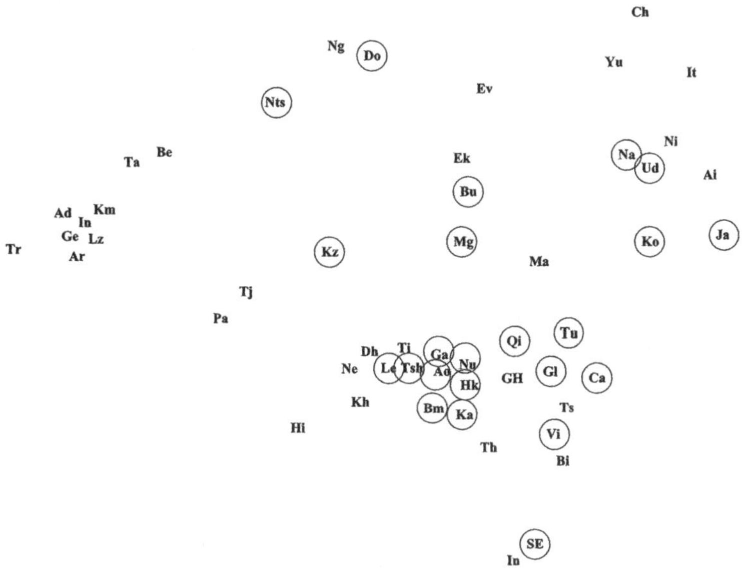

图5 陈述/高度肯定（DE）

这一同言线涵盖了23种语言，比PQ同言线要少。具有DE尾助词的语言高度集中于喜马拉雅地区（均属藏缅语族），稍次一等的密集区则以东南亚大陆和中国的语言为代表。样本里的蒙古语系语言都有DE助词。唯一的例外是卡尔梅克语，该语言中的相关助词 mən 因其搭配限制被分析为一个系词（Say 2009：705），不过 mən 在蒙古语里的同源词却是一个尾助词。关于通古斯语系语言，则可以观察到它的南（赫哲语和乌德盖语）北（鄂温语和鄂温克语）分野。中部通古斯语处于俄罗斯联邦的东南部，它在地理位置上接近日语和汉语（虽不与它们直接毗邻），而这两种语言都有DE尾助词。韩语中有个特列。其陈述标记高度语法化，因此这些标记通常被描写为陈述语气的标记，并且，它们在句子中出现会阻碍 PQ 助词的使用。多尔干语和中国境内的哈萨克语是仅有的两种具有此类尾助词的突厥语系语言,另外还有一种属于乌拉尔语系的涅涅茨语(属萨摩耶德语族)也有此类尾助词。

3.2.3 间接知识(IK)

笔者用这一标签概括传统上理解为传信范畴(二手信息)和认知情态(认知推理)的两种含义。如 2.4.2.5 小节所述,这些含义通常共用一个标记表达,且并不总是容易区分。该范畴的地图如图 6 所示。

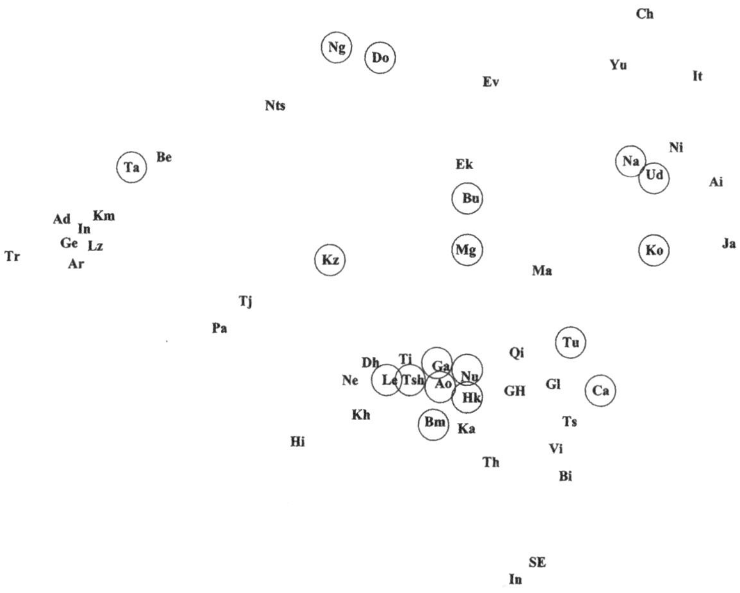

图 6 间接知识(IK)

用尾助词表达这组功能的语言有 18 种。同样,表达该范畴的语言也集中于藏缅语地区。除卡尔梅克语外的蒙古语系语言也发现有此类尾助词。中部通古斯语也有此类尾助词,但北部通古斯语中却没有。哈萨克语、鞑靼语和多尔干语(属突厥语系)也具有表传信范畴/认知情态的尾助词,同时也用明确的动词形态标记表达同类功能。恩加纳桑语(乌拉尔语系萨摩耶德语族)中唯一符合尾助词定义的语言单位正是它的认知情态标记 əku。

这一功能类型很难说是否有合适的同言线。但具有这类标记的语言集中在喜马拉雅地区、东北亚和东亚。而缺乏这类标记的语言在很大程度上与同样缺乏 PQ 和 DE 尾助词的语言重合。除缅甸语外的东南亚大陆语言也都缺乏有这种功能的尾助词。

但需要注意的是，样本中的许多语言在语法上使用尾助词以外的方式（例如定式动词的形态变化或系词）来标记间接知识。

3.2.4　意外范畴（MI）

本文是按 Delancey（1997）的描述理解此范畴的。那些可以翻译成“it turns/-ed out that...”或“surprisingly,...”之类英语表述的尾助词，可以认为是一个意外范畴标记（如图 7 所示）。

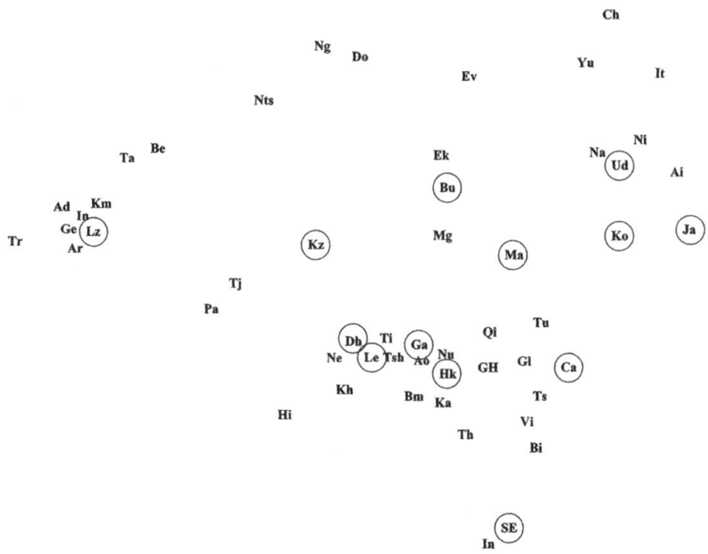

图 7　意外范畴（MI）

尽管存在此类尾助词的语言在喜马拉雅地区、东亚和东北亚地区有较高的占比，且其中 5 种语言组成的区域——布里亚特语、普通话、乌德盖语、韩语和日语——相对来说是不间断的。但是，用于标记意外范畴的尾助词并没有形成“良好”的同言线。在本文的样本中，只有 13 种语言具有此类尾助词。

3.2.5　言告范畴（AL）

言告范畴尾助词明确标记听话人的存在。（Antonov 2015）这些意义通常同其他类型的意义一齐表达,例如语旨力的缓和(mitigating)、对说话人的态度(如礼貌式或不尊重)以及性别区分。倘若忽略这些较细微的区别,言告范畴尾助词的分布可如图 8 所示。

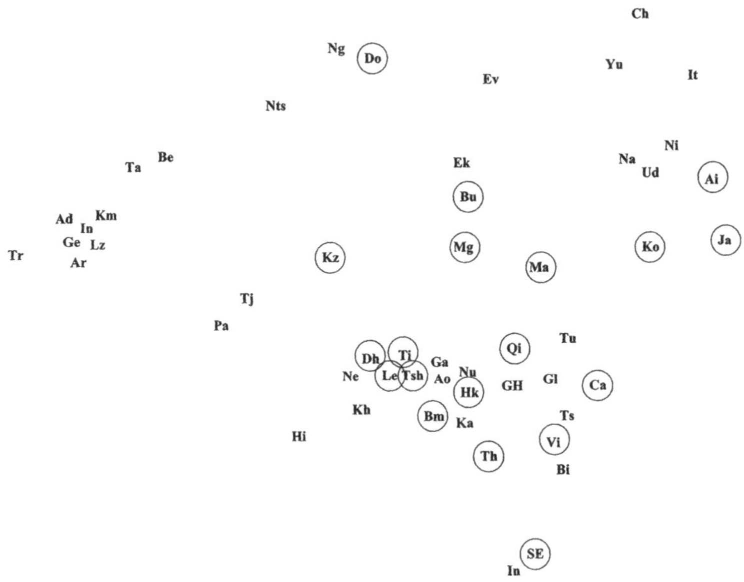

图 8　言告范畴(AI)

样本中的 19 种语言具有此特征,其区域性是非常明显的。有 AL 尾助词的语言分布在喜马拉雅地区、东北亚和东亚。缺乏这种标记的语言在很大程度上也缺乏其他类型的尾助词(PQ,DE,IK)。

与 PQ 尾助词的情况相似,阿伊努语与日语(而非其他“古西伯利亚语”)相近。它的礼貌式助词 wa 似乎从日语里借来的。(Tamura 2000: 173)

多尔干语(属突厥语系)、布里亚特语和蒙古语(两者均属蒙古语系)的言告助词在形式上相近(分别为“daa”“daa/doo/dɵɵ/dee”“da”);这可能也是语言接触的结果,需要做专门调查。

尽管我们并未把土耳其语标记为存在 AL 尾助词的语言,但此处它仍值得关注。事实上,这种语言的一大特点是存在大量以听话人为中心的话语助词[“ya”“yani”“hani”“be”“lan”和“la”,具体细节可参看 Yılmaz(2004)以及

Corcu-Gül(2006)]。虽然这些助词经常出现于句末位置,但它们也可出现在句首并独立使用,因此它们不能算作尾助词。最有可能的是这些助词与“亚洲”区域没有任何关联,而与巴尔干地区的语言中一组结构上非常接近的助词对应。(参见 Vastenius 2011)

3.2.6 性别/礼貌式(GP)

本小节标注那些用言告范畴形式来区分说话人/听话人性别(或两者都区分),或礼貌程度/语体(speech style)/尊重程度的语言(如图 9 所示)。

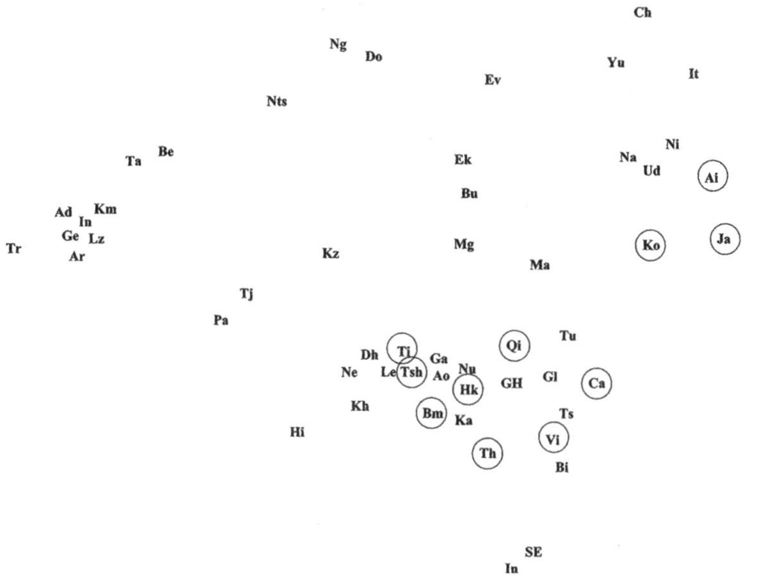

图 9　性别/礼貌式(GP)

共有 11 种语言显示具有上述言告范畴的区分。其中的 8 种语言只有非专用的言告范畴标记——雷布查语、迪玛尔语、汉语普通话、蒙古语、布里亚特语、多尔干语、哈萨克语和新加坡英语①。

① 译者按：3.2.5 节提到有 19 种语言有 AL 的尾助词,此处的“11 种”和“8 种”即是相对于“19 种”这个总量而言的。换言之,在 19 种有 AL 尾助词的语言里,有 11 种使用 AL 尾助词来标记 GP 这一范畴,而另外的 8 种语言没有这种特点。下文提到的“非特异性标记”,即指区分一般性 AL 范畴功能而不用于区别 GP 范畴功能的助词。相对而言,“特异性标记”则指在标示一般性 AL 范畴基础上还进一步区分 GP 范畴的助词。

剩下的语言里有 4 种语言(拉萨藏语、羌语、阿奴语和粤语)据报告都存在单独的一个言告范畴标记,并且这个标记也用于标记礼貌式。剩下的语言或存在多个可以显示这些区分的标记,或存在一个非专用标记和一个或多个的特异性(specific)标记。

用于标记性别和礼貌最复杂的助词系统出现在泰语中。(Smyth 2002: 126-129;Cooke 1989)日语中此类系统也比较丰富。

韩语的一大特点是区分语体,这种区分主要通过高度多义(high polysemic)的屈折词缀来表达。但也有三个助词专门用于标记礼貌式。(Pak 2004)

3.3 概括

3.3.1 亚洲的尾助词同言线

以上给出了六种功能类型的尾助词的地理分布图。下面对数据进行概括。

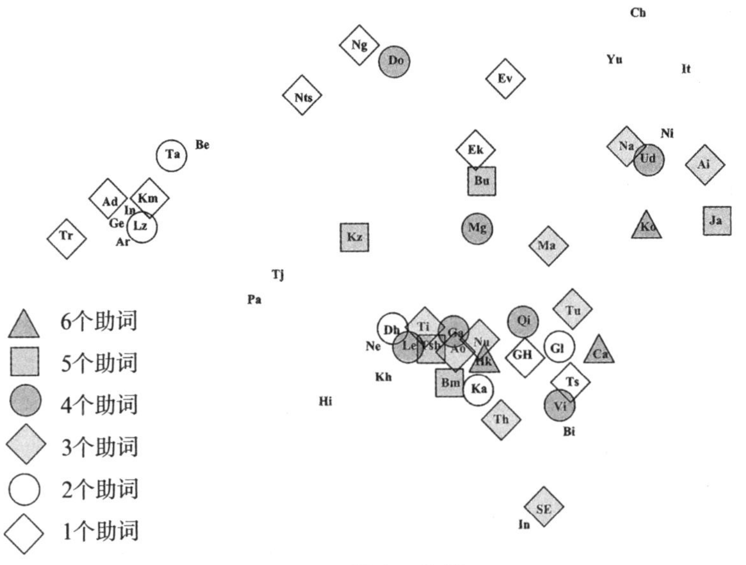

图 10 尾助词数量

首先考虑每种样本语言里既定类型(即上文讨论的六种功能类型)的尾助词数量。尾助词的数量及地理位置如图 10 所示。不应忘记的是,某些语言可能缺乏本研究所选的具有特定功能类型的尾助词,但它可能也有(实际上经常有)一些用于标记其他功能的尾助词(如体范畴或空间指示性),不过这超出了本文的研究范围。

很容易观察到，尾助词量较多的语言（3 到 6 个）出现于一个明确的区域，这个区域涵盖喜马拉雅地区、东亚和东北亚（蒙古和西伯利亚东南部，多尔干语是最靠北的语言）。

如 3.2.1 节所述，PQ 尾助词是分布最广的类型。此外，观察哪些语言同时有最广泛和次广泛两种类型的尾助词（PQ+DE）也颇为有趣。图 11 呈现了具有此特点的语言。显而易见，同时具有 PQ 和 DE 尾助词的语言在分布上与那些具有三个或更多样本功能类型助词的语言密切相关。

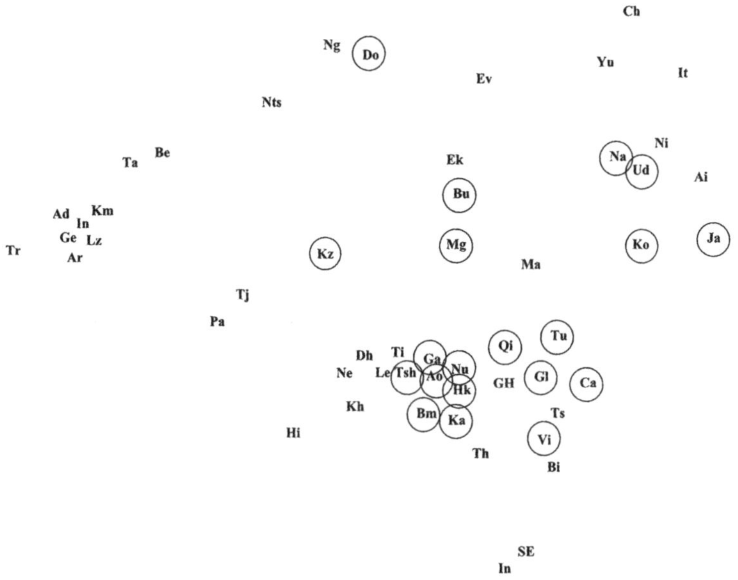

图 11　极性问（PQ）+陈述/高度肯定（DE）

如果考虑那些存在超过三个尾助词或同时有 PQ+DE 两个尾助词的语言，便可得到一个不间断的区域（图 12）。我们不应刻板地理解这种“不间断”——只有该地区的所有语言而非仅仅一个样本被囊括进来时，这一理解才是可能的。

尽管这条同言线的参数是用一种相当复杂的方式确定的，但这些参数却可以反映使用尾助词这一策略的普遍偏好。大致说来，如果一种语言存在最广泛功能类型的尾助词，同时还有许多不同功能的尾助词，那么该语言就更“偏好”

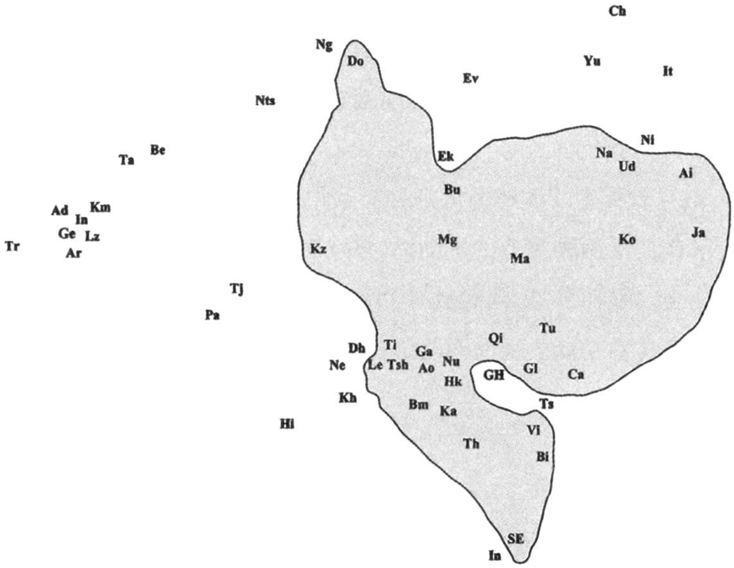

图 12 “3>FPs”或“PQ+DE”的语言

使用尾助词。

3.3.2 区域与谱系

虽然,尾助词现象的区域性似乎相当明显,但也能观察到一些谱系上的偏差(bias)。

只有两种语言在地理上位于“核心”尾助词同言线的深处,但却只有一个尾助词:绿苗语(属苗瑶语系)和回辉话(属南岛语系)。倘若注意到它们周边的语言里都存在尾助词,那么在此可大致讨论一个谱系上的偏差。绿苗语拥有丰富的话语助词,但似乎只有一个助词处于末尾位置。(Dej-Amorn 2006)回辉话是一种受汉语强烈接触影响的语言,却只有一个单独的尾助词,样本中的其他两种南岛语——标准印尼语和毕语——则完全没有尾助词。

两种乌拉尔语——苔原涅涅茨语和恩加纳桑语(均属萨摩耶德语族)——以及两种北部通古斯语支语言——鄂温克语和鄂温语——各有一个尾助词,后两种语言中存在最“通行(popluar)”的 PQ 助词。可以认为这些语言处于尾助词同言线的边缘。样本中的另一种乌拉尔语系语言(芬兰-乌戈尔语族)——贝谢尔曼乌德穆尔特语——没有任何尾助词；相反，它却有很多处于“Wackernagel 位置[①]”的话语助词。（Zubova 2013；Arkhangelskiy ms.）

绝大多数汉藏语系语言被“3>FPs 或 PQ+DE”同言线覆盖（图 12）。唯一的例外是尼泊尔和印度使用的迪玛尔语（汉藏语系迪玛尔语群）。但迪玛尔语也有两个尾助词，这与同它有接触关系的尼泊尔语不一样。

布哈拉地区的塔吉克语借用了乌兹别克语（属突厥语系）的极性问助词 mi，除此之外，样本中所有印度-雅利安语族和伊朗语族（都属印欧语系）的语言都缺乏尾助词。（Ido 2005：79）

蒙古语系、通古斯语系和突厥语系的语言并没有显示谱系上的偏差。相反，它们在尾助词方面的表现比较符合其所处的地理位置。中国境内的哈萨克语是一种尾助词非常丰富的语言，而鞑靼语和土耳其语则并非如此。多尔干语是最靠北的突厥语系语言，它有大量的尾助词，与之相邻的萨摩耶德语族语言及北部通古斯语系语言却并非如此。不过，多尔干语很可能是十七世纪后半叶及十八世纪初南方移民的产物。[17] 乌德盖语和赫哲语处于俄罗斯远东地区，都是比较靠近中国和朝鲜边界的通古斯语系语言，它们的尾助词比北方的“亲戚”（鄂温克语和鄂温语）更丰富。

北海道阿伊努语也具有丰富的尾助词，且属于“核心”类型（图 12），这与它的其他“古西伯利亚语”邻居并不相像。几个世纪以来，阿伊努语一直受到日语的接触影响。

样本中的北高加索地区的两种语言（阿迪格语、莱兹金语）有一些某种程度上类似“亚洲”尾助词的成分。但这些成分很少，因而相似性可能只是巧合。高加索是一个语言极其多样的地区，在那里出现的话语助词值得单独研究。另一个具有高度语言多样性的地区——喜马拉雅地区——亦是如此，本文的样本中只录入了喜马拉雅地区的少数几种语言。

样本中唯一具有亚洲尾助词的印欧语系语言是新加坡英语，这是一种深受

---

① 所谓“Wackernagel 位置”，指句子开头的第二个位置。1892 年，语言学家 Wackernagel 基于对印欧语的观察，指出附缀（clitic）总倾向于加在句子开头的第二位置上。“Wackernagel 位置”这个说法即据此而来。

汉语和马来语方言影响的英语变体。

3.3.3 尾助词和亚欧大陆的语言区域

长期以来,亚欧大陆及其次区域(sub-regions)一直是区域语言学研究的焦点。当地理上相邻但谱系上无关的几种语言通过长期语言接触而获得一系列共同结构上的相似性时,语言学家通常会称其为语言区域(linguistic areas)或语言联盟(Sprachbünde)。学界已提出多个属于欧亚大陆的语言区域:欧亚大陆整体(Jakobson 1931/1971)、巴尔干半岛(Feuillet 2001)、欧洲(Haspelmath 2001)、西伯利亚(Comrie 2013)、南亚(Masica 1976)、东南亚(Enfield & Comrie 2015)、东北亚(Hölzl 2018),Koptjevskaja-Tamm 和 Wälchli(2001: 615-750)则提到了环波罗的海的"接触叠加带"(contact superposition zone)。

从本文呈现的地图很容易看出,"亚洲式"尾助词的范围与已提出的任何语言区域都不一致,故应该单列为一组相互关联的同言线。不过,这里也可谈一些值得一提的想法。

南亚地区语言缺乏尾助词的倾向很明显。如果以图 12 的同言线为基准,可以很清楚地看到印度次大陆与其东北部地区之间的边界。

整个东南亚大陆地区的语言似乎都有尾助词。至少,如果仅就本文所论样本的功能而言,东南亚大陆与周边大陆的语言相比没有任何显著差异。不过东南亚大陆地区和以南岛语系语言为主的东南亚岛屿地区是隔开的。

3.3.4 尾助词及其普遍性(universals)

从普遍性角度对尾助词开展的研究较少。在本文论及的尾助词功能类型中,只有极性问助词得到了些许关注,这一点可参看 Dryer(1992: 102-103);亦可参看 Hölzl(2018),他提供了一个详细但区域上比较有限的解释。在《世界语言结构地图集》(*World Atlas of Language Structures*)专门讨论 PQ 助词位置的章节中,Dryer(2013)指出,尽管从统计上看,PQ 标记处于句末位置最为普遍,但这种情况在跨语言范围内的高频出现却显示了区域倾向。句末的 PQ 标记在以下三个地区很常见:"(ⅰ)横跨非洲、从西非延伸至中东非的地带;(ⅱ)亚洲范围内的区域,包括东南亚大陆,向西延伸至印度,向北经由中国延伸至日本和西伯利亚东部;(ⅲ)新几内亚地区。"而在这些地区之外,"处在句末的助词并不比句子起首位置或第二位置的助词更常见”。

除了 PQ 助词之外，以往是否有研究探讨了谓词偏好位置与其他助词（表达本文所论其他功能域意义的助词）位置之间的跨语言关联，这一点笔者并不太了解。本文样本中的大多数语言以 OV 语序为主，而其他语言（汉语族、克伦语支、东南亚大陆地区的语言）则是以 VO 语序为主的。然而其中大多数语言都有尾助词。相反，谓词居后并不能确保该种语言使用尾助词。样本中的伊朗语族语言是 OV 语序的，但只有布哈拉地区的塔吉克语（属伊朗语族）里存在一个尾助词，即从乌兹别克语借来的极性问助词 mi。（Ido 2005：79）普什图语（也属伊朗语族）有一个广为人知的特点，即这种语言广泛使用处于第二位置上的语法成分，这些成分的功能与本研究中尾助词表达的功能有很大程度的重合。样本中的两种印度-雅利安语族语言——印地语和尼泊尔语——似乎都缺乏尾助词；而这两种语言的语序都是以动词居后为主的。

4. 总结和展望

本文尝试说明，东亚和东南亚语言的文献中通常标注为“尾助词”的成分可以纳入跨语言比较的框架中，并可实现为一个类语言相关描写范畴，该范畴存在跨语言范围的变异。亚洲尾助词的形态句法表现及所属功能域都表现出一定的跨语言一致性。尽管如此，它们在形态句法和功能方面的跨语言变异也很巨大。相似性有时是表面的。不过，表面的相似性往往是语法现象因语言接触而演变出的特点。如果认为那些名为“亚洲尾助词”的成分在东亚、东南亚和东北亚这片广袤区域上的扩散纯属偶然，这也并无多少道理。尾助词区域本身并不统一；尾助词的不同功能类型在该区域内的地理分布也不尽相同。如图 12 所示，该区域的核心可定义为一个稍作扩展的“汉文化圈”，包括东亚、东北亚的一部分以及东南亚大陆。缺乏尾助词或只偶尔使用尾助词的区域——“印度文化圈”、中亚地区、高加索地区、东南亚岛屿以及欧亚大陆东北边缘——则从反面划定了“亚洲尾助词”同言线。PQ 助词同言线覆盖范围最大。仅有一个 PQ 尾助词或另一个单独尾助词的语言可能处于该区域的外围，但也不能排除偶发的可能。这方面还有待进一步研究。但 PQ 助词的同言线完全覆盖了此研究中其他的同言线,因而它的地位可能比较重要。

谱系"标志"(signal)在某些例子中似乎也起着重要作用:南岛语系语言和南亚语系的蒙达语族语言看似不受尾助词区域性分布的影响,汉藏语系语言则对使用尾助词有明显的偏好。

目前推测使用尾助词这一策略可能是从哪个历史中心(historical epicenter)扩散开来的还为时过早。这个中心初看并不明显,可能是因为尾助词的同言线比较古老,并且已经稳定地扩散了几个世纪甚至几千年。大多数有"亚洲式尾助词"的语言都缺乏长期的书写传统。不过,古汉语(Pulleyblank 1995:116-119, 139)、古日语[18] 和古满语(Gorelova 2002:368-380)的尾助词中已具有本研究涉及的大多数功能类型。考虑到汉文化在该地区的长期影响,不妨猜想是汉语族的语言变体引起了其他语系中尾助词策略的发展,但这一说法现在来看过于强势,尚需更加精细的共时和历时研究。

需要再次强调的是,本文旨在对这一现象进行鸟瞰。这是一项宏观区域研究,因此在某些方面不可避免地过于简单化。无疑,至少有一些语言数据被误解了。但笔者希望本文可以作为未来研究的基础。笔者选择了一种特定的方式来确定跨语言的比较对象,包括形态句法和功能两方面的限制。其他的选择也是可能的,例如,用专门的功能性术语来定义对象,并观察它们的形式表现,由此得出的结论可能会有所不同。

未来,亚洲语言尾助词的区域性和类型学研究可以多线发展。

一方面,基于普遍性视角研究尾助词可能会很有成效。下列问题即属于此:

(1) 助词位置和基本语序之间的关联。

(2) 含有尾助词的群集中各元素相对顺序的跨语言研究。这个问题得到了 Cinque(1999)、Cinque 和 Rizzi(2010)[基于生成主义的"制图(catrographic)"框架]、Dik(1997)[基于功能篇章语法(Functional Discourse Grammar)]以及 Van Valin(1993)[基于角色参照语法(Role and Reference Grammar)]的关注。

(3) 其他区域内在形态句法上类似亚洲尾助词的语法单位所表达的功能。

(4) 句子其他位置(如句首位置,"Wackernagel 位置")上的语法成分组成的群集(如句子助词,论元标引)与句末成分群集的对比。

（5）词法与句法的界限，如“附缀”理论：尾助词展示了一个有趣的阈限案例（liminal case），能够帮助我们更好地阐释近期重提的一些问题。（Haspelmath 2011，2015；Arkadiev 2018）

如果像 Donohue 和 Whiting（2011）那样调用计算统计方法（computational statistical methods）来研究，宏观区域方案可能有更严格的形式。不过，由于这个方法通常用来处理每个语言中定义明确且完备的二元变量（binary variables），因而在把这一方法变成可能之前，应该多做一些描写性和传统的类型学工作。

另一方面，如 Wiemer（2004）或 Liljegren（2017）所言，对特定子区域使用更精细的微观区域方案来研究可能也会很有成效。为此需要一个多人参与的长期项目，如新的田野调查等。更有意义的是进一步研究本文所确定的宏观区域边界的语言，有助于更好地了解引起尾助词在这片广大区域扩散的具体语言接触机制。布哈拉地区的塔吉克语借用乌兹别克语的 PQ 助词，与汉语接触的语言频繁借用汉语的尾助词，这些例子都可以很好地说明尾助词领域中语言接触的特定结果。

最后，区域语言学视角可与近期有关亚欧大陆居民迁徙的考古资料相结合。例如，Mair 和 Hickmann（2014）曾提出，“丝绸之路”在某种意义上比传统理解中的更加宽广，这个新见解倘若映射到语言数据上，则可以引出一些有趣的结论来解释语言模式在大陆范围内的扩散。

缩略语

1/2/3	1st/2nd/3rd person	第 1/2/3 人称
AGT	agentive	施事性的
ABL	ablative	离格
ACC	accusative	宾格
AL	allocutive	言告范畴
AOR	aorist	不定过去时
ASP	aspect	体
BEN	benefactive	受益格
CIT	quotative	引述性的

COM	comitative	伴随格
COP	copula	系词
CV	converb	副动词
DAT	dative	与格
DE	declarative	陈述语气
DEF	definite article	定冠词
DIR	directional prefix	方向前缀
DTV	directive	命令式
EA	East Asia	东亚
EDU	elementary discourse unit	基本话语单位
EXH	exhaustive auxiliary	穷尽性助词
FOC	focus	焦点
FP	final particle	尾助词
FT	future	将来时
GEN	genitive	属格
GP	gender & politeness	性别和礼貌式
HAB	habitual	惯常体
HS	hearsay	听说的
IND	indicative	直陈式
IFR	inferential	推测的
IK	indirect knowledge	间接知识
INC	inchoative	起始体
LOC	locative	方位格
MI	mirative	意外范畴
NOM	nominative	主格
POL	politeness	礼貌式
POSS	possessive	所有格
PT	preterite	过去时
SG	singular	单数
NEG	negation	否定

PFV	perfective	完整体
PR	present	现在时
PQ	polar question	极性问
RSP	respective	尊重的
TOP	topic	话题
REDUP	reduplication	重叠
REL	relativizer	关系化标记
RES	resultative	结果体
RP	reflexive possession	反身领有

致谢：本项目获得了欧洲社会基金(编号 09. 3. 3-LMT-K-712-02-0010)的资助,该基金与立陶宛研究理事会(LMTLT)达成了资助协议。感谢 Axel Holvoet, Mikhail Oslon, Wayles Browne, Ilja Seržant, Ad folen, Martin Haspelmath,语法普遍性项目组(Grammatical Universals project)(莱比锡大学)的所有成员,以及匿名审稿人的帮助和建议。另外还要特别感谢马克斯·普朗克人类历史科学研究所(耶拿)和 Annemarie Verkerk 让笔者有机会使用图书馆和数字资源。

附注

1. 此类语言实体也用一些其他标签来描写,包括句末助词(sentence-final particles)、小句末尾助词(clause-final particles)、语末助词(utterance-final particles)、句子助词(sentence particles)、语助词(utterance particles)、话语助词(discourse particles)、语旨助词(illocutionary particles)和结句词(sentence-enders)。最后一种仅在韩语的描写中使用。有关末尾位置的问题在 2. 4. 1. 5 小节有讨论。

2. 笔者用拼音标写普通话的例子。对于布里亚特语的例子,笔者使用了官方的布里亚特拉丁化字母(1930—1939),并用“x”来标写[χ]这个音,用“h”来标写[h]这个音,以符合当代文献标准。其他情况下原文的拼写不做任何改变。

3. 亦可参看 Donohue 和 Whiting(2011)。

4. http://web-corpora.net/BuryatCorpus/search/? interface_language=ru. Accessed on 15. 02. 2019。

5. 本文选择了中国境内的哈萨克语变体,因为它的尾助词系统比哈萨克斯坦境内的哈萨克语更为人们了解。

6. 海岸线的原始开源地图取自 https://d-maps.com/index.php? lang=it(访问日期：2019 年 4 月 23 日)。

7. 若想初步了解本文使用的描写信息的性质,可参看 2.4.2.1 小节引用的 Andvik(2010：466)的例子。另外值得一提的是,在使用语法书时,笔者并非仅查看了那些题名为“(尾)助词”的部分。对所有语言而言,笔者还查看了专门讨论动词形态、小句句法和话语结构的部分,其中有时也会发现符合尾助词定义(见 2.3 节)的成分。另一个有困难的问题是否定性证据：到底如何确定一种语言 N 缺少具有功能 M 的尾助词？我们仍然别无选择,只能寄希望于在相应的语法描写中没有出现 M 型助词。因此,从本研究的目的考虑,缺少对某种功能类型的尾助词的描写被理解为这种语言里确实没有这类助词。补充数据表中的空白部分也可用同样的方式解释：语法书里一般没有诸如“语言 N 没有疑问助词”之类的明显表述,因此我们无法为否定性证据提供具体参考。但不应忘记的是,语法书通常并不完美,某些类型的尾助词可能被作者忽略掉了。因此,笔者强调本研究的结果应该看成一个比较粗略的、可为将来研究打基础的鸟瞰图,而非最终的精细图像。

8. 在理想情况下,以上使用的所有术语——“动词”“定式”和“系词”——都需要明确的定义。但关于这些问题类型学家并没有一致的意见,这里也没有足够的空间可供讨论。用非常粗略的话说,动词表示行为,定式(动词)只能做谓词,而系词可使定式动词以外的词做谓词。

9. 感谢一位匿名审稿人建议笔者使用“无差别依附”这一准则。此准则由 Spencer 和 Luís(2012a, 2012b)提出,并为 Zwicky 和 Pullum(1983)所提倡。这个准则被用作附缀性(clitichood)的判断测试之一。但本文避免使用“附缀(clitic)”一词,Haspelmath(2011, 2015)曾对这一概念在语言描写和类型学中的有用性表示怀疑,笔者的看法一定程度上与其类似。

10. 此处的“阿尔泰语”其实包括日本语系和朝鲜语系的语言。在最近的历史语言学研究中,一个新的术语“泛欧亚语系(Transeurasian)”变得流行起来(Robbeets 2017)。阿尔泰语系/泛欧亚语系的关联性假说并没有得到大多数语言学家的支持。这里不妨将其理解为一个技术性的概括术语(umbrella term),用来指称若干普遍认可的语言系属,而不论它们实际的关联性如何。

11. 古满语有一套丰富且很“典型”的亚洲式尾助词系统。但是本文并没有将这种语言纳入样本,因为它已经是一种不再使用的死语言了。本文仅是单纯的共时视角研究。

12. 讨论这些概念的定义超出了本研究范围。近期一个有趣的非正式讨论,可以参看 https://dlc.hypotheses.org/1725(访问日期：2019 年 5 月 17 日)。

13. Chafe(1994)在更早的时候表达了类似的看法。感谢一位匿名审稿人指出这一点。

14. 可参看 Haselow(2013)关于话语现象强制性和合语法性问题的讨论(是以英语尾助词为例的)。

15. www.nhk.or.jp/lesson。

16. 线上的补充材料提供了与每一种语言相关的助词详表。一些有争议的例子在脚注中给出了简短的说明，并提供了所有助词的确切来源和页码。关于“否定性”证据的讨论，参见附注 7。

17. 关于多尔干人起源的详细讨论，请参看 Stapert(2013)，特别是第 2 章(第 25－81 页)和第 9 章(第 327－362 页)。作者结合群体遗传学(population genetic)的证据，对多尔干语中接触的影响层次做了有趣的分析。Stapert(2013：77)认为多尔干人是多民族起源(multiethnic origin)的，其主要构成是通古斯人(鄂温克人)、突厥人(萨哈人，Sakha)和俄罗斯人。

18. Bjarke Frellesvig，《日语历史语言学讲义》(*Handout from Japanese Historical Linguistics*)(http://conf.ling.cornell.edu/japanese_historical_linguistics/3.3%20Particles.pdf)。访问时间：2019 年 2 月 15 日。

参考文献

Abish, A. 2014. *Modality in Kazakh as spoken in China*. Uppsala: Uppsala University.

Aikhenvald, A. 2004. *Evidentiality*. Oxford: Oxford University Press.

Aikhenvald, A. 2016. Sentence types. In Nuyts, J. & van der Auwera, J. (Eds.), *Oxford handbook of mood and modality*. Oxford: Oxford University Press: 141-165.

Alpatov, V., Arkadiev, P. & Podlesskaya, V. 2008. *Grammatika japonkogo jazyka*. [*A grammar of Japanese*]. Moskva: Natalis.

Andvik, E. 2010. *A grammar of Tshangla*. Leiden & Boston: Brill.

Antonov, A. 2013. Grammaticalization of allocutivity markers in Japanese and Korean in a crosslinguistic perspective. In Robbeets, M. & Cuyckens, H. (Eds.), *Shared grammaticalization: With special focus on the Transeurasian languages*. Amsterdam: John Benjamins Publishing Company: 317-340.

Antonov, A. 2015. Verbal allocutivity in a cross-linguistic perspective. *Linguistic Typology*, 19(1): 55-85.

Arkadiev, P. & Letuchiy, A. 2011. Prefixes and suffixes in the Adyghe polysynthetic wordform: Types of interaction. In Tomelleri, V., Topadze, M. & Lukianowicz, A. (Eds.), *Languages and cultures in the Caucasus*. München & Berlin: Otto Sagner: 495-514.

Arkadiev, P. 2018. Morphology in typology: Traditional categories and recent approaches. Manuscript. In Lieber, R. *et al*. (Eds.), *The Oxford encyclopedia of morphology*. August 2018 version. New York: Oxford University Press.

Arkhangelskiy, T. Clitics in the Besermyan dialect of Udmurt. https://wp.hse.ru/data/2014/10/02/1100269480/10LNG2014.pdf.

Avronin, V. 1961. *Grammatika nanajskogo jazyka. Tom 2.* [*A Grammar of Nanai. Volume 2*] Moskva & Leningrad: Izdatel'stvo Akademii Nauk SSSR.

Bal, K. Structure of Nepali grammar. https://www.researchgate.net/publication/237261579_Structure_of_Nepali_Grammar.

Bickel, B. 2000. On the syntax of agreement in Tibeto-Burman. *Studies in Language*, 24(3): 583-610.

Bitkeyev, P., Doraeva, R., Pavlov, D. & Piurbeev, G. 1983. *Grammatika Kalmytskogo Jazyka.* [*A Grammar of Kalmyk*]. Elista: Kalmytskoje knizhnoje izdatel'stvo.

Bloomfield, L. 1933/1970. *Language*. London & Aylesbury: Compton Printing LTD.

Boye, K. 2016. The expression of epistemic modality. In Nuyts, J. & van der Auwera, J. (Eds.), *Oxford handbook of mood and modality*. Oxford: Oxford University Press.

Brassett, C., Brassett, P. & Lu, M. 2006. *The Tujia language*. München: Lincom.

Bugaeva, A. 2012. Southern Kuril Ainu. In Tranter, N. (Eds.), *The languages of Japan and Korea*. London: Routledge: 461-509.

Chafe, W. 1994. *Discourse, consciousness, and time: The flow and displacement of conscious experience in speaking and writing*. Chicago: University of Chicago Press.

Cinque, G. 1999. *Adverbs and functional heads*. New York & Oxford: Oxford University Press.

Cinque, G. & Rizzi, L. 2010. The cartography of syntactic structures. In Heine, B. & Narrog, H. (Eds.), *The Oxford handbook of linguistic analysis*. Oxford: Oxford University Press: 51-65.

Comrie, B. 2013. Is Siberia a linguistic area? Paper presented at Voices from the Indigenous Siberia, with an emphasis on Yukaghir, 13 December 2013, Amsterdam.

Cooke, J. 1989. Thai sentence particles and other topics. Pacific Linguistics Series A-80, Papers in South-East Asian Linguistics No. 12 Canberra: The Australian National University.

Corcu-Gül, D. 2006. Analysis of discourse particles in relation to the information structure of texts & dialogues: Examples from Turkish. www.semanticsarchive.net/Archive/ DVkMDJkZ/Barcelona_Workshop_2005.pdf.

Coupe, A. R. 2007. *A Grammar of Mongsen Ao*. Berlin & New York: Mouton de Gruyter.

Cristofaro, S. 2013. Using grammars for the purposes of cross-linguistic comparison. https://www.researchgate.net/publication/ 301690626_Using_grammars_for_the_purposes_of_cross-linguistic_comparison.

Cysouw, M. & Good, J. 2013. Languoid, doculect, glossonym: Formalizing the notion 'language'. *Language Documentation and Conservation*, (7): 331-359.

Dahl, Ö. 2016. Thoughts on language-specific and crosslinguistic entities. *Linguistic Typology*, 20(2): 427-437.

David, A. 2014. *Descriptive grammar of Pashto and its dialects*. Berlin & New York: Mouton de Gruyter.

Dej-Amorn, S. 2006. *The grammar of Green Hmong particles*. Ph. D dissertation, Mahidol University.

DeLancey, S. 1997. Mirativity: The grammatical marking of unexpected information. Linguistic Typology, 1(1): 33-52.

DeLancey, S. 2003. Classical Tibetan. In Thurgood, G. & LaPolla, R. (Eds.), *The Sino-Tibetan languages*. London & New York: Routledge: 255-270.

DeLancey, S. 2010. Towards a history of verb agreement in Tibeto-Burman. *Himalayan Linguistics*, 9(1): 1-39.

DeLancey, S. 2012. Still mirative after all these years. *Linguistic Typology*, 16(3): 529-564.

Dik, S. 1997. *The theory of functional grammar*. Berlin & New York: Mouton de Gruyter.

Donohue, M. & Whiting,B. 2011. Quantifying areality: A study of prenasalization in Southeast Asia and New Guinea. *Linguistic Typology*, (15): 101-121.

Dryer, M. 2013. Polar questions. In Dryer, M. & Haspelmath, M. (Eds.), *The world atlas of language structures online*. Leipzig: Max Planck Institute for Evolutionary Anthropology. http://wals.info/chapter/116.

Dryer, M. 1992. The Greenbergian word order correlations. *Language*, 68(1): 81-138.

Dum-Tragut, J. 2009. *Armenian: Modern East Armenian*. Amsterdam & Philadelphia: John Benjamins Publishing Company.

Enfield, N. & Comrie, B. 2015. Mainland Southeast Asian languages. In Enfield, N. & Comrie, B. (Eds.), *Languages of Mainland Southeast Asia: The state of the art*. Berlin & New York: Mouton de Gruyter: 1-28.

Fang, H. 2018. Mirativity in Mandarin: The Sentence-Final Particle "*Le*" (了). *Open Linguistics*, (4): 589-607.

Feuillet, J. 2001. Aire linguistique balkanique. In Haspelmath, M., König, E., Oesterreicher, W & Raible, W. (Eds.), *Language typology and language universals. Sprachtypologie und sprachliche Universalien. La typologie des langues et les universaux linguistiques: An international handbook*: Ein internationales Handbuch: Manuel international. Berlin & New York: Walter de Gruyter: 1510-1529.

Gil, D. 2016. Describing languoids: When incommensurability meets the language-dialect continuum. *Linguistic Typology*, 20(2): 432-462.

Goddard, C. 2005. *The languages of East and Southeast Asia*. Oxford: Oxford University Press.

Gorelova, L. 2002. *Manchu grammar*. Leiden, Boston & Köln: Brill.

Greed, T. 2014. The expression of knowledge in Tatar. InAikhenvald, A. & Dixon, R. (Eds.), *The grammar of knowledge: A cross-linguistic typology*. Oxford: Oxford University Press: 69-88.

Gupta, A. 1992. The pragmatic particles of Singapore Colloquial English. *Journal of Pragmatics*, 18: 31-57.

Hammarström, H., Forkel, R. & Haspelmath, M. 2018. *Glottolog 3.3*. Jena: Max Planck Institute for the Science of Human History. http://glottolog.org < http://glottolog.org.

Hancil, S., Haselow, A. & Post, M. (Eds.). 2015a. *Final particles*. Berlin, Boston: Mouton de Gruyter.

Hancil, S., Haselow, A. & Post, M. 2015b. Introduction. In Hancil, S., Haselow, A. & Post, M. (Eds.), *Final particles*. Berlin & Boston: Mouton de Gruyter: 3-38.

Haselow, A. 2013. Arguing for a wide conception of grammar: The case of final particles in spoken discourse. *Folia Lnguistica*, 47(2): 375-424.

Haspelmath, M. 1993. *A grammar of Lezgian*. Berlin & New York: Mouton de Gruyter.

Haspelmath, M. 2001. The European linguistic area: Standard Average European. In Haspelmath, M. König, E., Oesterreicher, W. & Raible, W. (Eds.), *Language typology and language universals. Sprachtypologie und sprachliche Universalien. La typologie des langues et les universaux linguistiques: An international handbook: Ein internationales Handbuch: Manuel international*. Berlin & New York: Walter de Gruyter: 1492-1510.

Haspelmath, M. 2010a. Comparative concepts and descriptive categories in cross-linguistic studies. *Language*, 86(3): 663-687.

Haspelmath, M. 2010b. Framework-free grammatical theory. In Heine, B. & Narrog, H. (Eds.), *The Oxford handbook of linguistic analysis*. Oxford: Oxford University Press: 341-368.

Haspelmath, M. 2011. The indeterminacy of word segmentation and the nature of morphology and syntax. *Folia Linguistica*, 45(1): 31-80.

Haspelmath, M. 2013. Argument indexing: A conceptual framework for the syntactic status of bound person forms. In Bakker, D. & Haspelmath, M. (Eds.), *Languages across boundaries: Studies in memory of Anna Siewierska*. Berlin: Mouton De Gruyter: 197-225.

Haspelmath, M. 2015. Defining vs. diagnosing linguistic categories: A case study of clitic phenomena. In Błaszczak, J., Klimek-Jankowska, D. & Migdalski, K. (Eds.), *How categorical are categories?* Berlin: Mouton de Gruyter: 273-303.

Haspelmath, M. 2018. How comparative concepts and descriptive linguistic categories are different. In Olmen, D., Mortelmans, T. & Brisard, F. (Eds.), *Aspects of linguistic variation*. Berlin & Boston: Mouton de Gruyter: 83-114.

Hewitt, B. 1995. *Georgian: A structural reference grammar*. Amsterdam & Philadelphia: John Benjamins Publishing Company.

Hölzl, A. 2018. *A typology of questions in Northeast Asia and beyond: An ecological perspective*. Berlin: Language Science Press.

Ido, S. 2005. *Tajik*. München: Lincom Europa.

Izuhara, E. 1992. Ne' no komyunikeeshon kinoo [Communicative functions of ne]. In Fujiwara, M., Kakkenbusshu, H., Kashima, T., Momiyama, Y. & Ozaki, A. (Eds.), *Nihongo Kenkyuu to Nihongo Kyooiku*. Nagoya: Nagoya Daigaku Shuppankai: 159-172.

Jakobson, R. 1931/1971. K xarakteristike jevrazijskoko jazykovogo sojuza. In Jakobson, R. (Ed.), *Selected Writings*. Volume 3. 2nd edition. The Hague: Mouton: 143-201.

Janhunen, J. 2012. *Mongolian*. Amsterdam & Philadelphia: John Benjamins Publishing Company.

Kabak, B. & Vogel, I. 2001. The phonological word and stress assignment in Turkish. *Phonology*, (18): 315-360.

Kachru, Y. 2006. *Hindi*. Amsterdam & Philadelphia: John Benjamins Publishing Company.

Kibrik, A. 2011. Cognitive discourse analysis: local discourse structure. In Grygiel, M. & Janda, L (Eds.), *Slavic linguistics in a cognitive framework*. Frankfurt/New York: Peter Lang Publishing Company: 273-304.

Kibrik, A. & Podlesskaya, V. (Eds.) 2009. *Rasskazy o snovidenijax: Korpusnoe issledovanie ustnogo russkogo diskursa* [*Narrating dreams: A corpus study of Russian oral discourse*]. Moskva: Metatekst.

Kim, C. 2019. Korean question particles are pronominals: A transparent case of representing discourse participants in the syntax. Forthcoming. https://www.google.ru/url? sa=t&rct=j&q=&esrc=s&source=web&cd=1&ved=2ahUKEwilgJHCsMDgAhVNI5oKHeRxCzwQFjAAegQIEBAC&url=http%3A%2F%2Fling.auf.net%2Flingbuzz%2F001157%2Fcurrent.pdf&usg=AOvVaw1bQrQfgczBQ1a8WV1k1y53.

Kim, S.-Y. & Aleksova, K. 2003. Mirativity in Korean and Bulgarian. Paper presented at the Third International Academic Conference of KACEES Bulgaria, Korea, Central & East Europe - Humanities and Social Science, 14th-15th July, 2003, Sofia University, Sofia, Bulgaria. http://georgesg.info/belb/personal/aleksova/admirativ_bulgarian_korean_trans.pdf.

King, J. 2009. *A grammar of Dhimal*. Leiden & Boston: Brill.

Koptjevskaja-Tamm, M. & Wälchli, B. 2001. The circum-Baltic languages: An areal-typological approach. In Dahl, Ö. & Koptjevskaja-Tamm, M. (Eds.), *The circum-Baltic languages: Typology and contacts*. Amsterdam & Philadelphia: John Benjamins Publishing Company: 615-750.

Kornfilt, J. 1997. *Turkish*. London & New York: Routledge.

Kullman, R. & Tsyrempil, D. 1996/2001. *Mongolian grammar*. Ulaanbaatar: Institute of Language and Literature, Academy of Sciences.

Kwok, W.-Y. 2006. *A study of Cantonese informative sentence-final particles 'aa3', 'laa3', 'wo3' and 'bo3'*. MA. thesis, The Chinese University of Hong Kong.

LaPolla, R. 2003. *A grammar of Qiang*. Berlin & New York: Mouton de Gruyter.

Le, G. 2015. *Vietnamese sentence-final particles*. MA. thesis, University of Southern California.

Ler Soon Lay, V. 2005. *An in-depth study of discourse particles in Singapore English*. Ph. D. dissertation, Singapore: National University of Singapore.

Li, N. & Thompson, S. 1981/1989. *Mandarin Chinese: A functional reference grammar*. Berkeley, Los Angeles & London: University of California Press.

Li, X., Li, J. & Luo, Y. 2014. *A grammar of Zoulei, Southwest China*. Bern: Peter Lang.

Li, Y.-S. 2011. *A study of Dolgan*. Seoul: Seoul National University Press.

Liljegren, H. 2017. Profiling Indo-Aryan in Hindukush-Karakoram: A preliminary study of micro-typological patterns. *Journal of South Asian Languages and Linguistics*, 4(1): 107-156.

Luke, K. 1990. *Utterance particles in Cantonese conversation*. Amsterdam & Philadelphia: John Benjamins Publishing Company.

Mair, V. & Hickman, J. (Eds.). 2014. *Reconfiguring the silk road: New research on the east-west exchange in antiquity*. Philadelphia: University of Pensylvania Museum of Archeology and Anthropology.

Malchukov, A. 1995. *Even*. München: Lincom.

Malchukov, An. & Xrakovskij, V. 2016. The linguistic interaction of mood with modality and other categories. In Nuyts, J. & van der Auwera, J. (Eds.), *Oxford handbook of mood and modality*. Oxford: Oxford University Press: 196-220.

Martin, S. 1992. *A reference grammar of Korean*. Tokyo: Charles E. Tuttle Company.

Masica, C. 1976. *Defining a linguistic area: South Asia*. Chicago: University of Chicago Press.

Maslova, E. 2003. *A grammar of Kolyma Yukaghir*. Berlin & New York: Mouton de Gruyter.

Matthews, S. & Yip, V. 1994. *Cantonese: A comprehensive grammar*. London: Routledge.

Moravcsik, E. 2016. *On linguistic categories*. *Linguistic Typology*, 20(2): 417-425.

Nedjalkov, I. 1997. *Evenki*. London: Routledge.

Nguyen, T. & Minh, T. 2013. *A Grammar of Bih*. Ph. D. dissertation: University of Oregon.

Nichols, J. 2011. *Ingush grammar*. Berkeley Los Angeles & London: University of California Press.

Nikolaeva, I. 2014. *A grammar of Tundra Nenets*. Berlin: Mouton de Gruyter.

Nikolaeva, I. 2016. Analyses of the semantics of mood. In Nuyts, J. & van der Auwera, J. (Eds.), *Oxford handbook of mood and modality*. Oxford: Oxford University Press: 68-85.

Nikolaeva, I. & Tolskaya, M. 2001. *A grammar of Udihe*. Berlin & New York: Mouton de Gruyter.

Nuyts, J. & van der Auwera, J. (Eds.) 2016. *Oxford handbook of mood and modality*. Oxford: Oxford University Press.

Pak, M. 2004. Korean particles and clause types. Manuscript. Georgetown University. https://faculty.georgetown.edu/portnerp/Papers/KoreanParticlesMiokPak.pdf.

Palmer, F. 1986. *Mood and modality*. Cambridge: Cambridge University Press.

Panfilov, V. 1965. *Grammatika nivxskogo jazyka. Čast' 2.* [*A Grammar of Nivkh. Part 2*]. Moskva & Leningrad: Nauka.

Panov, V. 2016. Burjatskie zaključitel'nye časticy v areal'no-tipologičeskoj perspective [Buryat final particles in the perspective of the areal typology]. *Ural-Altaic Studies*, 4(23): 101-127.

Paul, W. & Pan, J.-N. 2017. What you see is what you get: Chinese sentence-final particles as head-final complementisers. In Bayer, J. & Struckmeier, V. (Eds.), *Discourse Particles: Formal approaches to their syntax and semantics*. Berlin & Boston: Mouton de Gruyter: 49-77.

Perry, J. 2005. *A Tajik Persian reference grammar*. Leiden & Boston: Brill.

Person, K. 2000. *Sentence Final Particles in Bisu Narrative*. Ph. D. dissertation, University of Texas in Arlington.

Peterson, J. 2011. *A grammar of Kharia*. Leiden & Boston: Brill.

Plaisier, H. 2007. *A grammar of Lepcha*. Leiden & Boston: Brill.

Plungian, V. & van der Auwera, J. 2006. Towards a typology of discontinuous past marking. *Sprachtypologie und Universalienforschung (STUF)*, 59(4): 317-349.

Post, M. 2007. *A Grammar of Galo*. Ph. D. dissertation, La Trobe University.

Pulleyblank, E. 1995. *Outline of classical Chinese grammar*. Vancouver: University of British Columbia Press.

Robbeets, M. 2017. The Transeurasian languages. In Hickey, R. (Ed.), *The Cambridge handbook of areal linguistics*. Cambridge: Cambridge University Press: 586-626.

Sabirov, R. 2006. *Tatarskij jazyk izučit' legko.* [*It's easy to learn Tatar*]. Kazan': Tatarname.

Saigo, H. 2011. *The Japanese sentence-final particles in talk-in-interaction.* Amsterdam/Philadelphia: John Benjamins Publishing Company.

Sanzheyev, G. 1962. *Grammatika buriatskogo jazyka.* [*A Grammar of Buriat*]. Moskva: Izdatel'stvo Vostočnoj Literatury.

Say, S. 2009. Grammatičeskij očerk kalmyckogo jazyka [A sketch of Kalmyk grammar]. In Say, S., Baranova, V. & Serdobolskaja, N. (Eds.), *Issledovanija po grammatike kalmytskogo jazyka* [*Studies on the grammar of Kalmyk*]. Acta Linguistica Petropolitana V. 2. St. Petersburg: Institute for Linguistic Studies, Russian Academy of Sciences.

Shimada, M. & Nagano, A. 2017. Miratives in Japanese: The rise of mirative markers via grammaticalization. In Cruschina, S. & Remberger, E. (Eds.), *The rise and development of evidential and epistemic markers*. Amsterdam & Philadelphia: John Benjamins Publishing Company: 213-244.

Skorik, P. 1977. *Grammatika čukotskogo jazyka. Čast' vtoraja.* [*A Grammar of Chukchi. Part two*]. Leningrad: Nauka.

Smeets, H. 1984. *Studies in West Circassian phonology and morphology*. Leiden: Hakuchi.

Smyth, D. 2002. *Thai: An essential grammar*. London, New York: Routledge.

Sneddon, J. 1996. *Indonesian: A comprehensive grammar*. London & New York: Routledge.

Soe, M. 1999. *A grammar of Burmese*. Ph. D. dissertation, Eugene: University of Oregon.

Sohn, H.-M. 1999/2001. *The Korean language*. Cambridge: Cambridge University Press.

Solnit, D. 1997. *Eastern Kayah Li: Grammar, texts, glossary.* Honolulu: University of Hawai'i Press.

Spencer, A. & Luís, A. 2012a. A canonical clitic. In Brown, D., Chumakina, M. & Corbett, G. (Eds.), *Canonical morphology and syntax*. Oxford: Oxford Scholarship: 123-150.

Spencer, A. & Luís, A. 2012b. *Clitics: An introduction.* Cambridge: CUP.

Stapert, E. 2013. *Contact-induced change in Dolgan: An investigation into the role of linguistic data for the reconstruction of a people's (pre)history*. Utrecht: LOT.

Sun, H. & Liu, G. 2009. *A grammar of Anong: Language death under intense contact.* Leiden, Boston: Brill.

Tamura, S. 2000. The Ainu language. Tokyo: Sanseido.

Thurgood, G., Thurgood, E. & Li, F. 2014. *A grammatical sketch of Hainan Cham.* Berlin & Boston: Mouton de Gruyter.

Tournadre, N. & Dorje, S. 2005. *Manual of standard Tibetan: Language and civilization.* Boston: Shambhala.

Tournadre, N. & Jiatso, K. 2001. Final auxiliary verbs in literary Tibetan and in the dialects. *Linguistics of Tibeto-Burman Area*, 24(1): 49-111.

vanDriem, G. 1993. Proto-Tibeto-Burman verbal agreement system. *Bulletin of the School of Oriental and African Studies*, 56(2): 292-334.

Van Valin, R. 1993. A synopsis of role and reference grammar. InVan Valin, R. (Ed.), *Advances in role and reference grammar*. Amsterdam: John Benjamins Publishing Company: 1-164.

Vastenius, A. 2011. *Expressive Particles in Serbian, Bulgarian, Greek, and Kurdish*. B. A. thesis. Lunds Universitet.

Vokurová, Z. 2008. *Epistemic modalities in spoken standard Tibetan*. Ph. D. dissertation, Filozofická fakulta Univerzity Karlovy - Université Paris 8.

Volodin, A. 1976. *Itel'menskij jazyk*. [*The Itelmen Language*]. Moskva: Nauka.

Wagner-Nagy, B. 2018. *A grammar of Nganasan*. Leiden: Brill.

Wiemer, B. 2004. Population Linguistics on a micro-scale. Lessons to be learnt from Baltic and Slavic dialects in contact. In Kortmann, B. (Ed.), *Dialect grammar from a cross-linguistic perspective*. Berlin & New York: Mouton de Gruyter: 497-526.

Wright, J. 2009. *Hkongso Grammar Sketch*. MA. thesis, Graduate Institute of Applied Linguistics.

Yılmaz, E. 2004. *A Pragmatic Analysis of Turkish Discourse Particles Yani, İşte and Şey*. Ph. D. dissertation, Middle East University.

Zheng, Yi. 1997. *Huihui Yu Yanjiu*. [*A study of Cham*] Shanghai: Shanghai Yuandong Chuban She.

Zubova, Y. 2013. *Sintaksis i semantika častic v besermianskom dielekte udmurtskogo jazyka* [*Syntax and Semantics of Particles in Besermyan Udmurt*]. MA. thesis, Russian State University of Humanities (RGGU).

Zwicky, A. & Pullum, G. 1983. Cliticization vs. Inflection: English N'T. *Language*(3): 502-513.

（原文刊载于 *Linguistic Typology*, Volume 24, Issue 1, pp. 13-70）

作者单位：弗拉基米尔·潘奥夫(Vladimir Panov)：立陶宛大学波罗的海语言文化研究所

作者邮箱：vladimir. panov@ flf. vu. lt

译者单位：清华大学中文系

译者邮箱：夏昀：yun-xia20@ mails. tsinghua. edu. cn

附录 表1所列语言(含语系、语族、语支等)的原英文名及对应的汉译名

下面所列语言名称的译法大部分遵照了 *Golottog* 网站所附 *Wikidata* 中的汉译名,也有一小部分是译者自译。

楚科奇-堪察加诸语言	**Chukotko - Kamchatkan**
楚科奇语支	Chukotian
楚科奇语	Chukchi
伊捷尔缅语	Itelmen
远东语孤立语	**Far East Isolates**
北海道-千岛群岛阿依努语群	Hokkaido - Kuril Ainu
北海阿依努语	Hokkaido Ainu
尼夫赫语	Nivkh
尤卡吉尔语族	Yukaghir
南部(科雷马)尤卡吉尔语	Southern (Kolyma) Yukaghir
日本语系	**Japonic**
日语族	Japanesic
日语	Japanese
朝鲜语系	**Koreanic**
韩语	Korean
汉藏语系	**Sino - Tibetan**
藏语支	Bodish
拉萨藏语	Lhasa Tibetan
仓洛语	Tshanghla
羌缅语群	Burmo - Qiangic
缅甸语	Burmese
羌语	Qiang

迪玛尔语群	Dhimalish
迪玛尔语	Dhimal
喜马拉雅语支	Himalayish
雷布查语	Lepcha
克伦语支	Karenic
东克耶(里)语	Eastern Kayah (Li)
那加语支	Naga
阿沃-那加语(蒙森-阿沃语)	Ao Naga (Mongsen Ao)
泛达尼语群	Macro - Tani
伽隆语	Galo
木卢语支	Mruic
阿奴语(孔措语)	Anu (Hkongso)
怒语支	Nungish
怒语(阿侬语)	Nung (Anong)
汉语族	Sinitc
粤语	Cantonese
普通话	Mandarin
土家语支	Tujia
北部土家语	Northern Tujia
通古斯语系	**Tungusic**
中东部(通古斯)语支	Central - Eastern
乌德盖语	Udihe
中西部(通古斯)语支	Central - Western
赫哲语	Nanai
鄂温语群/鄂温语	Even
西北部(通古斯)语支	Northewestern
鄂温克语	Evenki
蒙古语系	**Mongolic**
喀尔喀-布里亚特语支	Khalkha - Buriat

蒙古语	Mongolian
布里亚特语	Buriat
卫拉特-卡尔梅克语支	Oirat - Kalmyk
卡尔梅克	Kalmyk
南岛语系	**Austronesian**
占语群	Chamic
毕语	Bih
回辉话	Tsat
马来语群	Malayic
印尼语	Indonesian
台-卡岱语系	**Tai - Kadai**
仡央语支	Kadaic
仡佬语	Gelao
侗台语族	Kam - Tai
泰语	Thai
南亚语系	**Austroasiatic**
蒙达语族	Mundaic
卡利亚语	Kharia
越语支	Vietic
越南语	Vietnamese
苗瑶语系	**Hmon - Mien**
苗语支	Hmonic
绿苗语	Hmong Njua (Green Hmong)
突厥语系	**Turkic**
北西伯利亚突厥语支	North Siberian Turkic
多尔干语	Dolgan

钦察语支	Kipchak
哈萨克语	Kazakh
鞑靼语	Tatar
乌古斯语支	Oghuz
土耳其语	Turkish
乌拉尔语系	**Uralic**
彼尔姆语族	Permian
贝谢尔曼乌德穆尔特语	Besermyan Udmurt
萨摩耶德语族	Samoyedic
恩加纳桑语	Nganasan
苔原涅涅茨语	Tundra Nenets
印欧语系	**Indo - European**
亚美尼亚语族	Armenic
东部亚美尼亚语	Eastern Armenian
日耳曼语族	Germanic
新加坡英语	Singapore English
印度-雅利安语族	Indo - Aryan
印地语	Hindi
尼泊尔语	Nepali
伊朗语族	Iranian
普什图语	Pashto
塔吉克语	Tajik
东高加索语系	**East Caucasian**
莱兹金语支	Lezgic
莱兹金语	Lezgian
纳克语支	Nakh
印古什语	Ingush

西高加索语系	**West Caucasian**
切尔克斯语支	Circassian
阿迪格语	Adyghe
南高加索语系	**Kartvelian**
格鲁吉亚-赞语支	Georgian - Zan
格鲁吉亚语	Georgian

Final particles in Asia: Establishing an areal feature

Vladimir Panov

Abstract: This paper presents the results of an areal study of the elements known as *(sentence-) final particles (FPs)* in the languages of Asia. FPs constitute a crucial part of many languages of the region and are reported in language particular descriptions under various labels. However, they have not been the subject of large-scale areal studies. In this paper, I discuss the morphosyntactic and functional properties typically exhibited by the FPs of Asian languages and the parameters of their variation. On the basis of a sample of 53 languages and 6 sample functional types of FPs, I explore the areal distribution of FPs of the Asian type. I demonstrate that different FP-isoglosses exhibit different geographical coverage, but the overlap of some of them allows us to speak of a structural phenomenon highly typical of a macroarea which includes East, Southeast, and Northeast Asia.

Keywords: final particles, East Asia, Southeast Asia, Northeast Asia, linguistic areas, epistemic modality, illocutionary force, allocutivity, evidentiality

Translator's work unit: Department of Chinese Language and Literature, Tsinghua University

Translator's e-mail: yun-xia20@ mails. tsinghua. edu. cn

《清华语言学》稿约

《清华语言学》是由清华大学人文学院语言学研究中心主办的专业性学术刊物,刊登以自然语言尤其是中国境内语言为研究对象的语言学学术论文、学术译作和严肃的学术评论。交叉与融合是语言学研究的一大走向,因此本刊大力提倡定性分析与定量研究的融合,理论探讨与实证研究的融合,中西范式与文理取向的融合,希望能够推动中国语言学往纵深方向发展,走出一条立足本土、面向世界、融会贯通的道路。

本刊恪守求真、务实、平等、自由的原则,积极鼓励学术创新与学术争鸣,接受中、英文两种语言稿件,篇幅较为自由,深度长文或精练短文均可。每年出版一期,欢迎国内外专家学者赐稿。

本刊实行编辑委员会指导下的主编责任制,下设编辑部处理日常事务,实行双向匿名审稿制度。来稿请注意以下事项:

1. 实行通讯作者制度,编辑部只接受文章通讯作者的来稿。

2. 来稿请提供 word 和 pdf 格式的电子文本各一份,为方便匿名评审,文中应避免出现作者相关信息。作者信息(姓名、工作单位、研究方向、通讯地址、电子邮箱、电话号码)另页给出。冷僻字、特殊符号、需要制版的图表请另设一个新的文本用较大字体列出,并注明在稿件中的位置。中文稿件除有必要使用繁体字、异体字(请圈明),一律使用简化汉字。来稿格式参照本辑论文。

3. 来稿请发至编辑部电子邮箱。编辑部收到来稿后会确认收稿,并会在三个月内将评审结果通知作者本人。三个月后如未接到编辑部通知,作者可自行处理。审稿期内请勿另投他处,若需撤稿,请告知编辑部。稿件一经刊用,作者将获赠样书 2 本。

4. 凡向本刊投稿,默认同时授予本刊稿件的信息网络传播权。

编辑部通讯地址:中国北京海淀区清华大学蒙民伟人文楼(人文学院)301室,100084。

电子邮件地址:tel@ tsinghua. edu. cn